U0582746

本书是国家社科基金重大项目"数字政府建设成效测度与评价的理论、方法及应用研究（23&ZD081）"阶段性成果之一

XINXI ZIYUAN GUANLI YANJIU FANGFA:
CHANGJING YU SHIYONGXING

信息资源
管理研究方法：场景与适用性

段尧清 林鑫 ■ 编著

经济管理出版社
ECONOMY & MANAGEMENT PUBLISHING HOUSE

图书在版编目（CIP）数据

信息资源管理研究方法：场景与适用性/段尧清，林鑫编著.—北京：经济管理出版社，2023.12
ISBN 978-7-5096-9531-9

Ⅰ.①信⋯ Ⅱ.①段⋯ ②林⋯ Ⅲ.①信息管理—研究方法 Ⅳ.①G203-3

中国国家版本馆 CIP 数据核字（2024）第 010198 号

组稿编辑：任爱清
责任编辑：任爱清
责任印制：黄章平
责任校对：张晓燕

出版发行：经济管理出版社
　　　　　（北京市海淀区北蜂窝 8 号中雅大厦 A 座 11 层　100038）
网　　　址：www. E-mp. com. cn
电　　　话：(010) 51915602
印　　　刷：北京晨旭印刷厂
经　　　销：新华书店
开　　　本：787mm×1092mm/16
印　　　张：15. 75
字　　　数：399 千字
版　　　次：2024 年 5 月第 1 版　　2024 年 5 月第 1 次印刷
书　　　号：ISBN 978-7-5096-9531-9
定　　　价：108. 00 元

·版权所有　翻印必究·
凡购本社图书，如有印装错误，由本社发行部负责调换。
联系地址：北京市海淀区北蜂窝 8 号中雅大厦 11 层
电话：(010) 68022974　　邮编：100038

前　言

对学科建设来说，研究方法是学科知识体系的重要组成部分，其发展与规范应用在学科发展中扮演着举足轻重的角色；对科研人员来说，熟练掌握常用的研究方法是开展科学研究工作的重要基础，有利于培养科学研究思维和创新能力；对具体研究任务来说，选择合理的研究方法或对其进行创新应用常常是研究取得成功的关键因素。因此，编写研究方法类教材是各个学科普遍关注的问题。

2022 年 9 月由国务院学位委员会和教育部颁布的研究生教育学科专业目录中，将原来的一级学科图书情报与档案管理调整为信息资源管理。这次学科更名不仅是对"图书情报与档案管理"这一学科名称的替代，也将重塑学科内涵定位、展现学科面貌。在此背景下，开展面向信息资源管理学科的研究方法教材编写也特别具有现实意义。

全书分为两个部分，共十七章。第一部分采用抽样和人工编码分析相结合的方式对我国信息资源管理学科的主要研究方法进行梳理，并对中国情境下的研究方法的应用态势进行分析，该部分主要对应本书第一章。第二部分主要对调查法、实验法、元分析、机器学习、内容分析法、社会网络分析法、计量分析法、知识组织技术等具有代表性的信息资源管理研究方法进行介绍，分析各研究方法的适用情境并提供参考范例论文，该部分包括第二章至第十七章。

为提升教材的实用性，我们在编写过程中注重从以下三个方面取得突破：一是兼顾信息资源管理学科各主要研究领域，尤其是图书馆学、情报学、档案学相关的研究方法；二是兼顾对研究方法的全面介绍与重点讲解，既全面梳理近年来我国信息资源管理研究中的研究方法，又对常用的代表性方法开辟专门章节进行讲解；三是在介绍各研究方法基础知识的同时，对每种方法的适用情境进行了分析，并各列举了数篇典型文献供读者作为参考范例。

由于笔者水平和能力有限，书中难免有错漏之处，敬请各位专家和广大读者批评指正。

段尧清

2024 年 1 月

目　录

第一章　概论 ··· 1

　　第一节　信息资源管理与信息资源管理学科 ·· 1

　　　　一、信息资源与信息资源管理 ··· 1

　　　　二、信息资源管理学科的由来及内涵 ·· 2

　　第二节　信息资源管理学科研究方法识别与分类 ·································· 3

　　　　一、信息资源管理学科研究方法识别 ·· 3

　　　　二、信息资源管理学科研究方法分类 ·· 5

　　第三节　中国情境下的信息资源管理学科研究方法应用态势 ················ 6

　　　　一、保持了重思辨演绎的人文社科传统 ··· 6

　　　　二、注重相关学科研究方法的引入 ··· 7

　　　　三、研究方法运用日趋规范 ··· 7

　　　　四、多方法结合的特点较为突出 ·· 7

第二章　调查法 ·· 8

　　第一节　观察法 ··· 8

　　　　一、观察法的特点与应用 ··· 8

　　　　二、观察法的类型 ·· 9

　　　　三、观察法的一般程序 ··· 11

　　　　四、减少观察误差的方法 ·· 12

　　第二节　访谈法 ·· 13

　　　　一、访谈法的类型 ··· 13

　　　　二、访谈法的技术 ··· 14

　　　　三、访谈法的一般程序 ··· 16

　　第三节　扎根理论 ··· 17

　　　　一、扎根理论概述 ··· 17

　　　　二、扎根理论的实施步骤 ·· 19

　　第四节　案例研究法 ·· 22

　　　　一、案例研究的类型 ·· 22

　　　　二、案例研究的质量特征 ·· 23

　　　　三、案例研究的步骤 ·· 23

　　第五节　问卷法 ·· 24

一、问卷调查法的构成与问卷调查的类型 ················· 24
　　　　二、调查问卷设计的方法及程序 ····················· 25
　　第六节　德尔菲法 ····························· 26
　　　　一、德尔菲法的操作程序 ························· 26
　　　　二、德尔菲法的类型 ·························· 31
　　第七节　调查法适用情境与典型范例 ··················· 34
　　　　一、调查法的适用情境 ························· 34
　　　　二、调查法的典型范例 ························· 35

第三章　实验法 ······························· 38
　　第一节　实验法概述 ·························· 38
　　　　一、实验法的定义 ·························· 38
　　　　二、实验研究中的主要因素 ····················· 38
　　　　三、实验研究中的变量 ························· 38
　　　　四、实验研究的基本原理 ······················· 39
　　　　五、实验法的作用 ·························· 39
　　第二节　实验法的类型与操作程序 ··················· 40
　　　　一、实验法的基本类型 ························· 40
　　　　二、实验法的一般程序 ························· 42
　　第三节　实验法的适用情境与典型范例 ················· 42
　　　　一、实验法的适用情境 ························· 42
　　　　二、实验法典型范例 ·························· 43

第四章　数理统计法 ···························· 45
　　第一节　描述性统计分析法 ······················ 45
　　　　一、集中趋势的度量 ·························· 45
　　　　二、离散程度的度量 ·························· 47
　　　　三、分布特征的测量 ·························· 48
　　第二节　推断性统计分析法 ······················ 49
　　　　一、参数估计 ····························· 49
　　　　二、假设检验 ····························· 50
　　第三节　方差分析法 ·························· 52
　　　　一、提出假设 ····························· 52
　　　　二、统计决策 ····························· 54
　　第四节　相关分析法 ·························· 54
　　　　一、绘制散点图 ··························· 54
　　　　二、计算相关系数 ·························· 54
　　　　三、相关系数的显著性检验 ····················· 55
　　第五节　回归分析法 ·························· 55

第六节　主成分分析法 ……………………………………………………… 56

一、计算相关系数矩阵 ……………………………………………… 57

二、计算特征值与特征向量 ………………………………………… 57

三、计算主成分贡献率及累计贡献率 ……………………………… 57

四、计算主成分载荷 ………………………………………………… 57

第七节　数理统计法的适用情境与典型范例 ……………………………… 58

一、数理统计法的适用情境 ………………………………………… 58

二、数理统计法的典型范例 ………………………………………… 58

第五章　定性比较分析法与结构方程模型 ……………………………… 59

第一节　定性比较分析法 ………………………………………………… 59

一、QCA 的内涵及发展 …………………………………………… 59

二、QCA 的类型及评价 …………………………………………… 62

三、QCA 操作程序 ………………………………………………… 64

第二节　结构方程模型 …………………………………………………… 66

一、结构方程的内涵 ………………………………………………… 66

二、结构方程模型的建模步骤 ……………………………………… 67

第三节　定性比较方法与结构方程模型的适用情境和典型范例 ………… 71

一、定性比较方法的适用情境 ……………………………………… 71

二、定性比较方法的典型范例 ……………………………………… 72

第六章　综合评价法 ……………………………………………………… 73

第一节　层次分析法 ……………………………………………………… 73

一、层次分析法的基本思想与基本概念 …………………………… 73

二、层次分析法的基本原理与计算方法 …………………………… 74

第二节　模糊综合评价法 ………………………………………………… 79

一、模糊综合评价法概述 …………………………………………… 79

二、基本原理与计算方法 …………………………………………… 80

第三节　TOPSIS 法 ……………………………………………………… 84

一、TOPSIS 法的基本思想 ………………………………………… 84

二、TOPSIS 法的实施步骤 ………………………………………… 85

第四节　综合评价法的适用情境和典型范例 ……………………………… 88

一、综合评价法的适用情境 ………………………………………… 88

二、综合评价法的典型范例 ………………………………………… 88

第七章　元分析 …………………………………………………………… 89

第一节　元分析的内涵及发展 …………………………………………… 89

一、元分析的内涵 …………………………………………………… 89

二、元分析的发展 …………………………………………………… 90

第二节　元分析的操作程序 ……………………………………………………… 91
　　一、元分析的研究步骤 ………………………………………………………… 91
　　二、元分析的常用统计模型与方法 …………………………………………… 93
第三节　元分析法的适用情境与典型范例 ……………………………………… 95
　　一、元分析法的适用情境 ……………………………………………………… 95
　　二、元分析法的典型范例 ……………………………………………………… 96

第八章　系统动力学方法 ……………………………………………………… 97
第一节　系统动力学的内涵及发展 ……………………………………………… 97
　　一、系统动力学的内涵 ………………………………………………………… 97
　　二、系统动力学的发展 ………………………………………………………… 97
第二节　系统动力学操作程序 …………………………………………………… 98
　　一、系统动力学基本概念 ……………………………………………………… 98
　　二、系统动力学基本方法 ……………………………………………………… 99
　　三、系统动力学研究步骤 ……………………………………………………… 101
第三节　系统动力学法的评价及注意事项 ……………………………………… 103
　　一、系统动力学的评价 ………………………………………………………… 103
　　二、系统动力学的注意事项 …………………………………………………… 103
第四节　系统动力学法的适用情境与典型范例 ………………………………… 104
　　一、系统动力学法的适用情境 ………………………………………………… 104
　　二、系统动力学法的典型范例 ………………………………………………… 105

第九章　相关理论模型 ………………………………………………………… 106
第一节　KANO 模型 ……………………………………………………………… 106
　　一、KANO 模型的内涵 ………………………………………………………… 106
　　二、KANO 模型的需求分类 …………………………………………………… 106
　　三、KANO 模型的注意事项 …………………………………………………… 107
　　四、KANO 模型的实施步骤 …………………………………………………… 108
第二节　SIR 传染病传播模型 …………………………………………………… 111
　　一、基本概念 …………………………………………………………………… 111
　　二、模型机制 …………………………………………………………………… 112
　　三、其他传染病传播模型 ……………………………………………………… 112
第三节　S-O-R 理论 ……………………………………………………………… 114
　　一、S-O-R 理论内涵 …………………………………………………………… 114
　　二、S-O-R 的应用方法选择及其流程 ………………………………………… 115
第四节　技术接受模型 …………………………………………………………… 116
　　一、技术接受模型的理论源泉 ………………………………………………… 116
　　二、技术接受模型理论 ………………………………………………………… 118
第五节　相关理论模型适用情景与典型范例 …………………………………… 123

　　一、相关理论模型的适用情景 ……………………………………………… 123

　　二、相关理论模型的典型范例 ……………………………………………… 124

第十章　机器学习 ……………………………………………………………… 126

　第一节　机器学习基本概念及发展历程 ……………………………………… 126

　　一、机器学习的基本概念与任务 …………………………………………… 126

　　二、机器学习的发展历程 …………………………………………………… 127

　第二节　面向分类任务的经典机器学习算法 ………………………………… 130

　　一、逻辑回归算法 …………………………………………………………… 130

　　二、支持向量机算法 ………………………………………………………… 130

　　三、决策树算法 ……………………………………………………………… 130

　　四、随机森林算法 …………………………………………………………… 131

　　五、朴素贝叶斯算法 ………………………………………………………… 131

　第三节　面向无监督任务的经典机器学习算法 ……………………………… 131

　　一、K 均值算法 ……………………………………………………………… 131

　　二、层次聚类法 ……………………………………………………………… 132

　　三、DBSCAN 算法 …………………………………………………………… 132

　　四、潜在狄利克雷分配 ……………………………………………………… 132

　第四节　面向序列标注任务经典机器学习算法 ……………………………… 133

　　一、隐马尔可夫模型 ………………………………………………………… 133

　　二、条件随机场 ……………………………………………………………… 133

　第五节　经典深度学习算法 …………………………………………………… 133

　　一、卷积神经网络 …………………………………………………………… 134

　　二、循环神经网络 …………………………………………………………… 134

　　三、长短时记忆网络 ………………………………………………………… 134

　　四、双向长短时记忆网络 …………………………………………………… 134

　　五、生成对抗网络 …………………………………………………………… 135

　　六、注意力机制 ……………………………………………………………… 135

　第六节　机器学习的适用情境与典型范例 …………………………………… 135

　　一、机器学习的适用情境 …………………………………………………… 135

　　二、机器学习典型范例 ……………………………………………………… 136

第十一章　自然语言处理技术 ………………………………………………… 138

　第一节　自然语言处理的发展历程 …………………………………………… 138

　第二节　文本表示技术 ………………………………………………………… 139

　　一、词袋模型 ………………………………………………………………… 139

　　二、TF-IDF …………………………………………………………………… 139

　　三、词嵌入 …………………………………………………………………… 140

　　四、预训练模型 ……………………………………………………………… 140

第三节 文本理解技术 140
  一、词法分析 140
  二、句法分析 141
  三、篇章分析 142
第四节 文本生成技术 143
  一、基于规则的文本生成方法 143
  二、N-gram 模型 144
  三、句法生成模型 144
  四、Transformer 模型 144
第五节 自然语言处理技术的适用情境与典型范例 145
  一、自然语言处理技术的适用情境 145
  二、自然语言处理技术典型范例 145

第十二章 个性化推荐技术 147

第一节 推荐系统的原理与组成 147
  一、推荐系统的原理 147
  二、推荐系统的组成 147
  三、推荐系统的要求 150
第二节 常用个性化推荐技术 151
  一、基于内容过滤的推荐 151
  二、协同过滤推荐模型 152
  三、混合推荐模型 155
第三节 个性化推荐技术的适用情境与典型范例 156
  一、个性化推荐技术的适用情境 156
  二、个性化推荐技术典型范例 156

第十三章 内容分析法 158

第一节 内容分析法的概述 158
  一、内容分析法的产生与发展 158
  二、内容分析法的概念与特点 158
第二节 内容分析法的类型与实施 160
  一、内容分析法的类型 160
  二、内容分析法的实施步骤 161
  三、内容分析的方法 164
第三节 内容分析法的适用情境和典型范例 165
  一、内容分析法的适用情境 165
  二、内容分析法的典型范例 166

第十四章 社会网络分析法 168

第一节 社会网络分析的内涵与发展 168

　　　　一、社会网络分析的内涵 ……………………………………………… 168
　　　　二、社会网络分析的发展 ……………………………………………… 168
　　第二节　社会网络分析法的操作程序 ……………………………………… 169
　　　　一、关系数据的获取与预处理 ………………………………………… 169
　　　　二、社会网络分析视角 ………………………………………………… 172
　　第三节　社会网络分析法的适用情境与典型范例 ………………………… 176
　　　　一、社会网络分析法的适用情境 ……………………………………… 176
　　　　二、社会网络分析法的典型范例 ……………………………………… 177

第十五章　计量分析法 …………………………………………………………… 178
　　第一节　信息计量学方法概述 ……………………………………………… 178
　　　　一、信息计量学的定义 ………………………………………………… 178
　　　　二、信息计量学的产生与发展 ………………………………………… 178
　　　　三、信息计量学与其他学科的关系 …………………………………… 179
　　第二节　信息计量学的方法基础 …………………………………………… 180
　　　　一、文献计量学的主要定律 …………………………………………… 180
　　　　二、网络信息计量原理和方法 ………………………………………… 190
　　　　三、信息计量工具 ……………………………………………………… 194
　　第三节　计量分析法适用情境与典型范例 ………………………………… 196
　　　　一、计量分析法的适用情境 …………………………………………… 196
　　　　二、计量分析法的典型范例 …………………………………………… 198

第十六章　知识组织技术 ………………………………………………………… 199
　　第一节　知识组织理论及技术发展 ………………………………………… 199
　　第二节　常用知识组织技术 ………………………………………………… 200
　　　　一、本体 ………………………………………………………………… 200
　　　　二、关联数据 …………………………………………………………… 201
　　　　三、知识图谱 …………………………………………………………… 203
　　第三节　知识组织技术的适用情境与典型范例 …………………………… 207
　　　　一、知识组织技术的适用情境 ………………………………………… 207
　　　　二、知识组织工具与技术典型范例 …………………………………… 207

第十七章　竞争情报分析 ………………………………………………………… 209
　　第一节　竞争情报的概念与特点 …………………………………………… 209
　　　　一、竞争情报的概念 …………………………………………………… 209
　　　　二、竞争情报的特点 …………………………………………………… 210
　　第二节　竞争环境分析方法 ………………………………………………… 212
　　　　一、PEST 分析 ………………………………………………………… 212
　　　　二、洛伦兹曲线分析 …………………………………………………… 214

三、波特五力模型 ··· 215
　第三节　竞争对手分析方法 ····································· 218
　　　一、定标比超 ··· 218
　　　二、战争模拟 ··· 219
　　　三、反求工程 ··· 220
　第四节　竞争战略分析方法 ····································· 222
　　　一、SWOT 分析 ··· 222
　　　二、BCG 矩阵分析 ··· 224
　　　三、GE 矩阵模型 ··· 226
　第五节　竞争情报分析法适用情境与典型范例 ········· 228
　　　一、竞争情报分析法的适用情境 ······················ 228
　　　二、竞争情报分析法的典型范例 ······················ 229

参考文献 ··· 231

后记 ··· 237

第一章　概论

为便于从总体上理解教材内容，本章将首先阐述信息资源管理的内涵及研究沿革，以及信息资源管理学科的由来和研究对象，在此基础上构建信息资源管理学科的研究方法体系框架并对其在中国情境下的应用态势进行分析。

第一节　信息资源管理与信息资源管理学科

尽管"信息资源管理"作为我国一级学科的名称始于 2022 年，但其作为全球关注的研究领域已经有近 60 年的历史。以下将分别对信息资源管理领域研究与实践概况、信息资源管理学科的由来与研究对象进行说明，以明确本书所涉及研究方法的基本背景。

一、信息资源与信息资源管理

"资源"一词，在汉语语义上指的是一国或一定区域内拥有的物力、财力、人力等各种物质要素的总称，分为自然资源和社会资源两大类。自然资源如阳光、空气、水、土地、森林、草原、动物、矿藏等；社会资源包括人力资源、信息资源以及经过劳动创造的各种物质财富。尽管信息随着人类思维能力和语言能力的形成广为传播并成为事实上的社会资源，但人们并没有自觉地、有意识地将它视作一种资源。直到 20 世纪 70 年代，处于后工业社会的西方国家开始意识到，信息如同其他自然资源与社会资源一样（金融、材料、人力等），也是一种能够被管理、能够用于提高组织的生产力、竞争力和整体效能的资源。

从狭义角度出发，信息资源是指人类社会活动中存在的各类可用来创造财富的信息。但在当前的研究与实践中，多为广义的信息资源观点，即人类社会信息活动中积累起来的以信息为核心的各类信息活动要素（信息技术、设备、设施、信息生产者等）的集合。这里的信息活动包括围绕信息的收集、整理、提供和利用而开展的一系列社会经济活动。

与广义的信息资源相对应，信息资源管理可以视为对信息资源本身所进行的管理，包括对信息的采集、开发、组织、传播、服务、利用管理以及对信息设施、信息技术、信息投资、信息机构和人员等所进行的规划、组织和控制。

目前普遍认为，信息资源管理作为专门概念兴起于 20 世纪 70 年代的美国政府管理领域，被描述成为一种概念、一种战略、一种哲学、一种理论或一种职能；后被引入工商企业，成为一种管理模式；紧接着被欧洲图书情报界的学者引进介绍，成为信息管理学派。我国学者是从 20 世纪 80 年代中后期开始关注和研究信息资源管理问题的，最早由图情领域期刊阐释、引介，并迅速得到多个学科的共同关注。自 20 世纪 90 年代以来，信息资源管理成为我国图书情报档案领域的重要研究内容，学术界发表和出版了大量论文著作，从不同侧面和不同角度研究信息资源管理的理论、实践、方法和应用，基本上形成了中国信息资源管理的学术体系、知识体系和话语体系。

二、信息资源管理学科的由来及内涵

2022年9月由国务院学位委员会和教育部颁布的研究生教育学科专业目录中，将原来的一级学科图书情报与档案管理调整为信息资源管理，并规定在2023年秋季招生时开始实施新的专业方案。这是"信息资源管理"首次作为正式的一级学科名称被写入国家文件，而其背后则是复杂的一级学科及学科名称的形成、学科归属过程。

在1983年颁布的《高等学校和科研机构授予博士和硕士学位的学科专业目录（试行草案）》中，图书馆学、档案学、科技情报等相关学科专业分散于多个一级学科之下，图书馆学、档案学和科技情报分属于文学、历史学、理学三大门类。

1990年第二版学科目录首次把"图书馆与情报学"作为一级学科，归属于理学门类，下设图书馆学和科技情报两个二级学科，档案学则归属"历史学"下的二级学科"历史文献学"。

在1992年国家颁布的"学科分类与代码"中第一次将图书馆学、情报学、档案学整合为新的一级学科"图书馆、情报与文献学"，包含图书馆学、文献学、情报学、档案学和博物馆学五个二级学科。

在1997年国务院学位委员会学科评议组审核的《授予博士、硕士学位和培养研究生的学科、专业目录》中将一级学科更名为"图书馆、情报与档案管理"，列在管理学门类，下设图书馆学、情报学和档案学三个二级学科。这一时期图书馆学、情报学和档案学逐步走向融合。

在2011年第四版学科目录中将一级学科名称更名为"图书情报与档案管理"，此次更名的最大特点是整体不再列出二级学科名称，并且在《专业学位授予和人才培养目录》中增设了"图书情报"专业硕士。这一时期图书馆学、情报学、档案学之间进一步走向"合"，开始寻求三个学科内涵上的统一性，希望用一个更具有包容性和覆盖性的上位概念来命名一级学科名称。在学界共同努力下，经过反复协调，2022年第五版学科目录中一级学科名称最终更名为"信息资源管理"。

"信息资源管理"成为学科名称，不仅是对"图书情报与档案管理"这一学科名称的替代，也将重塑学科内涵定位、展现学科面貌。为推动学科发展，2023年3月18日在武汉大学召开了首届信息资源管理学科发展战略研讨会。武汉大学人文社科资深教授马费成，中国人民大学一级教授冯惠玲，第八届图书情报与档案管理学科评议组成员兼召集人陈传夫、孙建军等学科评议组全体成员，全国二十多所信息资源管理一级学科博士学位授权高校学科负责人等参加了会议，并就学科定位和体系构成等方面达成了共识。

在学科定位上，信息资源管理学科是管理学科门类的重要组成部分，归属于人文社会科学，与信息科学门类有交叉，因此其学科知识基础包括管理科学知识、人文社会科学知识和信息科学知识。这样的学科定位，有助于汇聚发展资源，评价发展成果，开展研究合作，构建自主知识体系。

在学科体系上，以信息资源管理核心知识、技术、理论为骨干，下设图书馆学、情报学、档案学、数据管理与数据科学、信息分析、数字人文、公共文化管理、出版管理、古籍保护与文献学、健康信息学、保密管理共 11 个二级学科，打造图书情报与档案学科群、数据管理相关学科群、公共文化相关学科群，保持图书馆学、情报学、档案学在一级学科中的地位。

参照赖茂生教授的观点，信息资源管理学科的研究对象可归纳为信息资源的生成、演化、特性、构成、用途、传播、时空分布、开发利用、保护保存等方面的基本现象、基本事实和基本活动，以及它们与人类社会发展的关系。针对这些研究对象实施的研究开发活动及形成的研究领域和知识体系主要包括（但不限于）以下 12 个方面：①信息资源系统，信息资源的构成，信息资源系统的发生、演化及其时空分布规律，信息资源系统各要素间的相互作用机制和平衡机理；②信息资源与人类社会发展之间的关系，该资源系统与人类活动的相互作用；③用户及其需求和行为；④信息资源管理和开发利用相关基础设施和技术；⑤信息资源管理和开发利用相关战略、政策和法律；⑥不同层次（国家、政府、组织机构、网络、个人）的信息资源管理；⑦不同类型的信息资源管理（如数据管理、内容管理、信息技术管理、信息系统管理、知识管理等）；⑧不同行业或应用领域（场景）的信息资源管理（如图书馆的信息资源管理、文书档案的信息资源管理、科技信息管理、医疗健康信息管理等）；⑨信息资源管理的作业或活动流程以及组织和文化方面；⑩信息资源管理的经济学方面（如价值评估和资产管理等问题）；⑪信息资源的安全管理和保障问题；⑫信息资源管理人才培养和教育。

第二节　信息资源管理学科研究方法识别与分类

研究方法是学科知识体系的重要组成部分，合理选用研究方法才能得到客观、准确、全面的研究结论，揭示研究对象的本质与规律，因此受到了各个学科的普遍关注。对于信息资源管理学科，鉴于其处于快速发展阶段，研究方法的创新与迭代频繁，因此，本书未直接沿用已有的研究成果，而是以近年来的研究成果为依据重新进行了方法识别与分类。

一、信息资源管理学科研究方法识别

研究方法是指在研究中发现新现象、新事物，或提出新理论、新观点，揭示事物内在规律的工具和手段，其本身受研究对象、研究问题、科研人员等多种因素的影响，一直处于动态发展变化之中。为实现信息资源管理学科主要研究方法的识别，本书拟以规模较大、质量较高的学科期刊论文为对象，识别各篇论文使用的研究方法，并经规范化处理后形成研究方法识别结果，处理过程包括数据采集与抽样、论文标注、表述规范化、低频方法剔除四个环节。

（1）数据采集与抽样。本书选取了《中国图书馆学报》《图书情报工作》《大学图书馆学报》《图书情报知识》《国家图书馆学刊》《图书馆建设》《图书馆论坛》《图书馆学研究》《图书与情报》《图书馆杂志》《档案学通讯》《档案学研究》《情报学报》《情报资料工作》《数据分析与知识发现》《信息资源管理学报》《情报杂志》《情报理论与实践》《情报科学》和《现代情报》20 种信息资源管理学科核心期刊作为样本期刊。在采集数据过程中，以中国知网（CNKI）为数据源，采集了 20 种期刊 2020~2022 年刊登的全部中文

文献的题录信息，包括题名、作者、摘要、关键词等内容；经剔除目录索引、会议纪要、人物简介、通知、贺信、贺词、讲话等文章后，从中随机抽取了5000篇作为实际使用数据，其中来源于《档案学通讯》和《档案学研究》的论文600篇，来源于其他期刊的论文4400篇，以避免档案学领域期刊过少导致相关主题论文的样本覆盖不足。

（2）论文标注。对于样本数据，以题名、摘要和关键词为对象，逐篇进行研究方法人工标注。标注的基本原则包括以下四项：一是仅根据题名、摘要和关键词进行研究方法判断，不使用论文全文，也不进行研究方法的过渡猜测；二是对于兼具研究手段/工具和研究对象角色的研究方法，只在其充当研究手段/工具时将其作为研究方法标出；三是研究方法的判定以其是否具备发现新现象、新事物，或者提出新理论、新观点，揭示客观事物内在规律和运动规律等作为依据；四是在存在附随关系时，只标注高层级的研究方法，如文献计量学方法的应用必然伴随着数学和统计学方法，因此不再标注统计方法。标注者均为情报学专业的研究生，且同一篇文献由两人标注，标注结果不一致时，讨论决定最终的标注结果。标注样例数据如表1-1所示。

表1-1 信息资源管理学科期刊论文研究方法标注结果示例

题名	关键词	摘要	研究方法标注
图书馆发展变革中的思维表达、应用与演进	思维；观念；图书馆变革；互联网思维；数据思维	[目的/意义] 图书馆学研究中出现的关于思维的表达论述，为解读图书馆变革提供了除技术、制度之外的一种新视角。通过梳理典型……	内容分析法
机器学习在术语抽取研究中的文献计量分析	术语抽取；机器学习；知识组织；文献计量	[目的/意义] 梳理和总结基于机器学习的自动术语抽取的相关研究，为领域相关人员提供参考。[方法/过程] 在CNKI和EndNote的分……	文献计量法
会话分析视角下虚拟学术社区用户交互行为特征研究	虚拟学术社区；用户交互行为；会话分析；内容分析；社会网络分析	[目的/意义] 探索虚拟学术社区用户交互行为的特征，为社区知识服务的建设和平台管理提出参考。[方法/过程] 在会话分析理论的基……	内容分析法、社会网络分析法
基于微信平台的中老年用户健康信息接受行为意愿扎根分析	微信平台；中老年用户；健康信息；信息服务；接受行为意愿；质性研究	[目的/意义] 旨在探索微信平台中老年用户健康信息接受行为意愿影响因素，并构建健康信息接受行为意愿影响因素模型，为微信平……	访谈法、扎根理论

（3）表述规范化。鉴于部分论文中关于研究方法的表述较为随意，存在一种方法多种表述的情形，以及方法表述粒度不一的情形，如决策树模型的代表性算法包括ID3、ID4.5、CART等，部分论文表述研究方法时用"决策树"，部分则使用了ID3等更细粒度的方法。因此，为便于后续分析，需要对标注结果进行表述的规范化，对于存在多种说法的，选择较为频繁、通用的说法作为规范表述；对于存在多粒度的研究方法，根据实际情况选择适当的粒度作为规范表述，既避免粒度过细导致研究方法过多过细，难以在有限的篇幅中展开介绍；也避免粒度过粗导致研究方法过于笼统，难以为研究中的方法选取提供指导。

（4）低频方法剔除。为提升研究方法分析结果的实用性，避免只为个别研究者采用但未得到普遍认可的"准研究方法"造成的干扰，在数据标注与规范化基础上，对低频方法进行了剔除。在处理时，首先建立研究方法与论文第一作者的对应关系并进行去重处理；其次在此基础上，剔除频次过低的研究方法，剩余方法即构成信息资源管理学科研究方法集合。

二、信息资源管理学科研究方法分类

在研究方法分类方面，信息资源管理学科在既往研究中提出了多种分类思路，较有代表性的包括以下五种：①层次说。"经典社会科学层次说"按照普遍程度将研究方法分为专门方法、一般方法、哲学方法；王崇德（1988）结合学科特点对经典社会科学层次说进行了调整，将其分为哲学方法、一般方法和特殊方法；吴丹等（2021）参照已有的层次分类方法，将图书馆学研究方法分为一般科学方法、专门科学方法和跨学科研究方法。②流程说。由于信息资源管理实践活动具有明显的过程属性，包昌火等（1990）提出了包括数据收集方法、数据分析方法、结果表达方法的流程分类体系。③功能说。该分类思路按照研究方法的功能特点定义类别，将其分为回归型、分析型、预测型等。④二分说。该分类思路将所有研究方法分为定性方法和定量方法两种。⑤时代说。余波（2016）按照研究方法提出的时代背景，将其分为传统研究方法、大数据研究方法与技术、其他三大类。

上述各种研究方法分类策略均有其代表性，从便于操作的角度出发，本书采用一般科学方法、专门科学方法和跨学科研究方法的分类模式对所识别的研究方法进行分类，如表1-2所示。其中，一般科学方法是指除了在信息资源管理学科应用外，在许多学科中都适用的研究方法；专门研究方法是体现信息资源管理学科特色的重要表征，主要运用于信息资源管理学科研究领域，更具有学科专业特点的方法；跨学科研究方法是指从其他特定学科领域借鉴、移植和引进的研究方法。

表1-2 信息资源管理学科研究方法类目体系

方法层次	代表性研究方法
一般科学方法（36）	归纳法、比较法、演绎法、思辨法、综合法、类比法、推理法、反证法、证伪分析法、历史研究法、系统论、系统工程理论、信息论、控制论、耗散结构论、协同论、突变论、观察法、访谈法、问卷法、出声思考法、田野调查法、民族志法、案例研究法、德尔菲法、实验法、扎根理论、层次分析法、TOPSIS、模糊综合评价法、回归分析法、因子分析法、相关分析法、时序分析法、方差分析法、主成分分析法
专门研究方法（22）	内容分析法、计量分析法、社会网络分析法、PEST分析、洛伦兹曲线分析、波特五力模型、定标比超法、战争模拟、反求工程、战略坐标分析方法、通用矩阵分析法、SWOT分析、BCG矩阵分析、GE矩阵分析、价值链分析法、专利地图、知识图谱、可视化、本体、关联数据、技术路线图、灰色关联度分析
跨学科研究方法（44）	PageRank算法、K均值算法、层次聚类法、词袋模型、词嵌入、预训练模型、TF-IDF、K最近邻算法、增强学习、逻辑回归算法、支持向量机算法、决策树算法、随机森林算法、朴素贝叶斯算法、DBSCAN算法、潜在狄利克雷分配、隐马尔可夫模型、条件随机场、卷积神经网络、循环神经网络、长短时记忆网络、双向长短时记忆网络、生成对抗网络、注意力机制、N-gram模型、句法生成模型、Transformer模型、BP神经网络、分词、基于内容过滤的推荐、协同过滤模型、混合推荐模型、定性比较分析法、结构方程模型、元分析、系统动力学、仿真法、相似度分析、博弈分析、KANO模型、SIR传染病传播模型、S-O-R理论、技术接受模型、网络日志分析法

从表1-2中可以看出，信息资源管理学科常用研究方法在结构上以一般科学方法和跨学科研究方法为主，这反映了其具有社会科学的一般特点，以及注重与多学科交叉融合的特点；但同时也形成了一些具有学科特色的研究方法，体现了其研究问题具有特殊性及学

科正逐步走向成熟的特点。

需要说明的是，受教材篇幅的影响，难以对上述 102 种研究方法逐一进行介绍。教材编写中，选择了部分相对更为常用且存在一定使用门槛的 63 种方法进行专门介绍，并分析各研究方法的适用情境、提供数篇应用范例论文。同时，为便于阅读学习，将部分具有共性的方法合并到一章进行介绍。总体安排如下：

第二章调查法，介绍观察法、访谈法、扎根理论、案例研究法、问卷法、德尔菲法 6 种方法；第三章和第四章分别介绍实验法和数理统计分析方法；第五章介绍定性比较分析法、结构方程模型；第六章至第八章分别介绍综合评价法、元分析和系统动力学方法；第九章介绍 KANO 模型、SIR 传染病传播模型、S-O-R 理论、技术接受模型 4 种相关理论模型；第十章介绍逻辑回归算法、支持向量机算法、决策树算法、随机森林算法、朴素贝叶斯算法、K 均值算法、层次聚类法、DBSCAN 算法、潜在狄利克雷分配、隐马尔可夫模型、条件随机场、卷积神经网络、循环神经网络、长短时记忆网络、双向长短时记忆网络、生成对抗网络、注意力机制 17 种机器学习技术；第十一章介绍词袋模型、TF-IDF、词嵌入、预训练模型、词法分析、句法分析、篇章分析、基于规则的文本生成方法、N-gram 模型、句法生成模型、Transformer 模型 11 种自然语言处理技术；第十二章介绍基于内容过滤的推荐、协同过滤模型、混合推荐模型 3 种个性化推荐技术；第十三章至第十五章分别介绍内容分析法、社会网络分析法和计量分析法；第十六章介绍本体、关联数据、知识图谱 3 种知识组织技术；第十七章介绍 PEST 分析、洛伦兹曲线分析、波特五力模型、定标比超、战争模拟、反求工程、SWOT 分析、BCG 矩阵分析、GE 矩阵模型 9 种竞争情报分析方法。

第三节　中国情境下的信息资源管理学科研究方法应用态势

中国信息资源管理学科的研究特色是尊重中国实际、服务中国实践、解决中国问题、传递中国话语，在研究方法运用上也呈现出自身特色。

一、保持了重思辨演绎的人文社科传统

我国的信息资源管理学科注重对人文社科传统的坚守，强调人文关怀和人文精神，在学术研究上就表现为注重思辨、演绎等非实证方法的运用，主要体现在以下三个方面：①运用思辨、演绎等非实证方法的论文数量较多。除了《情报学报》《情报理论与实践》《数据分析与知识发现》等少量以信息资源管理技术为主要选题的期刊以外，其他期刊中都有相当比例的论文只采用了此类方法，甚至在部分期刊的载文中占比超过 50%。②部分学科研究的重大选题研究成果以思辨、演绎等非实证方法的应用为主。对于学科研究中的宏观选题，思辨、演绎等非实证方法的应用常常居于主要地位，如学科发展战略研究、学科挑战应对、信息资源的宏观管理、图情事业发展等。③学科知名专家和资深专家对思辨、演绎等非实证方法的应用较多。知名专家和资深专家常常具有非常丰富的理论基础与实践经验，日积月累下，其对相关研究主题的感性资料占有较为充分，对学科发展及其他学科研究的宏观问题更为关注，从而导致其常常运用思辨、演绎法开展研究，这一点在这

些专家独著或合著者仅限于知名专家和资深专家时表现尤其突出。

二、注重相关学科研究方法的引入

我国信息资源管理学科在强调人文关怀和人文精神的同时，也关注相关技术的运用创新和工程实现，这就使通用的一般科学研究方法在信息资源管理研究中大多也具有用武之地，如归纳法、比较法、综合法、观察法、访谈法、问卷法、实验法、层次分析法、TOP-SIS、模糊综合评价法、回归分析、因子分析等。同时，信息资源管理学科属于横断学科，其研究对象或问题常常与其他学科领域之间存在交叉，如舆情也是传播学、公共管理等学科关注的研究主题，数字人文则同时受计算机科学与技术、人工智能、历史学、文学等多个学科的关注，这就导致研究推进中不可避免地要学习、借鉴其他学科的研究方法，由此使跨学科研究方法成为信息资源管理学科研究方法的重要来源，新文科建设的推进更是进一步强化了这一特点。此外，由于信息资源管理学科较为活跃，研究者本身就可能兼具其他学科背景，加之跨学科知识流动速度在信息化环境下本身就在加速，使信息资源管理学科常常能够将其他学科最新涌现的研究方法、工具、技术应用到本学科研究中。

三、研究方法运用日趋规范

我国信息资源管理学科研究中的科学方法运用日趋规范表现在科学方法运用更加频繁和方法运用过程更加规范两个方面。前者是指我国科研人员在开展的信息资源管理研究中，单纯使用思辨、演绎等非实证方法的比例在下降，使用至少一种实证类或定量类、实验类方法的比例在增加，也即更加注重通过数据或较为翔实的证据进行研究观点的析出或论证。初景利等（2022）在《"新文科"呼唤图情档成为"硬"学科》中所刻画的信息资源管理学科研究"定性描述多，定量分析少；思辨讨论多，科学方法引入少；主观认知多，客观论证少；文字阐述多，数据分析少；归纳演绎多，技术应用少"的特点有所缓解，如2010年前后只提出研究模型或构想，不进行实验、原型实现或实证的论文近年来大幅减少。后者是指近年来信息资源管理学科的研究论文对相关方法的运用更加规范、严谨，一方面，研究方法的选择更为恰当，更适合研究主题及任务开展的具体情境；另一方面，研究实施更加规范，细节的处理更为准确。

四、多方法结合的特点较为突出

从所标注的样本论文来看，我国信息资源管理学科采用多种研究方法的论文数量较多，占比也较早些年有明显提升。从多方法结合方式来看，可以将相关研究分为多环节多方法和单环节多方法两种。前者是指部分研究实施包括多个环节，在不同的环节采用了不同的研究方法，如依据技术接受模型设计调查问卷，采用问卷法收集数据，采用数理统计方法分析调研数据；后者是指在研究实施的同一个环节采用了多种研究方法，如同时采用问卷法、访谈法和观察法进行研究资料采集。究其原因，有两个：一是部分研究方法难以独立存在，需要与其他方法相结合才能完成研究工作；二是随着研究问题复杂化和研究工作的深入，在部分主题的研究中，单一方法常常难以取得良好效果，需要采用多方法集成的思路开展研究。

第二章　调查法

第一节　观察法

一、观察法的特点与应用

作为社会调查中的观察法既不同于日常生活中的随意性观察，又有别于其他调查方法所不具有的独特特点。

1. 观察活动有目的有计划

目的性和计划性是一切社会调查活动所具有的特点。这里所指明确的目的性和计划性特点，是针对日常生活中的观察活动而言的。当实施观察法时，观察者不向被调查者暴露自己想要了解什么和怎样了解，但它要求在事先进行系统的研究设计，为什么观察、观察什么、怎样观察都要加以明确，将观察的对象、范围、步骤和方法制订详细的计划，做到胸中有数。

2. 观察对象处于自然状态

观察法是一种自然状态下的现场调查。观察者在观察过程中对被观察对象的活动不加干涉，对于影响被观察对象的各种社会因素也不加干预。它观察到的现象是当前正在发生的、处于自然状态下的社会现象，因而它是一种最为及时、最为直观的调查方法。

3. 观察过程受观察者个人因素的影响

观察过程必定会受到观察者个人的情感、知识和经验因素的影响。一般来说，观察者同被观察的人或事物的联系越密切，情感因素对观察过程的影响越大，同时，观察者的知识和经验也会影响观察过程。虽然如此，观察法并不一概排除观察者个人的情感、知识与经验等因素，而在于坚持实事求是，不因个人偏见或个人狭隘的经验而歪曲、掩饰或编造社会事实。

4. 观察手段凭借感官借助工具

观察法观察的手段主要凭借观察者的眼、耳等感觉器官及其延伸物，如摄像机、照相机、录音机、显微镜、望远镜等仪器。正因为观察法无须中间环节，因而它能获得具体、生动的感性认识和真实可靠的第一手资料。

5. 观察内容是观察对象的外显行为

观察法观察到的主要是被观察对象的外显行为，至于被观察对象的态度、观念、价值等主观意识方面的资料无法通过观察搜集到。这一点也有别于访问法和问卷法。

二、观察法的类型

根据不同的划分方法，可以将观察法分为不同的类型。如根据观察的主要目的，分为探索性观察与验证性观察；根据观察的主要内容，分为定性观察和定量观察；根据观察对象的状态，分为静态观察和动态观察；根据观察的时间，分为定期观察和追踪观察；根据观察的范围，分为全面观察和抽样观察；等等。下面着重介绍五种实际中运用较多的类型。

（一）结构性观察与非结构性观察

根据观察内容是否有预定的、标准化的观察项目与要求，可分为结构性观察与非结构性观察。

结构性观察，是指观察者按照预先确定的观察提纲进行的项目明确、程序固定、记录标准化的观察。所谓观察提纲简单地说，就是一份观察项目的清单，此外，还包括观察日期、观察起讫时间、观察地点和观察对象等附属项目。结构性观察对于观察的内容、程序、记录方法都进行了比较细致的设计，观察时基本上按设计的步骤进行，对观察记录的结果适于进行定量化的处理。

非结构性观察，是指观察者在总的观察目的、要求下，不预先制订观察计划，根据具体情况，有选择地进行的观察。这种观察在事先无须严格的设计，比较灵活、机动，能够抓住观察进程中发现的现象而不必受设计的框框限制，但得到的资料较为零散，难以进行定量化处理。

结构性观察由于观察者事先周密的设计，使观察可以系统和深入，能够获得进行定量分析、对比分析所必需的数据和资料，但花费的时间较多，且观察的过程中不易灵活应变；非结构性观察则比较方便易行，观察中可随时根据需要进行调整，往往可以获得意想不到的珍贵资料，但得到的资料比较零散和表面化，由观察者本身引起的偏差可能会高一些。

通常情况下，人们一般在调查的初期，运用非结构观察，以便发现研究的现象，帮助确定主题和观察方法与项目。在调查的中、后期运用结构性观察，对某些研究项目进行深入的观察和分析。

（二）参与观察与非参与观察

根据观察者是否参与观察对象的活动，可分为参与观察与非参与观察。

参与观察，是指观察者参与到被观察群体中去，在与被观察对象的共同活动中，从内部进行的观察。参与观察按照参与程度的不同，又可分为完全参与观察和不完全参与观察。

非参与观察，是指观察者不加入被观察对象群体，不参与他们的任何活动，以旁观者的身份对被观察对象进行的观察。

一般来说，运用参与观察法，可以缩短观察者与被观察者之间的心理距离，对观察对象的活动有比较深入的体验和理解，有助于理解观察对象背后的心理活动、动机和内部的真实情况。但参与观察需要观察者花费较长的时间，全身心地投入，且易受到观察者某些方面的影响。例如，完全参与观察，观察者在观察过程中表现积极或消极，会增强其他参与者的热情或产生其他影响，甚至在一定程度上影响某些主张的采纳、实施与否，从而影响事件的进程；不完全参与观察，则可能会吸引被观察者的注意力，改变自然的事件过程。而运用非参与观察法，观察者与被观察者之间未建立密切的联系，可以从不同的角度、不同的方面去观察，站在客观、公允的立场，冷静地观察，且省时、省力、简便易行，但非参与观察由于不能深入持续，往往使观察带有表面性和偶然性，其研究要想达到透过现象发现本质、了解真相目的，要求观察者具备相当高的素质。

（三）实地观察与实验室观察

按观察地点和组织条件划分，观察法可以分为实地观察和实验室观察。

实地观察是在自然环境中，在现实生活的实际状况中进行的观察。在一般的社会调查研究活动中，这种方法用得较多。它能够观察到社会现象的真实状态，缺点是不够严密和精确。

实验室观察是在人工创造的观察群体和调查者所控制的条件下进行的观察。运用这种观察，调查者可以根据调查研究的需要来设计观察环境，便于集中、准确地观察特定的对象，但它也容易破坏观察的自然情态。随着科学技术的发展，实验室观察具有越来越重要的作用，对社会现象的研究，有些课题，诸如某些教育学和心理学的课题，可以在实验室观察。

（四）直接观察与间接观察

根据观察者与观察对象之间有无直接接触，可分为直接观察与间接观察。

直接观察，是指观察者凭借自己的眼睛、耳朵等感觉器官直接去感知观察对象的方法。其最大的优点是比较简便，可随时随地进行，具有强烈的现实感，但观察者的视野及精力有限，难以观察到全面、精确的情况。

间接观察，是指观察者不直接感知观察对象，运用其他的途径去感知观察对象的方法，如看实时电视、录像等。间接观察在时间、空间、精确度上有极大的扩展，可是缺乏现实感，没有亲身对现场的了解和感受。

（五）传统观察与网上观察

根据观察者是否运用网络技术，可分为传统观察与网络观察。传统观察除了利用人的感觉器官如眼睛、耳朵以外，还经常借用科学工具，诸如照相机、摄影机、录像机、录音机等，但它与网络无关。本章介绍的有关问题主要是传统观察，即实地观察。

网上观察，是随着网络的发展而兴起的一种新兴观察法。它是指观察者借助网络对网民的网上言谈与行为进行的观察。它又分为两类：网上直接观察与网上间接观察。网上直接观察是观察者进入聊天室进行的观察，观察者或作为被观察者的一员在参与正在进行的聊天活动过程中实施其观察，或不参与被观察者的聊天活动，只作为旁观者进行观察，前者谓之网上参与观察，后者称为网上非参与观察。网上间接观察是指利用网络技术对网站接受访问的情况以及网上的网民行为进行的观察。

网上观察法与一般传统观察法一样，要求遵循观察法实施的基本原则，实施前需明确观察目的，制订好观察计划，实施过程中需按事先设计的项目进行观察，并做好观察记录，最后需对资料进行分析研究，得出结论。其特殊之处在于通过"网络"观察，因此要有在网上观察的特殊技术和记录技术等。目前，在网上观察法中，网上直接观察运用得相对多一些。它的优缺点均来自网络环境的虚拟。正是由于网络环境虚拟，身份隐秘，参与聊天者顾虑较少，因而观察者能获得大量、真实、全面、深入的感性材料，也正因为网络环境虚拟，身份隐秘，因而，所反映的事实和数据的真实性无法判断与核实。

三、观察法的一般程序

（一）明确观察目的

观察目的是根据调查任务和观察对象的特点而确定的。明确观察目的，即要通过观察解决什么问题。为了明确观察目的，首先可做粗略的调查和试探性的观察，为的是掌握一些基本情况，了解观察对象的特点，以便确定通过观察需要获得什么资料，弄清什么问题。其次确定观察的范围、对象、观察的重点，具体计划观察的步骤。

（二）制订观察计划

制订观察计划，能使观察有计划、按步骤、全面系统地进行。因此，当确定了观察目的，搜集了有关观察对象的资料后，需要经过深思熟虑制订出观察计划。一般来说，观察计划包括观察目的、观察对象、观察重点与范围、通过观察需要获得的资料、观察的途径、观察的时间、次数和位置、选择观察的方法、列出观察的注意事项、观察人员的组织分工、观察资料的记录和整理、观察的应变措施等内容。

（三）准备观察工具

观察者一般主要是通过自身的感觉器官去直接感知外界事物，但许多时候也需要借助辅助工具和仪器来扩大感知的范围。如果需要此类工具，就必须事先检查、安装，以及做好使用的安排。另外，如果是进行有结构的实地观察，那么要设计和制作观察记录工具，即观察表格、观察卡片，以便迅速、准确和有条理地记录观察情况，便于日后的核对、比较、整理和应用。观察表格、观察卡片等记录工具，是根据实地观察需要而设计的。

（四）选准观察时空

实地观察要选准最佳观察时间和最佳观察场合，因为观察时间场所不同，往往会得到不同的观察结果。有时，要完成某项调查研究，只有在特定的时间和场所进行观察，才能搜集到所需要的资料，观察结果就可能比较真实、具体、准确。

（五）进入观察现场

观察者进入现场应取得有关人员的同意，或出示证件说明观察目的，或通过熟人介绍，或通过内线，或取得观察对象团体中关键人物的支持而进入。一旦进入观察现场，观察者要尽量取得被观察者的信任。信任关系建立的方法有很多，诸如反复向有关人员讲解调查的目的、意义，消除被观察者可能存在的各种顾虑，积极主动地以自己的言行去化解各种隔阂，与观察对象打成一片，遵守当地的风俗习惯，不违反当地的禁忌，帮助被观察者解决困难，等等。信任、友好关系的建立有助于观察的顺利进行和有价值资料的获得。

（六）进行观察活动

进行观察活动应注意如下三点：

（1）观察活动应按计划进行。一般不要轻易地更换观察的重点，超出原定的范围，致使背离了原定的观察目的，如果发觉原定计划有不妥之处，或观察现象有所变更，则应按照计划中的应变措施或实际情况随机应变，目的只有一个，即力求妥善地完成原定的任务，使观察取得最好的效果。

（2）观察应与思考相结合。把观察与思考紧密地结合起来，在观察中思考，在思考中观察，只有这样，才能在社会现象的琐屑细微处捕捉到更多有价值的观察资料。

（3）观察应灵活安排观察程序。观察程序，具体有三种安排方法：一是主次程序法，即根据观察的目的和任务，先观察主要对象，后观察次要对象。二是方位程序法，即根据观察对象的地理位置，按节约、便利的原则安排观察路线和顺序。三是分析综合法，即先观察事物的整体，后观察事物的局部现象，然后再进行综合与分析，做出观察结论。

（七）做好观察记录

做好观察记录，是观察过程中必不可少的重要环节。做观察记录，应符合准确性、完整性、有序性的要求，为此，必须及时进行记录，不要依赖记忆。观察记录有两种方式：一种是当场记录；另一种是事后追记。当场记录最常用的方法是手工记录，即当场在笔记本上连续记录，或在事先准备的观察表格、卡片上填入适当的数字、文字、相应的符号。现代科学技术为社会调查提供了许多先进的调查手段，其中有一些是用于当场观察记录的，如录音机、摄像机、数码相机等。但社会调查中使用这些技术手段要慎重，因为使用这些仪器会在一定程度上干扰被观察者的正常活动，影响其行为。事后追记多在不适合、不可能当场记录时采用，如观察的是敏感问题，被观察者对当场记录会有疑虑，遇上突发事件，观察者手头无记录工具等情况，就需要事后追记。追记要及时，并且是有把握的内容。这种方法仅为一种补救措施，其真实性和说服力均不如当场记录。但在有些场合，只能使用这种方法。

（八）撤离观察现场

撤离观察现场，是观察实施过程的最后一步。无论何种情况，观察者在撤离现场时，不能一走了之，而应以友好的态度辞别当地的被调查者与有关部门，同时要考虑到有可能会再次来观察，因而应将可能再来的信息表达出来。这既是社会调查工作本身的需要，也是对社会调查者职业道德的要求。

四、减少观察误差的方法

从严格的科学意义上讲，由于观察者对社会现实的感知会受到观察者自身及其与被观察的人与事物某种联系的影响，因而，任何观察都会产生一定的误差，为尽量地减少观察误差，其采用以下四个方法进行应对。

（1）努力提高观察者的自身素质。提高观察者的思想素质、知识水平和观察能力、观察技巧，是提高观察质量，避免观察误差的根本途径。因此，观察者必须具备求实精神，增强与观察内容相关的知识，同时还应加强观察能力、观察技巧的培养和培训。观察能力包括良好的感知能力、敏锐的注意能力、优良的记忆能力、快速的记录能力、正确的识别能力等。

（2）设法减少观察活动对观察对象的影响。一般而言，观察只有在自然状态下，才能观察到真实客观的情况。因此，观察者应努力控制自己的观察活动，尽可能减少或消除观察活动对观察对象的影响。必要时，可以采取隐蔽观察、伪装观察、突击观察等形式，减少观察活动对观察对象的影响。但使用这些方法时，应十分慎重，注意场合，把握分寸。

（3）力求进行深入细致的观察。深入细致的观察是避免观察误差的有效措施。唯有深入细致地观察，才能看清观察对象的全貌和实质，弄清事情的真相。特别是对人为的假象，持续与持久的深入细致的观察尤为重要。

（4）采用多人多组多点重复对比观察。对同一现象进行多人或多组同时观察，并采用观察对象的横向对比观察、观察时间的先后对比观察、观察位置的多点对比观察、观察内容的重复对比观察等形式，以便相互印证，纠正偏差。

此外，提高观察设计、观察工具的科学性，注意观察记录的核查，学会利用现代化的观察仪器，都是减少观察误差的有效方法。

第二节　访谈法

访谈法是一种主要运用口头交谈的方式，通过访谈者与被调查者之间的沟通与互动获得调查资料的调查方法。社会调查中的访谈与日常生活中的谈话有着明显的不同：首先，访谈要有一定的主题、目的，而日常生活中的谈话可以没有严格的目的，无明显的主题；其次，访谈要有调查者的主动反省和反思的过程，要有不断追问和倾听的技术，而日常生活中的谈话可以随便地对话，不需要谈话者的反思认识；再次，访谈主张在细微处发现被访者的感受和想法、态度和观点，从而建构与访谈主题有关的认识意义，由于在日常生活中的谈话没有深刻的目的和相关的主题，因此谈话者之间可能没有注意到对方所流露出的"主题意义"；最后，访谈强调调查者重在倾听，而被调查者重在倾诉，日常生活中的谈话则以双方的交流和沟通为主，在于信息的传递和感情的倾诉。

一、访谈法的类型

访谈法依据不同的标准，可以划分成不同的类型。常见的有以下三种分类方法：一是按照调查者对访谈结构的控制程度，可以分为结构式访谈和非结构式访谈；二是根据访谈规模，可以分为个别访谈与集体访谈；三是根据访谈双方接触方式，可以分为直接访谈和间接访谈。信息资源管理研究中应用较多的是非结构化访谈法，其是事先不制定统一的问卷、表格和访问程序，而是按照一个粗线条的访问提纲，由访谈者和被访谈者进行自由交谈，并据此完成研究资料的收集，其主要形式有如下三种。

（一）重点访谈

重点访谈又称集中访谈，是集中于某一经验及其影响的访谈，主要是一种获取质性资料的研究技术，这里的重点不是指访谈对象的重点挑选，而是访谈所侧重的内容。重点访谈要求访谈者首先将被访谈对象安排到一定的情景当中，然后请被访谈者自由说明他在这一情景中的主观经验，即个人对情景的认识。这种主观经验就是重点访谈的重点所在。重点访谈的一个决定性因素是某一特定情景的提供，对于这一情景，研究人员事先要进行分析，找出它的主要因素、模式以及过程和整体结构，并决定将要调查哪些方面，然后制定假设并根据这些假设建立标准的访谈程序。由于问题的内容是事先确定了的，当访谈者将被访谈对象投入一种情景后，便提出一些问题让其回答。虽然这些问题通常是不完全的或完全没有结构，而且也不一定是事先准备好的，但访谈者会把问题重点集中在事先确定了的内容上。因此，虽然被访谈者可以自由地回答问题，但由于问题的范围是由访谈者控制的，所以严格地说这种访谈是半结构式的，而不是完全无结构的。

（二）深度访谈

深度访谈是为搜寻特定经验及其行为动机的主观资料所做的访谈，一般是选择个人生活历史的某些方面向被访谈者提问题，访谈是机动的或结构松散的，但仍然是围绕某一重点和焦点来进行的。这个重点或者焦点是根据事先选择的研究假设来确定的。当然，由于对不同的人提出的问题不尽相同，因而资料的可比性受到损害，但这一损害可在偶然的重大发现里得到补偿。这种偶然的重大发现往往来源于对提问过程中出现的意外因素所进行的探讨和深究，这有利于带来问题的突破。

（三）非引导性访谈

非引导性访谈又称为客观陈述法。它是让被访谈者对他自己和他所处的社会环境进行一番考察，再客观陈述出来，即访谈者鼓励被访谈者把自己的信仰、价值观念、行为以及他所生活的社会环境客观地加以描述。

在这种类型的访谈中，访谈者几乎完全依赖于提问，所提问题通常很简短，意在了解被访谈者最深层的思想感情，它可以引出甚至连回答者都不知道或自己都不愿承认的感情来。访谈者从被访谈者那里获得的不仅是资料，而且还有对资料的某种解释。当然，为了避免这些解释受到被访谈者观念的影响，必须对被访谈对象的背景、价值观念、态度以及地位与处境等加以考察，否则就无法判断资料的真伪程度。

非结构式访谈的目的在于克服结构式访谈的束缚，弹性大，有利于充分发挥访谈双方的主动性和创造性；有利于适应千变万化的客观情况，了解原调查方案没有考虑到的新情况，获得结构式访谈无法获得的丰富资料；有利于开拓问题的深度和广度，访谈双方既有一个既定的交流中心，也有一定的发挥余地。但非结构式访谈对访谈者的素质要求较高，访谈结果也难以进行深入的定量分析。因此，非结构式访谈适于实地研究，特别是个案研究，它不是通过客观分析的方法把结果普遍化，而是主观地、洞察性地由个别事例概括出结论。

二、访谈法的技术

（一）访谈提问技术

要使访谈顺利进行，访谈提问中需要注重相关提问技术的应用，主要包括以下六点：①提问的问题要灵活，适度使用各种有利于创造访谈气氛、消除被访谈者的拘束感，或顺利实现从一个话题转换到另一个话题的功能性问题。②提问的方式要适合，根据被访谈者的具体情况和双方之间的关系，以及问题本身的性质和特点，随机应变，其目的使访谈在平等、友好的气氛中进行。③提问的态度要中立，访谈者不能给被访谈者任何暗示，访谈者对所提出的问题要始终保持客观、公正的立场。④提问的焦点要集中，尽可能减少题外话，提问时要把握方向和主题焦点，以便在较短时间内顺利完成访谈任务。⑤提问的语言要通俗，使用被访谈者易于理解并乐于接受的语言。⑥提问的语气要恰当，针对不同的被访谈对象及不同的访谈场合，灵活使用"闲谈"方式或"拉家常"式的语气，切忌"审问式"语气。

（二）访谈引导技术

引导与提出问题不同。引导不是提出新问题，而是帮助被访谈者正确理解和回答已经提出的问题，目的是使被访谈者能够正确理解问题，并能准确、真实、全面地回答所提出的问题。访谈者在访谈调查中进行引导时，要掌握一定的时机。一般而言，引导技术常包括"复述问题"引导、"解说问题"引导、"消除顾虑"引导、"回归正题"引导、"帮助回忆"引导、"中断回顾"引导等。

（三）访谈追问技术

追问不同于提问和引导，它是为了促使被访谈者真实、具体、准确、完整地回答问题，而进行的更深入、更具体、更完整的提问。追问的方法有六种：①正面追问，即直接指出回答不真实、不具体、不准确、不完整的地方，请被访谈者补充回答；②侧面追问，即换一个不同的角度、侧面或提法，来追问相同的问题；③系统追问，即系统地追问事件发生、发展的时间、地点、人物、原因、结果等；④补充追问，即只问那些没有搞清、需要补充回答的问题；⑤重复追问，即重提已经得到回答的问题，以检验前后回答的一致性；⑥反感追问，即"激将"追问，对于被访谈者说谎，在不激起被访谈者反感不能得到必需的资料时，访谈者使用反感追问是允许的、适宜的，但反感追问不得滥用，访谈者应尽量与被访谈者保持和谐的访谈气氛。

（四）访谈倾听技术

一个熟练的访谈者，不仅要善问，还要会听。所谓会听，应该是有效率地听，是对提出问题回答结果的直接而有效的接收。要做到有效率地听，必须尽量做到有正确的态度、有积极的探询、有情感的投入。

（五）访谈回应技术

回应是访谈者对被访谈者的回答作出恰当的反应。恰当的回应是保证访谈过程正常进行的必要条件，也是有效地听的必要条件。回应方法有两类：一是无反射回应，包括聆听与等待；二是有反射的回应，包括认可、概述、坦诚等。

（六）访谈记录技术

做好访谈记录是访谈调查的一项基本内容。结构式访谈记录比较简单，只需按规定的记录方式，把被访谈者的答案记录在事先设计好的表格或问卷上就可以了。非结构式访谈的记录相对困难一些，因为边听边记，容易分散注意力，影响访谈质量。访谈记录有现场记录和事后记录两种方式。现场记录就是在征得被访谈者的同意之后，边访谈边记录。事后记录是在访谈结束以后，根据对访谈过程的回忆，由访谈者对访谈内容进行追记。

（七）访谈无着处置技术

访谈调查有时会遇到计划访谈对象因出差、旅游、请假等外出不在家或不在单位的情况。对此，不能轻言放弃。因为计划访谈对象都是根据调研设计方案选定的普查单位、样本单位或典型对象，如果不对他们进行调查，那么普查总体会缺乏全面性，抽样调查样本会失去代表性，典型调查单位会失去典型性。

对于访谈无着，找不到人的情况有五种处置方法：①可以在门上或家中留下预约单；②找其单位有关人士或其家人、邻居了解其返回的时间，进行第二次、第三次访问，直到找到为止；③当了解到其行踪，条件又许可，可到其所去的地方做访谈；④找一些熟悉他情况的人做访谈，但这种情况的处置，应是在访谈调查只涉及行为、事实问题时使用，如果调查内容涉及观念、情感等类问题则不宜采用；⑤实在不行，启用备用调查对象代替，或放弃。

（八）访谈拒答处置技术

在访谈调查中，经常会出现被访谈者不配合，拒绝访谈的情况。针对这种情况，首先，访谈者要耐心做好被访谈者的各项思想工作，特别是要反复宣传讲解调查的目的、意义，以及调查工作的保密原则和保护被访谈者的措施等，通过认真细致的思想工作，消除被访谈者的顾虑。其次，访谈者要认真检查自己的言谈举止，通过实际行动来取得被访谈者的信任和支持，如果发现被访谈者对访谈者个人有反感，可换一个访谈者去。最后，如果实在不能在被访谈者那里打开突破口，访谈者可以通过其他一些熟悉情况的人来回答问题，或者通过当地干部或有关部门的协调，采取一定的措施，使被访谈者能接受访谈。与访谈找不着人的处置一样，不到万不得已时，不要轻易更换调研方案确定的访谈对象。

三、访谈法的一般程序

（一）明确访谈目的

访谈调查的第一步，需要明确访谈研究目的。一般来说，访谈研究目的指明了研究所要达到的总目的，因而它会对访谈调查的范围、对象等相关内容做出一定限定。由于访谈研究目的比较笼统，不利于具体的实施操作，因此，需要将较为笼统的研究目的和问题转变为比较具体的研究目的和问题。明确访谈研究目的，对于访谈实施过程中的各项工作是至关重要的，为此，调研者需认真查阅与访谈内容相关的文献，从中吸取有价值的东西；必要时还需要深入实际做些初步的了解和调查，在此基础上再确定研究的侧重点，列出研究变量和研究假设。

（二）做好访谈准备

在正式开始准备之前，要从多个方面着手做好准备工作，主要任务包括选择访谈方法、制定访谈提纲、确定访谈对象、了解访谈对象、确定访谈时空、选择访谈人员、培训访谈人员、拟订访谈计划、准备访谈工具。

（三）进入访谈现场

良好的开端是成功的关键。访谈调查成功与否在很大程度上取决于访谈者与被访谈者最初接触时的表现，如果一开始就引起被访谈者的反感，那么整个访谈就难以顺利进行。为了和被访谈者从毫无联系的陌生人变成相互有所了解的交谈对象，访谈员进入访谈现场应当做到约定要提前、称呼要恰当、衣着要得体、接近要积极几个方面。

（四）正式进行访谈

访谈者进入访谈现场，建立了访谈关系后，便要转入到访谈主题上来，运用各种语言和非语言方式与被访谈者进行交流，使双方的互动过程变成情感交流过程，从而顺利获得各种所需信息，包括各种语言信息和非语言信息。

（五）适时结束访谈

当访谈调查所要了解的问题得到了较为圆满的回答以后，访谈者应适时结束访谈。结束访谈应把握如下四点：①适可而止。一般情况下，每次访谈的时间不宜过长，一般以一两个小时为宜，但也不能过于机械，整个访谈过程的持续时间应根据访谈内容和访谈过程中的具体情况灵活掌握。②把握时机。访谈者在所要了解的问题得到了较为圆满的回答以后，应适时结束访谈；或者当被访谈者疲劳、厌倦，或者良好的交谈气氛被破坏，被访谈者难以合作下去时，应适时结束访谈。③轻松自然。访谈结束的方式应尽可能轻松、自然。④礼貌致谢。当结束访谈时，访谈者要对被访谈者对工作的支持表示衷心的感谢，并使被访者感觉出自己对这项调查做出了贡献。

（六）再次访谈情形

在由于一些特殊的原因导致访谈中止，从而未能获得足够的调查资料的情况下，往往必须进行再次访谈，以确保资料的完整性。但对于一些非质性研究的课题，尽量不要将一次访谈分多次进行，这样很难保证访谈情境的一致性，从而降低资料的可比性。

此外，为了监督考察调查人员的行为和鉴定所获得资料的真实性与正确性，研究者有时会从调查对象中抽取少数几人进行回访，以核实是否进行过调查，并且询问部分问题以辨明资料是否记录准确。

第三节　扎根理论

一、扎根理论概述

（一）扎根理论的产生与发展

20 世纪 50 年代前后，美国社会学界就社会学研究中出现的理论与经验的割裂问题展开了一场激烈的学术大讨论，问题的焦点围绕从事社会学经验研究，即坚持定量研究的"变量范式"的学者能做的只是验证结论（因为经验研究通常本身无法产生理论，只能验证理论），而待验证的结论需由专门的理论工作者提供，这就势必造成理论研究与经验研究的二元对立。为解决理论研究与经验研究之间的严重脱节，20 世纪 60 年代中期，美国学者巴尼·格拉泽（Barney Glaser）与安塞姆·施特劳斯（Anselm Strauss）提出一种"生成的"而非"验证的"方法论，即"扎根理论"，最终引领了一场社会科学领域的"质性革命"。

扎根理论的方法起源于 1965 年格拉泽和施特劳斯对医院医护人员如何对待即将去世的患者的一项实地观察研究，详细记录并分析了患者对自身死亡的感知和行为表现，建构了关于死亡过程的分析模型，形成了系统的方法论策略。随后，格拉泽和斯特劳斯于 1967 年出版了《发现扎根理论：质性研究的策略》（The Discovery of Grounded Theory：Strategies for Qualitative Research），首次对扎根理论的研究方法进行了系统阐述，创造性地提出了以质性数据收集、分析为基础，提取概念并建构理论的一整套方法。在随后的几十年中，扎根理论在西方社会科学界产生了巨大影响，被誉为 20 世纪末"应用最为广泛的质性研究解释框架"。

（二）扎根理论的定义

扎根理论是质性研究中一个十分著名的建构理论的方法。"质性研究"也称"质化研究""质的研究"，是相对于社会科学研究中的"定量研究"（"量化研究""量的研究"）而言的。在定量研究中，研究者通常事先建立假设，通过概率抽样的方式选择样本，使用标准化工具和程序采集数据，采用规范数据统计分析方法（如描述性统计、推断性统计）对数据进行分析，从而检验研究者自己的理论假设。定量研究通常比较适合在宏观层面对事物进行大规模统计、分析和预测。相较于定量研究的操作思路，质性研究通常要悬置自己的"前见"和假设，尽可能在自然情境下收集原始资料，通过研究者和被研究者之间的互动对事物进行深入、细致、长期的体验，从而对被研究者的个人经验和意义建构作"解释性理解"。质性研究适合在微观层面对个别事物进行细致、动态的描述，对特殊现象进行探讨，从而发现问题或提出看问题的新视角。

（三）扎根理论的基本思想与内涵

作为社会科学研究的一种方法论路径，扎根理论广泛用于西方学界和中国学界已经分别逾 50 年和 20 年，涉及学科包括社会学、管理学、政治学、经济学、心理学、医学、图书馆学等，并在这些领域产生了一大批基于扎根理论的经典综述、技术探讨与大量实证研究。

扎根理论的目的是基于自然情境建构理论。对许多经验社会学学者来说，"创造"或"发现"理论不是自己的任务，"验证"理论才是，但格拉泽和施特劳斯认为，创造理论或建构理论恰恰是社会科学家该做的事，正是这一任务才界定了社会学家的身份。建构理论是社会科学研究的内在要求，也是研究结果的必然归宿。这是因为人类任何有意义的行为都隐含了一定的理论，需要将其系统化、明朗化。

通常，研究新手们对建立理论和使用理论总是十分担心，不知道自己到底有没有理论，自己的理论在哪里。但事实上，我们每个人对事情都有自己的理论。质的研究建立的是"个人的理论""小理论""广义的理论"，相比"大写的理论"（如定理、公理、"狭义的理论""形式理论"等），这些理论在抽象层次上没有那么高深，概括性不那么广泛，但因其注意到研究现象的个性和复杂性，因此更具有针对性，也更具有解释力度。理论的作用体现在以下三个方面：①理论可以赋予事实以意义，将事实置于恰当的分析角度之中；②理论可以为研究导航，研究早期获得的初步理论可以为后期的工作导引方向；③由于理论具有一定的概括性，可以为那些范围较窄的个案提供相对宽阔的视野和应用范围。

扎根理论中对理论的建构采取自下而上的方式，质性研究强调理论必须从资料中产生，从原始资料出发，通过归纳分析逐步产生理论。扎根理论在系统收集资料的基础上，寻找反映社会现象的核心概念，然后通过这些概念之间建立起联系而形成理论。扎根理论一定要有经验证据的支持，但它的主要特点不在其经验性，而在于它从经验事实中抽象出了新的概念和思想。扎根理论的核心是对原始资料进行登录（编码，即 coding）的过程，主要分析思路是比较，在资料和资料之间、理论和理论之间不断进行对比，然后根据资料与理论之间的相关关系提炼出有关的范畴与属性。其过程和规则有以下四点：

第一，悬置自己的前见，研究者可以有大致的研究主题，但切忌带有预先设定的具体研究问题。

第二，在搜集经验材料时主要使用访谈法和参与观察法，所收集的原始资料不仅包括访谈和观察得到的质性资料，还包括与研究问题有关的文字、图片、音像等实物资料，常见的有期刊、杂志、历史文献、统计资料、新闻报道、个人日记等。选取研究对象时不用概率抽样，而要运用理论抽样（Theoretical Sampling）。

第三，对以访谈记录为主的经验材料进行登录编码。编码包括开放式编码、主轴式编码、选择性编码三个步骤。对原始资料进行编码是扎根理论的核心，具体步骤见下一部分中实施步骤的介绍。

第四，在扎根理论的全部研究过程中持续撰写备忘录，记录研究者自己在研究过程中的各种想法。

（四）扎根理论的特点

自 20 世纪 60 年代扎根理论方法产生以来，对东西方学术界均产生了极大影响，各种版本的扎根理论也应运而生，纵观扎根理论的发展，可以归纳出以下四个核心特征：

第一，扎根理论所处理的主要是以访谈记录为代表的文字材料，它为质性分析提供了一套相对严格的准则、步骤和程序。编码是扎根理论分析的核心要素，对文字材料进行编码，逐级提炼出理论概念与过程机制。

第二，主张以逐级归纳的方法从经验材料中综合归纳出理论，而不是从既有知识体系中演绎出理论命题。避免在研究中出现预置的研究框架和明确的研究问题，这是确保"扎根"有效性的重要原则。

第三，使用理论抽样而非统计抽样来选择研究对象。

第四，将"持续比较法"作为最重要的分析手法，不仅可以对研究中的事件与范畴进行同类和交叉比较，还可以从该研究的外部，如文献和日常经验中来选择比较对象。事实上，因扎根理论方法强调"比较"的持续性和不间断性，这种方法也被称为"不断比较的方法"。

作为最著名的方法论路径，扎根理论同时存在局限与缺点，其受到的批判主要体现在以下五个方面：①扎根理论过于强调基于经验，在编码时基于微观层面的情况与行动对原始资料进行命名与分类，但较难对现象提出社会结构文化的整体分析。或者有些研究者倾向于把个案视为样本，让个人经验脱离背后的历史与结构脉络。②传统扎根理论深受实证主义的影响，预设了单一实际存在以及客观真相的存在。③扎根理论具有自然主义倾向，过度依赖当事人的所言所语，因而可能忽略行动者"所作所为"背后的逻辑，以及下意识的、非言说式的行动意义。④扎根理论的资料分析，尤其是编码过程，被批判容易导致资料的过度切割与碎片化，结果导致"把经验与经验主体分隔开，把意义与故事分隔开，把观察者与被观察者分隔开"。⑤扎根理论在实际操作上存在一定困难。

二、扎根理论的实施步骤

（一）确定研究主题

确定研究的大致问题。质性研究要求研究者悬置自己的前见，在与研究对象进行直接、深入接触的基础上获得一手的研究资料，避免用前人的理论或通常看法来透视资料，必须倾听从原始资料中传出的声音，扎根于原始资料对研究对象进行理解。为做到这一点，研究者在访读之前可以设定大致的研究问题，但不应该有预先设定的前提或假设。

尽管由于扎根理论要求研究者关注研究对象自身的问题，需要严格避免受到自己携带的概念框架和问题意识的干扰，但需要强调的是，研究之前仍然可以做相关的文献回顾工作，帮助自己确定一个有价值的研究问题。因为前见未必导致偏见，开放的头脑也不等同于空洞的头脑，提前做文献研究与受到现有文献理论束缚是两回事，关键是研究者在做文献研究时要保持一种批判的态度，而不应该受固有思维的影响。事实上，文献回顾工作应该贯穿扎根理论研究过程的始终，即在确定研究问题之前、收集资料、分析资料、撰写研究报告等过程中。因为扎根理论作为典型的质性研究方法，在质性研究中，资料的收集和分析是一个循环往复的过程，研究始终处于演化状态，只要保持批判的态度，充分、持续的文献回顾就可以为研究各个环节最终聚焦收敛有意义的研究问题提供重要参考。

（二）收集研究资料

（1）确定数据收集方法。扎根理论中应用的数据收集方法主要是访谈法或观察法。访谈法是研究者通过与被访者进行交谈以获得第一手资料的一种研究方法，通常有多种。在质性研究中，访谈具有十分重要的作用，可以了解受访者的所思所想、价值观念、情绪感受和行为规范，了解他们的生活经历以及他们的行为所隐含的意义。就这一点来讲，观察法往往只能看到或听到研究对象的外显行为，难以准确探究他们的内心世界。但观察仍然是质性研究中另一个主要的收集资料的方法。当有关社会现象很少为人所知，或者当研究者看到的事实与当事人所说的内容不一致时，以及当对不能够或不需要进行语言交流的研究对象（如婴儿或聋哑人）进行调查等情境下，参与观察可以允许研究者获得有效的一手资料。相对而言，观察可以明确地回答"谁在什么时间、什么地方，与谁一起做了什么"的问题，但很难准确地回答"为什么这么做"。访谈与观察相结合，二法具有较好的互补性，通常是质性研究收集资料的常用方案。

除了利用访谈和观察收集一手研究资料外，还可以搜集实物作为研究资料，如个人日记、传记、历史文献、档案、期刊杂志、新闻报道、官方统计资料等，通常期刊文献、研究报告等二手数据常被用来弥补一手数据的局限性，以提供对研究对象更为全面的认识。

（2）选择研究对象。扎根理论中选择研究对象的抽样方法通常采用理论抽样（Theoretical Sampling）而非概率抽样。概率抽样通常用在定量研究对样本的选择上，是指在被界定的研究对象中每一个单位都有相同的概率被选中。理论抽样，又叫目的性抽样，指根据研究目的抽取能够提供最大丰富程度信息的样本作为研究对象。派顿（M. Patton）指出，"相对于其他差异，抽样逻辑的不同才标识出质性研究与定量研究的本质区别"并就理论抽样介绍了十五种具体策略，包括极端或偏差型个案抽样、强度抽样、最大差异抽样、同质性抽样、典型个案抽样、分层目的型抽样、效标抽样等。

在实际研究中，理论抽样通常考虑各案例的典型性、差异性、同质性等因素，以回答"样本是否可以比较完整地、相对准确地回答研究者的研究问题"为标准，综合决定选择哪些研究对象。

（3）进行访谈或观察。扎根理论通常采用访谈或观察法收集研究资料。访谈或观察结束后，应及时将访谈和观察内容整理成详细的文本资料，这些资料将是后续研究的主要资料。值得注意的是，受访者的非言语行为，如皱眉、迟疑、愤怒、激动、哭、笑等，同样是非常有价值的研究材料，它们为了解受访者对某事的态度及深层次的人格、个性、爱好提供了可见的依据。质性研究认为"所有事情都是资料"，因此后续研究如借助录音笔将访谈内容转化成文本时，应该注意将访谈时现场笔记记录的非言语行为并入研究的文字资料中。

（三）编码

扎根理论的核心是对原始资料进行编码。自格拉泽和施特劳斯提出扎根理论之后，后续大批学者以此为基础对原始扎根理论的方法进行完善和清晰化，产生了多种流派的扎根理论。拉尔夫·拉罗萨（Ralph LaRossa）、安塞姆·施特劳斯（Anselm Strauss）、朱丽叶·科宾（Juliet Corbin）以及凯西·卡麦兹（Kathy Charmaz）等就扎根理论操作程序的观点进行了融合，既保留了程序化扎根理论的细致，又吸纳了经典扎根理论和建构主义扎根理论的灵活精神，将扎根理论的编码过程分为三步：开放式编码、主轴式编码和选择性编码。开放式编码阶段中逐句分析资料，识别一些主题概念并将其归类，得到具体范畴；主轴式编码阶段，将上一阶段的编码进行归纳，提取出主范畴；选择性编码阶段，将主范畴有机关联，构建出理论模型。这三个级别的编码是目前基于扎根理论的研究中使用最为普遍的操作程序。

（1）一级编码——开放式编码。开放式编码是对原始资料的第一次编码，也是对原始资料进行分析的首要环节。这一步的工作主要是对原始语句逐句分析，发现概念，提炼范畴。研究者应从最基础的层面开始，考量资料中的每一个词语，发现那些能够回答研究问题的重要词语，将其编码成为码号（Code）。随着分析的深入，编码的码号范围也可以从词语扩大到短语、句子、段落、对话等粒度更粗的思考单元（Thought Unit）。码号的形式不仅包括词语，还可以是句子、话语、段落等。编码越细致越好，寻找有意义的码号的一个标准是有关词语或内容出现的频率。如果某个词或句子频繁被研究对象谈及，那么有理由认为这个词语或句子反映的潜模式对研究对象较为重要。码号的表述应使用研究对象自己的语言，以保持资料的"原汁原味"。这样做的目的是质性研究中要求研究者关注研究对象自身的问题，而不是带有研究者前见的问题，因此研究者应始终悬置个人倾向，在首次编码时将所有资料按其本身的状态呈现，倾听原始资料的声音，挖掘原始资料反映的问题，呈现原始资料传达的状态或概念，避免基于研究者自己的前见和学术界的定见改变、演绎或过度抽象了研究对象的原意。

对得到的所有码号，通过比较归类，分析其中反映的概念类属，用研究对象的语言或研究者自己的语言对概念类属进行命名，每个概念类属都需要唤起代表性的原始语句来定义现象，对某些只出现一次或相互矛盾的概念可酌情删除，得到初始概念编码。对初始概念编码之间的关系进行比较、汇总，使之范畴化，得到初始范畴。有时为了避免单个研究者的个人主观偏见和信息处理偏差，可以请多位研究者分别对一手数据进行开放式编码，将各自的分析结果讨论整合。

（2）二级编码——主轴式编码。主轴式编码的主要任务是针对开放式编码中发现的概念范畴进一步辨析，发现其间的深层联系，确定主范畴。依据资料呈现的各种关系，如相关关系、语义关系、情境关系、结构关系、过程关系、因果关系、功能关系等，寻找概念范畴之间的有机关联，对概念范畴进行重新组合，构想副范畴与主范畴之间的假设性关系，确定主范畴。

（3）三级编码——选择性编码。选择性编码需基于主轴式编码得到的主范畴之间的相互关系，发展出更抽象的核心范畴，以"故事线"相互关联，从而构建理论框架。格拉泽认为，这一步是在前两阶段的基础上进一步把支离破碎的概念重新聚拢在一起。选择性编码是以理论建构为目的，对概念、范畴进行整合，从系统层面对主范畴进行聚类，抽象出可以概括主范畴的属性和维度，挖掘核心范畴的过程。这个阶段研究者要解决的问题主要有三个：①这些概念范畴可以在什么概括层面上属于一个更大的社会分析范畴？②这些概念范畴中是否可以概括出一个比较重要的核心？③如何将这些概念范畴串联起来，组成一个系统的理论架构？这一步可以借助现有理论、相关概念和经验建立核心范畴、主范畴的意义关联，通过反复归类、调整、思考以将概念范畴串联起来，组成一个系统的理论架构。

（四）理论饱和度检验

扎根理论方法要求对初步构建的理论模型进行饱和度检验来确保不存在其他的概念或范畴影响理论的完整性。在对访谈或观察资料进行整理后，可以根据研究目的确定用于扎根分析的样本和用于饱和度检验的样本。通常的做法是随机抽取一些样本留作饱和度检验样本，在扎根分析样本完成前述编码过程之后，对预留的检验样本进行编码，如果没有新的概念、类属、范畴或关系结构出现，就可认为理论已经达到了概念上的饱和，理论中各个部分之间已经建立了相关、合理的联系，达到了饱和度要求。

第四节 案例研究法

案例研究法是一种运用历史数据、档案材料、访谈以及观察等方法搜集数据，并运用相应技术对一个真实事件进行全面、系统的分析后得出带有普遍性结论的研究方法。案例研究法由于其研究结论更具现实有效性以及较易创造出新理论和验证理论等优点，被广泛应用于多种学科领域中。案例研究不是一种纯理论性研究，而是一种经验性研究，属于现象学的研究范畴，其对象是社会现象中的事例证据及其变量之间的相互关系。案例研究是处理复杂问题的有力工具，能够帮助人们全面和系统地了解复杂的社会现象，从而弥补单纯依靠统计数据进行决策的不足。研究所用的案例应具有真实性，不能随意杜撰；同时，案例研究提供的真实场景应当是全面且开放的系统，所提供的问题应该存在可以从不同侧面进行研究、分析和解释的可能性。

一、案例研究的类型

（一）单案例研究和多案例研究

按照在实际研究中所运用的案例数量的不同，可以将案例研究分为单案例研究和多案例研究。

单案例研究具有调查质量高、调查结果深入、调查对象少以及节省人力、物力和经费等优点。但是单案例调查由于仅对一个案例进行深入研究，因此不能将其调查结果按统计学的原理推广到整个总体中。其一般应用于以下五种情况：①一个案例可以代表关键案例时；②一个案例可以代表一种极端或独特的案例时；③通过研究此案例可以加深对同类事件的理解时；④研究此案例可以为后续研究带来启示时；⑤研究纵向案例在不同时间节点进行比较时。

多案例研究能够更好、更全面地反映案例背景的不同方面，从而大大提高案例研究的有效性。多案例研究分为案例内研究和跨案例研究两个阶段。案例内研究是指将一个单独的案例或某一个主题作为独立的整体进行深入细致的剖析；跨案例分析是指在案例内分析研究的基础上，对所有案例进行进一步的归纳和总结，并得出全面系统的研究结论。虽然多案例研究相比单案例研究得出的证据更有说服力，但是在多案例研究的过程中需要花费更多的人力、物力和财力。因此，在决定进行单案例研究还是多案例研究时需要根据具体的研究要求和资源状况进行合理的选择。

（二）整体性案例研究和嵌入性案例研究

从案例研究的全局性和局部性划分，可以将案例研究分为整体性案例研究和嵌入性案例研究。整体性案例研究是针对某一特定的地区、时期或类型的所有案例进行深入、系统的研究，并通过研究发现该问题的变化轨迹和发展规律。嵌入性案例研究主要是指对包含一个以上的多个次级分析单位的案例进行次级分析单位考察，从而获得该案例的次级分析单位的一些规律和特点的方法。整体性案例研究和嵌入性案例研究由于它们的研究侧重点不同而各有利弊，整体性研究虽然可以获得案例的整体情况，但容易使案例缺乏明确、具体的证据或指标而流于抽象化；嵌入性研究虽然可以对某个次级分析单位获得较深入的研究，但由于使研究者将更多的精力集中于次级分析单位而导致分析未能回到主体部分，使案例研究在全面性方面有所缺失。

二、案例研究的质量特征

案例研究的质量主要反映在研究结果的信度与效度上。判断案例研究质量的依据在于以下两个：一是所选案例是否具有代表性，资料来源是否客观真实，是否是第一手资料；二是案例调查与访谈的构思是否严密、细致、全面。如果在运用案例研究时，在案例研究的各个阶段，比如调查设计、资料搜集以及论证方法都秉承客观、科学、公正、严谨的工作作风，那么据此所推导出来的研究结论也具有一定的可信度和说服力。

在案例研究方法中，决定效度的首先因素是案例（被研究对象）的选择。其次是资料，包括资料的系统性（能否反映案例的全貌）、资料与研究问题的联系。合理选择案例，运用多重资料反映案例的全貌，对被研究问题进行适度展开并收集有关资料，是提高效度的主要途径。

研究的信度取决于资料的真实性，在研究中规范参加人员的调研行为、建立案例资料库（以免资料的丢失）都是提高信度的途径。

三、案例研究的步骤

一个完整的案例研究过程应该包括定义问题、文献分析、建立研究架构与命题、选择案例、资料收集与分析、验证与修订理论、得出结论与建议七个方面。

（1）定义问题。无论什么样的研究，确定所要研究的问题和选择合适的研究对象都是进行研究的起点。研究者在一开始就要准确地确定所要研究问题的本质是什么，并对研究问题进行界定，从而为下一步的研究确定方向并做好准备。

（2）文献分析。当选定研究问题并对其进行较清楚的界定后，就应该通过查阅大量的相关文献以取得对研究问题广泛深入的了解。

（3）建立研究架构与命题。建立正确的理论假设是案例研究能否取得成功的关键要素。研究者需要明确案例研究的目的是什么，是要进行一般的探索性研究以发现新的理论还是对原有理论进行研究以期取得解释性说明。研究者需要针对研究中的主要变量及变量之间的关系，提出本案例研究的理论假设。理论假设一般通过提出一个正面的假设和对立的假设，然后用各种收集到的数据和实证进行论证，以此来提高案例研究的有效性。

（4）选择案例。案例的选择是案例研究的核心和基础，只有对研究问题进行深入分析和梳理后，才能结合研究框架和命题来选择适宜分析的案例。只有选择合适的案例进行研究，才能取得对客观事实及规律性的掌握。案例来源的渠道很多，可以是公开及未公开发表的学术论文、政府研究报告、各种科研书籍以及正规网站上公布的各种有关文献等。需要尽可能多地从各种不同的途径来寻找案例，并通过制定详尽的案例选择标准来进行筛选和确定，以保证最终所选取的案例能够具有代表性和普适性，这能够为研究开展提供详尽充足信息，也可以使研究结论得以推广。

（5）资料搜集与分析。案例中的资料主要是指从访谈内容、研究者的观察感受以及企业提供的文件中所获得的信息。将这些信息进行整合，对其中与案例分析相关的信息分离出来，再试着描述一个整体性的情景状态。

（6）验证与修订理论。根据资料分析为解释或解决问题提供一个答案，并提供充足的证据和必要的数据对其进行验证，以证明其合理性、有效性和可行性，同时针对发现的问题进行进一步的分析和修订。

（7）得出结论与建议。案例研究的结论是通过理论归纳得到的，用逻辑讨论代替统计相关是案例研究结果的重要组成部分，研究者在案例分析完成后必须说明资料和假设之间的逻辑关系，组织逻辑讨论来支持因果关系，同时提出研究结论，并对下一步的研究方向和内容给出合理性的建议。

当运用案例研究方法研究管理问题时，在研究步骤上应有所侧重。一般来说，研究的目的不同，其步骤的侧重点也不尽相同。

第五节　问卷法

问卷调查法，也称为问卷法，是一种以书面提出问题的方式搜集资料的方法。研究者将所要研究的问题编制成问题表格，以邮寄、当面作答或者追踪访问方式填答，从而了解研究调查对象对某一现象或问题的看法和意见，问卷调查法因此又称问题表格法。问卷调查法的运用，关键在于编制调查问卷、选择调查对象和调查结果分析。

一、问卷调查法的构成与问卷调查的类型

（一）调查问卷的一般结构

调查问卷一般由卷首语、问题和回答方式、编码和其他资料四个部分组成。

（1）卷首语是调查问卷的自我介绍，具体内容包括调查的目的、意义和主要内容，选择调查对象的途径和方法，对调查对象的希望和要求，填写问卷的说明，回复问卷的方式和时间，调查的匿名和保密原则，以及调查者的名称等。为了能引起调查对象的重视和兴趣，激发他们的参与意识，争取他们的合作和支持，卷首语的语气要谦虚、诚恳、平易近人，文字要简明、通俗、有可读性。卷首语一般放在问卷第一页的上面，也可单独作为一封信放在问卷的前面。

（2）问题和回答方式是调查问卷的主体部分。一般包括调查要询问的问题、回答问题的方式以及对回答方式的指导和说明等。

（3）编码是把调查问卷中询问的问题和调查对象的回答全部转变成为 A、B、C、…或 a、b、c、…等代号，以便运用电子计算机对调查问卷进行数据处理。

（4）其他资料。其他资料包括问卷名称和编号、调查对象的地址或单位（可以是编号）、调查员姓名、调查开始时间和结束时间、调查完成情况、审核员姓名和审核意见等。这些资料是对调查问卷进行审核和分析的重要依据。

此外，有些调查问卷还有结束语，结束语一般用简短的话语对调查对象的合作表示感谢，也可征询调查对象对问卷设计和问卷调查的看法。

（二）问卷调查的类型

问卷调查按照问卷填答者的不同，可分为自填式问卷调查和代填式问卷调查。其中，自填式问卷调查，按照问卷传递方式的不同，可分为报刊问卷调查、邮政问卷调查和送发问卷调查；代填式问卷调查，按照与调查对象交谈方式的不同，可分为访问问卷调查和电话问卷调查。

随着科学技术的发展，也可分为网络问卷调查和线下问卷调查。与传统的社会调查方法相比，网络调查法具有自愿、定向、及时、互动、经济与匿名等特点。

二、调查问卷设计的方法及程序

调查问卷又称调查表或询问表，是以问题的形式系统地记载调查内容的一种印件。问卷可以是表格式、卡片式或簿记式，设计问卷是问卷调查的关键。完美的问卷必须具备两个功能，即能将问题传达给被问的人和使被问者乐于回答。要完成这两个功能，在设计问卷时应当遵循一定的原则和程序，运用一定的技巧。

（一）调查问卷设计的方法

由于调查问卷的问题和回答方式有开放式、封闭式（结构化）和半结构化三种，因此，调查问卷一般分为开放式调查问卷、封闭式（结构化）调查问卷和混合式（半结构化）调查问卷三种，调查问卷问题和回答方式的设计方法有二项选择法、多项选择法、顺位法（将答案按重要性排列）、回忆法（由调查对象根据印象回忆）、比较法、自由回答法和过滤法（排除法）等。

1. 封闭式调查问卷的设计方法

封闭式调查问卷是指调查人员对所提出的问题规定了答案，调查对象只能从已给出的答案中做出选择的调查问卷。封闭式调查问卷的问题和回答方式主要有四个：①二项选择问题，即一个问卷提出两个答案供选择；②多项选择问题，即一个问题提出三个或三个以上答案供选择；③事实性问题，要求调查对象回答一些有关事实的问题；④模糊选择问题，对所提问题只规定具有性质或程度上差别的选择答案，而没有明确数量差别上的选择答案。通常有李克特量表、语意差别表、分等量表和重要性量表等调查问题，一般以中间选项为基础（零），两边给相应的正负数值，方便处理。

李克特量表，即调查对象可以在同意和不同意之间的模糊量度内进行选择。例如，将其分为非常同意、同意、差不多、不同意、坚决不同意。

语意差别表，即在两个意义相反的词之间列上一些模糊标度，由调查对象选择他们认可的方向及程度上的某一点。

分等量表，对某些问题的回答属性从"极差"到"极好"进行模糊分类等。

重要性量表，即对某些问题的回答属性从"非常重要"到"完全不重要"进行模糊分类等。

2. 开放式调查问卷的设计方法

开放式调查问卷是指只提出问题，不提供任何可能的答案，由调查对象自由作答的调查问卷。可以有自由问答、词句联想、文章完成、图画完成等形式。

（二）调查问卷设计的程序

调查问卷设计的一般程序包括以下五个步骤：

（1）设计者研究调查主题，明确调查任务和目的。

（2）搜集有关资料。搜集有关资料的目的在于以下三个：①帮助研究者加深对所调查研究问题的认识；②为问题设计提供丰富的素材；③形成对目标总体的清楚概念。在搜集资料时对个别调查对象进行访问，可以帮助了解调查对象的经历、习惯和文化水平等。

（3）确定调查方式、调查问卷的内容和结构，形成调查问卷。主要内容有五个：①根据调查目的和主题提出调查问题；②斟酌各调查问题的相对重要性；③研究各项问题之间的配合；④想象调查对象所面临的困难和问题及调查难易程度；⑤酝酿询问假设、询问方式及回答设计方式。

（4）拟订调查问卷草案。进行编排，形成调查问卷初稿。

（5）修订调查问卷。通过预调查检验调查问卷的可行性，改进调查问卷初稿。需要重点考虑调查员（选择经验丰富的调查员设计调查问卷）、调查对象（与正式调查的调查对象具有相同的特征）和样本容量（选择合适的样本容量以便发现问题，一般选取 20~30 个样本）。

第六节　德尔菲法

德尔菲法（Delphi Method）又名德尔斐法、特尔斐法、特尔菲法，是在 20 世纪 60 年代由美国兰德公司首创和使用的一种特殊的策划方法，在没有历史数据的情况下，德尔菲法确实可以减少估算的偏差。德尔菲法采用匿名发表意见的方式，即专家之间不互相讨论和联系，只能与调查员（组织者）通信，通过多轮次调查专家对问卷所提问题的看法，反复征询、归纳、修改，最后汇总专家基本一致的看法作为预测的结果。德尔菲法是预测及评论研究领域的最常用方法之一。总的来说，德尔菲法是调查者就特定课题按规定程序，向该课题领域和相关领域内的专家反复征询意见，并经统计处理得到预测结果的一种预测方法。

一、德尔菲法的操作程序

德尔菲法的主要步骤与多轮征询中的数据处理是应用德尔菲法解决预测问题的核心，因此下面将首先总述德尔菲法的主要步骤，其次以评价技术或产品方案、预测事件完成时间这两类常见任务场景下的数据处理为例讲解德尔菲法的数据处理过程。

（一）德尔菲法主要步骤

1. 定题并成立工作组

首先确定预测的课题及预测项目，明确进行评估的目标。其次设立负责预测组织工作的临时机构，成立工作组，负责编制预测文件、设计调查反馈题目、整理参考资料、落实专家组人选、寄发回收问卷和进行数据统计分析等多项工作，以保证程序的正常执行。

2. 选择预测专家

德尔菲法的核心工作是对研究课题提出意见并做出判断，而进行这项工作的主要人员是各个领域的专家。

根据项目研究所需要的知识范围、研究的目的和特点，以及考虑到专家意见表的回收率，选择专家的来源机构，确定入选条件及专家人数，聘请不同机构的领域专家。专家人数的多少，可根据预测课题的大小和涉及面的宽窄而定，一般以 8~20 人为宜。

对专家的挑选应基于其对研究对象情况的了解程度。确保所有专家能够从同一角度去理解项目分类和其他有关定义。专家的权威程度要高，要有独到的见解、丰富的经验和较高的理论水平，这样才可能提供正确的意见和有价值的判断。

3. 设计调查表

德尔菲法采用调查表的形式来征集专家们的意见。调查者确定相关问题，设计调查表，发送给各个专家，匿名收集后，对专家们的意见进行统计分析。

在德尔菲法研究中，调查表的好坏直接影响到研究成果的质量。调查表向所有专家提出所要预测的问题及有关要求（尽可能将过程简化，不问与预测无关的问题），并附上有关这个问题的所有背景材料，同时请专家提出还需要什么材料，确保为专家提供充分的信息，使其有足够的根据做出判断。总之，在设计调查表时要遵循以下四个条件：①问题具有针对性；②问题陈述要确切、避免包含组合事件；③问题数目、问题格式要适当；④调查表不应介入领导和组织人员的观点等原则。

4. 组织多轮专家征询

在一切准备工作就绪之后，可以开始实施德尔菲法的调查程序，经典的德尔菲法要经过四轮专家征询。

（1）第一轮征询。向专家征询符合研究课题要求的预测事件。组织人员将调查表和相关背景资料寄给专家，该轮调查表是完全开放式的，只提供预测目标。专家根据研究课题的内容和要求，结合背景资料，提出应预测事件以及与课题相关的想法。组织人员回收调查表，将相同或相似的应预测目标统一起来，按重要性分类排队，将次要事件排除，用准确的术语提出一个"应预测事件一览表"，作为下一轮征询的调查表。

（2）第二轮征询。向专家征询对事件的预测及其理由。专家就表中事件进行估计，并给出理由，便于组织人员的归纳、整理，作为反馈信息提供给其他专家进行参考。组织人员要用统计学方法对回收的专家意见进行处理，并重新设计调查表。

（3）第三轮征询。组织人员将调查表、统计资料和重要的说明反馈给专家。专家在获得新的信息，了解其他专家的观点后，进一步地思考并做出判断，阐明自己的论点和论据。经过两次反馈，专家获取了更多的关于预测目标的信息，并有充分的时间对预测目标进行更深层次的评价和预测，观点逐渐走向成熟。在组织人员收回调查表后，再一次进行统计，并展开下一轮征询。

（4）第四轮征询。最后一次征询专家对事件的预测及其理由。专家的思想已趋于成熟，收到该轮调查表和全部反馈资料后进行全面的判断，完善自己的论点和论据，做出最后一次预测，同时评价其他观点，组织人员对回收调查表做最后统计，归纳专家意见，写出调查报告。

德尔菲法的多轮反馈，是呈螺旋形上升的，循环和反馈为专家的进一步思考提供了充分的时间和参考资料，使专家之间的信息交流成为可能，在充分发挥专家个人的主观判断力的同时，使整个专家组的集体智慧得到综合提高，专家意见趋于一致。根据一般经验，经过第三、第四轮调查后，专家组的预测趋向集中。

5. 统计获得预测结果

以专家的原始意见为基础，建立专家意见集成的优化模型，综合考虑一致性和协调性因素，同时满足整体意见收敛性的要求，找到群体决策的最优解或满意解，获得具有可信度指标的结论，达到专家意见集成的目的。

（二）德尔菲法过程数据处理

德尔菲法经过调查得到的专家意见必须经过分析和统计学处理，用量化指标将预测结果表示出来，用数字、符号、代码将专家的意见统一起来。每一轮调查结束后，组织人员都应该对回收的调查表数据加以整理和分析，便于专家们对预测结果产生明确的、定量的认识。由于研究课题的性质、内容不同，数据处理的方法也不一样。评价技术、产品方案，预测事件完成时间是常见的两类应用德尔菲法的任务场景，以两类任务中的数据处理为例，说明德尔菲法的数据处理过程和统计要素。

1. 评价方案相对重要性指标的数据处理

德尔菲法经常用于评价技术和产品质量的优劣。此外，它也被用于预测各种措施方案在达成某个目标时的相对重要性。此类课题的调查表通常要求专家为各种方案、技术、产品指标打分，预测结果也将用数字（分数、名次等）的形式来体现相对重要性。组织人员对此类评价结果一般用专家意见的集中程度和专家意见的协调程度来评定。

（1）专家意见的集中程度。一般通过每个事件（方案、技术、产品）评分的算术平均值、满分频度、评价等级和、平均名次四个统计指标来表示。

1）评分的算术平均值。组织者将专家组所有成员对每一个评价方案的评分情况列于"评价方案相对重要性评分表"中，如表2-1所示。

表2-1 评价方案相对重要性评分表

方案 评分专家	1	2	…	j	…	n
1	C_{11}	C_{12}	…	C_{1j}	…	C_{1n}
2	C_{21}	C_{22}	…	C_{2j}	…	C_{2n}
…	…	…	…	…	…	…
i	C_{i1}	C_{i2}	…	C_{ij}	…	C_{in}
…	…	…	…	…	…	…
m	C_{m1}	C_{m2}	…	C_{mj}	…	C_{mn}

各评价方案的评分算术平均值为：

$$\overline{C_j} = \frac{1}{m_j} \sum_{i=1}^{m_j} C_{ij} \tag{2-1}$$

其中：$\overline{C_j}$ 表示方案 j 的评分算术平均值；m_j 表示参加评价方案 j 的专家人数；C_{ij} 表示专家 i 对方案 j 的评分。

当评分采用十分制时，$\overline{C_j}$ 的值为 $0 \sim 10$ 分；采用百分制时，$\overline{C_j}$ 的值为 $0 \sim 100$ 分。$\overline{C_j}$

的值越大，说明该评价方案的相对重要性越大。

2）满分频度。评价方案的满分频度，即给该方案满分的专家人数与评价该方案的专家总人数之比，计算如下式：

$$\acute{K}_j = \frac{\acute{m}_j}{m_j} \qquad (2\text{-}2)$$

其中，$\acute{K}_j$ 表示方案 j 的满分频度；$\acute{m}_j$ 表示给方案 j 满分的专家人数；m_j 表示参加评价方案 j 的专家总人数。

$\acute{K}_j$ 的值为 0-1，越接近于 1，说明给该方案满分的专家越多，因而说明该方案的相对重要性越大。$\acute{K}_j$ 值一般作为 $\overline{C}_j$ 的补充说明。

3）评价等级（名次）和。根据每一位专家对所有评价方案的打分情况，组织人员可以为每一个评价方案进行排队，按评分由高到低的次序给出每位专家对所有方案的评价等级（名次），有两种情况：一种是某专家对几个评价方案的评分没有相同分数出现，则直接按分数由高到低进行排队；另一种是某专家对几个评价方案的评分出现相同分数，这种情况下，相同分数的方案具有相同的等级，等于这些分数相同的方案按自然数排列名次的算术平均值（如表 2-2 中的等级）。

表 2-2　某专家对几个方案的评价等级表（有相同评分时）

方案	1	2	3	4	5	6	7	8
分值	60	20	60	70	40	50	40	40
等级	**2.5**	8	**2.5**	1	**6**	4	**6**	**6**

评价方案的等级和是指参加评价该方案的全部专家给出等级的算术和，首先将全部专家对每一个评价方案的评价等级列表，再利用公式：

$$S_j = \sum_{i=1}^{m_j} R_{ij} \qquad (2\text{-}3)$$

计算出每个评价方案的等级和。

在式（2-3）中：S_j 表示方案 j 的评价等级和；R_{ij} 表示专家 i 给方案 j 的评价等级；m_j 表示参加评价方案 j 的专家总人数。

显然，评价方案的等级和 S_j 越小，说明该方案的相对重要性越大。

4）平均名次。评价方案的平均名次是参加评价该方案的所有专家给出等级的算术平均值，计算如下式：

$$\acute{R}_j = \frac{1}{m_j} \sum_{i=1}^{m_j} R_{ij} \qquad (2\text{-}4)$$

式中：$\acute{R}_j$ 表示方案 j 的平均名次；R_{ij} 表示专家 i 给方案 j 的评价等级；m_j 表示参加评价方案 j 的专家人数。

同 S_j 一样，$\acute{R}_j$ 的值越小，该评价方案的相对重要性越大。

上述四项指标用于评价方案相对重要性时，反映的都是专家意见的集中程度，可以单独使用，也可以同时使用。

（2）专家意见的协调程度，一般通过变异系数和协调系数来评定。

1）变异系数，又称离散系数，是衡量专家意见协调程度的一个重要指标，常用 V_j 表示，它反映了专家评价的波动程度，也就是反映出专家意见的一致程度。V_j 的值等于全部专家对方案 j 相对重要性评分的标准差与算术平均值的比值。计算步骤如下：

第一步：计算全部专家对方案 j 评分的均方差 σ_j^2，公式如下：

$$\sigma_j^2 = \frac{1}{m_j} \sum_{i=1}^{m_j} (C_{ij} - \overline{C}_j)^2 \tag{2-5}$$

式中：σ_j^2 表示全部专家对方案 j 评分的均方差；m_j 表示参加对方案 j 评分的专家人数；C_{ij} 表示专家 i 对方案 j 的评分；$\overline{C}_j$ 表示全部专家对方案 j 评分的算术平均值。

第二步：计算专家对方案 j 评分的标准差 σ_j，公式如下：

$$\sigma_j = \sqrt{\sigma_j^2} = \sqrt{\frac{1}{m_j} \sum_{i=1}^{m_j} (C_{ij} - \overline{C}_j)^2} \tag{2-6}$$

第三步：计算全部专家对方案 j 评价的变异系数 V_j，公式如下：

$$V_j = \frac{\sigma_j}{\overline{C}_j} \tag{2-7}$$

变异系数 V_j，反映专家对评价方案 j 的相对重要性评价的相对离散程度，反映了专家意见的协调程度。V_j 值越小，说明专家意见的离散程度越小，协调程度越高，一致性越好。

2）协调系数。协调系数是从整体入手，通过计算等级和来表示所有专家对全部方案评价意见的协调程度，用 W 表示，公式如下：

$$W = \frac{12 \sum_{j=1}^{n} d_j^2}{m^2 (n^3 - n)} \tag{2-8}$$

式中：d_j 表示全部专家给评价方案 j 的评价等级和与全部专家对全部方案等级总和的算术平均值之差；m 表示专家人数，n 表示评价方案个数。

其中 d_j^2 可表示为：

$$d_j^2 = \left[S_j - \frac{1}{n} \sum_{j=1}^{n} S_j \right]^2 \tag{2-9}$$

如果有专家评价方案出现相同等级时，计算公式则需要加入一个相同等级修正系数 T：

$$T_i = \sum_{l=1}^{L} (t_l^3 - t_l) \tag{2-10}$$

式中：T_i 表示相同等级修正系数；L 表示专家 i 评价中的相同评价组数；t_l 表示第 l 组中的相同等级数。

此时计算协调系数 W 的公式修正如下：

$$W = \frac{12 \sum_{j=1}^{n} d_j^2}{m^2 (n^3 - n) - m \sum_{i=1}^{m} T_i} \tag{2-11}$$

W 的值为 0-1。当 $W=1$ 时，专家们对全部方案的相对重要性评价意见完全一致；当 $W=0$ 时，则极端相反。也就是说，W 越大，越接近于 1，专家意见的协调程度越高。

变异系数和协调系数往往同时用于衡量专家关于方案相对重要性的意见的协调程度。变异系数衡量所有专家关于某一个方案的相对重要性的评价的一致性；协调系数则是衡量所有专家对全部方案的重要性评价的一致性。通过各个方案计算相对重要性指标，评估各个方案的重要程度，选择相对更为重要的方案。

2. 事件完成时间预测数据的处理

对事件完成时间的预测，是德尔菲法主要的用途之一。对此类数据的处理，一般是用中位数代表专家意见的协调程度，用上、下四分点代表专家意见的分散程度。

（1）组织人员将专家预测的时间按先后顺序排列，求出中位数和上、下四分点。

1）中位数：处于按时间先后顺序排列的预测时间数列中间位置的预测值。如果该数列有 n 个预测值，那么第 $\frac{n+1}{2}$ 个预测值即为中位数，预测时间在中位数两侧的专家人数相等。因此，中位数反映了专家意见的协调程度。

2）上、下四分点：位于中位数左侧数列中间位置的时间预测值即下（左）四分点，也就是预测时间数列的第 $\frac{n+1}{4}$ 个预测值。下四分点表示有 1/4 的专家估计的时间早于下四分点。同理，上（右）四分点即位于中位数右侧数列中间位置的时间预测值，整个数列的第 $\frac{3n+3}{4}$ 个数值。上四分点表示有 1/4 的专家预测的时间晚于上四分点。上、下四分点代表专家意见的分散程度。

3）四分位区间：上、下四分点之间的时间区域称为四分位区间，又称 50% 置信区间，四分位区间距离越短，说明专家意见的协调程度越高。

（2）杨奇公式。美国著名预测学者杨奇（Erioh Jantsch）通过大量的数据统计，找出了中位数与上、下四分点之间的近似数学关系。如果用 D 表示进行预测的时间与中位数的间距，那么下四分点位于预测时间加 $\frac{2}{3}$ D 处，上四分点位于预测时间加 $\frac{5}{3}$ D 处。这个经验公式即杨奇公式。

例如，1995 年有人用德尔菲法预测某一事件实现的时间，中位数为 2010 年，根据杨奇公式，D = 2010 − 1995 = 15 年，计算出下四分点为 1995 + 2/3×15 = 2005，上四分点为 1995 + 5/3×15 = 2020 年，因此预测结果表示为 [2005 年，2010 年，2020 年]，即 50% 置信区间。

二、德尔菲法的类型

在长期的实践中，德尔菲法得到了不断的发展，产生了一系列派生方法，针对经典德尔菲法的某些缺点从不同角度对它们进行修正或补充。根据各种派生方法与经典方法特点的关系，它们可分为保持经典德尔菲法基本特点的派生方法和部分改变经典德尔菲法基本特点的派生方法两大类。

（一）保持经典德尔菲法基本特点的派生德尔菲法

这一类派生方法仍然保留经典德尔菲法的基本特点，具有匿名性、反馈性和统计性，只是做了某些修正，以克服经典德尔菲法的某些缺点，提高效率。

（1）加表德尔菲法，又称事件表德尔菲法，即在第一轮调查征询中，向专家提供预测事件表。经典的德尔菲法，在第一轮的调查征询中，只给专家提供一张仅具有预测目标的空白表，要求专家们根据预测目标提出应预测事件。这样做，虽然有利于充分发挥专家的个人才智，不受限制地提出应预测事件，可以考虑到组织人员没有考虑到的应预测事件，但是，也很可能使专家们无从下手、主次不分。这样得到的预测事件往往过于杂乱，不易归纳，增加了组织人员的工作难度。采用加表德尔菲法，组织人员预先根据课题要求和背景资料，自行拟定一个预测事件表，在第一轮调查中提供给专家，要求专家们对该表进行评价，并提出补充或修改意见。这样做，为专家的思考提供了一条线索，避免专家们盲目的分析和判断，同时也避免了专家提出太专太窄的预测事件，使其他专家无法评价。加表德尔菲法实际上是由组织人员完成了经典德尔菲法的第一轮调查征询，专家们直接从第二轮开始工作。

（2）加测德尔菲法，又称背景预测德尔菲法，即向专家提供背景预测材料。在经典德尔菲法中，组织人员只向专家提供必要的背景材料，而关于背景发展的预测则由专家自己判断。然而，科学技术的发展不仅取决于科学技术本身的因素，还受到外部的政治、经济等因素的影响。研究对象的影响因素也不仅仅是来源于课题领域，而专家知识的局限性往往使他们对背景的发展无法做出准确的预测，进而导致他们对研究对象的评价和预测失准。为避免专家知识局限性的影响，在加测德尔菲法中，组织人员在第一轮调查征询中就向专家提供一份背景预测材料，其中包括影响和限制预测对象发展的社会、政治、经济、科学技术、环境和心理等因素及其发展趋势。对预测对象外部影响因素的预测，通常由德尔菲法专家小组以外的专家来完成，具有较高的可靠性。加测德尔菲法为专家们对预测对象的评价提供了更充分、更可靠的背景材料，降低了专家知识的局限性导致预测结果失准的可能性。

（3）加期德尔菲法。经典德尔菲法只要求专家估计事件实现的日期或发生概率为50%的日期，而加期德尔菲法却要求专家就预测事件实现的时间提供三个概率不同的日期，即实现概率为10%、50%和90%，或者20%、50%或80%的三个日期。其中概率为10%的日期代表事件实现的可能性不大，概率为50%的日期代表事件实现与否的可能性一样大，概率为90%的日期即事件很可能实现的日期。加期德尔菲法的优点是容易获得专家意见的统计特性。在进行数据处理时，组织人员可能获得三类日期各自的中位数，50%概率日期的中位数可作为评价结果，其余两种概率的中位数，则用来表示专家意见的离散程度。

（4）加因德尔菲法，又称置信（可靠性）因素德尔菲法，即引入置信概率来处理对每一个预测事件的应答。置信概率，是指对专家的应答进行数据处理时，只计算肯定的应答比例，即从百分之百中减去否定应答（"永远不会发生"或"从不发生"）的比例。例如，专家们对某一预测事件做出肯定回答的中位数是2006，同时有5%的专家认为该事件"永远不会发生"，那么，该预测结果的置信概率是95%，预测结果是"该事件将在2006年发生，置信概率为95%"，也就是说该预测日期有95%的可靠性。加因德尔菲法的优点在于对预测结果的数据处理中既统计肯定回答，又统计"从不"回答，而任何其他方法都不可能把肯定回答和"从不"回答结合在一起表达出来。

（5）加评德尔菲法，又称自评德尔菲法。这种方法要求专家自己评估自己对调查表中的每一个问题的专长程度或熟悉程度。应答专家对某一问题越有把握，对自己专长或熟悉程度的估计数字越大，说明他在这个问题上的权威性越大。在数据处理时，以专家对自己专长程度或熟悉程度的估计为权数，进行加权处理。这样做的优点是可以提高评价或预测的精度。

（6）减轮德尔菲法。经典的德尔菲法要经历四轮调查征询，有时甚至五轮。进行多轮调查征询的目标在于广泛吸收专家意见，力图暴露分歧并谋求一致，却无需固守四轮或更多轮的调查征询直至得到一致意见。如果在第四轮调查之前，专家意见趋向稳定，说明专家的意见已经充分发表，不再改变，而且对明显的分歧也能够提出理由，这时就可以结束调查。大量德尔菲法的实践经验表明，经过三轮调查征询，专家意见已相当稳定、协调一致，如果在第一轮调查中向专家提供了应预测事件一览表，有时只需两轮调查即可得到满意的结果。对于方案、成果的评估，通常采用减轮德尔菲法。

（7）加机德尔菲法，又称德尔菲计算机会议法。这种方法将计算机应用于经典德尔菲法中，使德尔菲的规定程序计算机化。在加机德尔菲法中，组织人员通过中央服务器与远距离计算机终端的专家们相连，向各专家提供预测课题、背景材料和统计数据，可以随时了解各专家的预测意见和当前进展，并随时进行数据处理。同时，各专家也可以通过终端了解到以上信息，迅速地将自己的新意见输入计算机。如此进行多次，直至专家组的意见趋于一致，不再有新的意见发表，调查即可结束。在计算机的辅助下，组织人员可以迅速得到最终的评价和预测结果。加机德尔菲法实际上是一种实时联机征询，模糊了经典德尔菲法的"轮次"界限，加速了德尔菲法的进程，提高了工作效率。在计算机技术与通信技术日益发达和普及的今天，加机德尔菲法将得到进一步的推广与发展。

（二）部分改变经典德尔菲法基本特点的派生德尔菲法

这一类派生德尔菲法是在保持经典德尔菲法的科学性与实用性的基础上，部分改变其基本特点的派生方法，主要从改变匿名性和反馈性两个方面入手。

（1）部分取消匿名性，又称变名德尔菲法，其本质是经典德尔菲法和专家会议法的一种结合。这种方法将公开讨论与匿名征询结合起来，降低匿名程度，加快征询过程。其特点是公共辩论，匿名"投票"。变名德尔菲法的具体实施步骤有以下两个：①专家组成员在组织人员召开的会议上，就预测课题公开发表个人意见，阐述理由，进行公开辩论，然后每个专家以书面形式将个人意见进行匿名"投票"。②组织人员对专家组成员的书面意见进行分析和统计，并当众公布结果，专家组成员结合已公布的结果进行又一轮的公开辩论和匿名"投票"。如此反复进行多次，直至专家意见趋于稳定、协调或一致。这种方法的优点在于公开辩论使专家组的集体智慧得到充分的发挥，同时匿名"投票"又保证了专家个人意见的充分发表。

（2）部分取消反馈性。经典德尔菲法的核心在于多轮反馈，是保证其预测结果可靠性的重要因素。因此，对于德尔菲法的修正或补充，不可能完全取消反馈过程。完全取消反馈，意味着专家在整个调查过程中面对的只是自己的观点，没有新的信息反馈，降低了专家对自己的观点进行重新认识的兴趣。同时，专家知识的局限性将会充分暴露出来。所以，完全取消反馈只会导致预测结果的准确性下降甚至失败。但是，部分取消反馈，改变反馈特性，有时是有必要的。一般有以下两种方法：

第一，只向专家反馈部分信息，即只将上一轮专家意见统计结果的上、下四分点反馈给专家，而不包括中位数。这样做有利于防止某些专家为了避免提出"与众不同"的意见而简单地向中位数靠拢的倾向。将四分点反馈给专家也促使持有极端意见的专家再一次认真、客观地进行分析和研究，重新认识自己的观点。有利于专家对问题做更深入的研究。

第二，最后一轮征询只对部分专家实行反馈，即最后一轮反馈严格限制在两类专家中：一类是该领域的权威专家；另一类是持极端意见的专家。由于经过三轮调查，两轮反馈，通常情况下专家意见已趋于稳定。再一轮的反馈征询也很难得到更多新的意见。组织人员可以根据专家对每一问题的专长程度和熟悉程度的自我评价，找出该领域的权威专家，根据专家意见的统计分布可以确定持极端意见的专家，在最后一轮征询中，只对以上两类专家进行反馈，并要求他们较为详细地阐述其论点和论据。这种方法的优点在于保护不同意见，认真听取持不同观点的专家和权威专家的意见。

第七节　调查法适用情境与典型范例

一、调查法的适用情境

在本章介绍的调查方法中，观察法、访谈法、问卷法侧重于实现研究资料的收集，不会单独进行使用；案例法、德尔菲法、扎根理论则兼顾了研究资料的收集与分析，其中资料收集时常常会用到观察、访谈、问卷等方法。

（一）观察法、访谈法、问卷法的适用情境

信息资源管理研究中，这三种方法的应用目标都是收集研究所需的资料或数据，而且部分情况下具有一定的通用性。但由于三种方法获取研究资料的方式不同、效率不同，使其各自具有更为适合的应用场景。

（1）观察法适用于收集不能或不便实施访问调查的对象的资料，例如，幼儿、失语者等无法进行语言沟通的群体，或被调查对象不愿回答的情况。但如果观察要求的环境较为苛刻、样本规模较大、观察获取信息需要持续的时间过久，或者调查对象易于受到观察行为的干扰时，该方法可能难以奏效。

（2）访谈法适用于收集调查对象对研究问题的看法、态度等方面的详细资料，或者在研究人员对研究问题知之甚少状态下的资料收集工作。但这种方法需要以调查对象能够有效认知与表达为前提，而且存在实施成本高、不适宜大规模调查、高度依赖于访员的访谈能力等局限。

（3）问卷法适用于数量问题的调查，以及与抽样调查相结合用于较大型的调查主题中，常常同调查资料的定量分析相联系。信息资源管理学科现有研究实践中，常用该方法收集各类研究主题中用户的需求、意愿、评价、影响因素等数据。该方法的应用需要以研究人员能够设计出有效的问卷为前提，即问卷能够全面涵盖需要了解的问题、每个问题可能的答案、调查对象能够理解问卷且不会被诱导、误导等。

（二）案例法的适用情境

案例研究法的本质是通过相对小的样本的深度调查、分析、归纳，总结案例现象背后的意义和普适规律，是一种实证研究。一般来说，当研究的对象具有以下三种特质时，就可以考虑使用案例研究方法：①当所研究的问题还是一种新的、独特的问题，已有的文献还不能解释或回答时，可以考虑运用案例研究方法开展探索性研究，形成新的理论认识；②当所研究的问题与当前在真实环境中发生的事件和行为有关，涉及大量关系或者矛盾交错，而研究者对此类问题几乎没有控制能力时，案例研究更有利于通过大量的沟通获取丰富的信息，从而更好地揭示问题所隐含的内在机理和理论意义；③当所研究的现象常常具有很多变量，而且需要研究者对多种来源的证据做多重互证时，案例研究可以更好地对研究证据进行整合分析，得出更为合理的判断或解释。

（三）德尔菲法的适用情境

在研究主题上，德尔菲法适用于评价类、预测类研究主题；在调研对象上，其适用于以专家为对象的科学研究。其优势在于既融合了专家的专业知识、实践经验和创造性智慧等难以量化的模糊的信息，也通过多轮反馈、统计分析在一定程度上规避了主观因素的影响。但受限于调研时间周期长、对研究者要求高、难以完全避免专家知识背景、主观因素对研究问题的影响等，研究运用中需要做好应对。

（四）扎根理论的适用情境

扎根理论适用具有丰富质性研究资料、具有较强规律性、过程重复的研究，常与访谈法相结合，侧重以系统、量化、逻辑一致的方式分析研究资料，从研究资料中探索建构理论框架。因此，扎根理论具有重视数据搜集、整理与分析，融合多种质性研究方法、操作相对规范等优点，同时也存在对研究者编码分析能力依赖过强、严格依赖访谈资料的可靠性、不具有普适性等局限。

二、调查法的典型范例

为便于初学者更直观地理解该方法的应用场景和实施方法，从近年来发表于信息资源管理学科核心期刊的相关论文中选择了一些典型范例，如下所示。

（一）观察法典型范例

[1] 罗宝川. 清代地方官学藏书楼的地理分布与成因探析——以 LoGaRT 为工具的观察 [J]. 图书馆论坛，2021，41（5）：40-47.

[2] 贾瑞雪. 平台社会中个人数据的开放关系研究——基于国内 80 个应用平台（App）的参与式观察 [J]. 情报理论与实践，2021，44（5）：66-77+121.

[3] 刘杰，柯平. 公共文化标识的功能研究——以杭州市为例 [J]. 情报资料工作，2018，222（3）：17-24.

[4] 杨宗翰. 个体差异对老年读者利用电子阅览室影响的研究 [J]. 图书馆，2016，264（9）：46-53+70.

[5] 孙丽，王宇婷，曹锦丹. 任务类型对用户网络健康信息搜寻行为的影响研究 [J]. 情报科学，2015，33（9）：131-135.

（二）访谈法典型范例

[1] 孙晓宁，甄瑾慧. 农村居民数字贫困成因、状态及其关系结构研究——基于山西省晋中市的田野调查 [J]. 中国图书馆学报，2022，48（3）：112-129.

[2] 唐琼，庄嘉童. 大学生对高校图书馆阅读推广参与意愿的影响因素研究 [J].

图书馆学研究，2021，500（9）：77-85.

［3］李月琳，王姗姗，阮妹．跨源健康信息搜寻的动机、信息源选择及行为路径［J］．情报学报，2021，40（1）：77-87.

［4］韩蕾倩，闫慧．不同情境下手机素养失衡及调节行为研究［J］．中国图书馆学报，2020，46（5）：74-93.

［5］常昕．国内读书会运行机制与活动模式探析——基于全国135家读书会的问卷调查与深度访谈［J］．图书情报工作，2019，63（20）：82-87.

［6］林英．基于半结构化访谈法的普通高校图书馆服务视障师生研究［J］．大学图书馆学报，2016，34（4）：57-62.

（三）扎根理论典型范例

［1］胡蓉，赵宇翔，朱庆华．移动互联环境下用户跨屏行为整合分析框架——基于扎根理论的探索［J］．中国图书馆学报，2017，43（6）：113-129.

［2］刘鲁川，张冰倩，孙凯．基于扎根理论的社交媒体用户焦虑情绪研究［J］．情报资料工作，2019，40（5）：68-76.

［3］李鹏，韩毅．扎根理论视角下合作信息查寻与检索行为的案例研究［J］．图书情报工作，2013，57（19）：24-29+56.

［4］甘春梅，林晶晶，肖晨．扎根理论视角下微信用户间歇性中辍行为的探索性研究［J］．信息资源管理学报，2021，11（5）：96-102+113.

［5］张晓娜．扎根理论视角下的公共图书馆健康信息服务满意度影响因素［J］．图书馆论坛，2019，39（7）：91-98.

（四）案例研究法典型范例

［1］陈娟．剑桥大学出版社开放获取出版及转换案例研究与启示［J］．大学图书馆学报，2023，41（1）：61-69.

［2］张璇，孟祥保．面向数字人文的高校数据素养教育案例研究［J］．大学图书馆学报，2019，37（5）：87-94.

［3］韦景竹，董宝蕾．图书馆版权侵权案例研究［J］．图书馆论坛，2015，35（11）：27-33.

［4］刘雅琼，张海舰，刘彦丽．创意为先，实效为王——北京大学图书馆阅读推广活动的案例研究［J］．大学图书馆学报，2015，33（3）：77-81.

［5］林思妍，李桂华．面向复合阅读的服务渠道融合：基于深圳图书馆的案例分析［J］．图书情报知识，2019（3）：34-42.

［6］徐明月，安小米．协同理论视角下新加坡可信数据共享框架的案例分析［J］．情报理论与实践，2020，43（10）：177-182.

（五）问卷法典型范例

［1］冯钰茹，邓小昭．弹幕视频网站用户弹幕评论行为的影响因素研究——以Bilibili弹幕视频网站为例［J］．图书情报工作，2021，65（17）：110-116.

［2］宋士杰，赵宇翔，宋小康，等．互联网环境下失真健康信息可信度判断的影响因素研究［J］．中国图书馆学报，2019，45（4）：72-85.

［3］赵菲菲，渠性怡，周庆山．在线问答社区用户知识付费意愿影响因素实证研究

［J］．情报资料工作，2019，40（1）：89-97.

　　［4］张敏，聂瑞，罗梅芬．健康素养对用户健康信息在线搜索行为的影响分析［J］．图书情报工作，2016，60（7）：103-109+138.

　　［5］李武，赵星．大学生社会化阅读APP持续使用意愿及发生机理研究［J］．中国图书馆学报，2016，42（1）：52-65.

　　［6］查先进，张晋朝，严亚兰．微博环境下用户学术信息搜寻行为影响因素研究——信息质量和信源可信度双路径视角［J］．中国图书馆学报，2015，41（3）：71-86.

（六）德尔菲法典型范例

　　［1］段美珍，初景利，张冬荣，等．智慧图书馆建设评价指标体系构建与解析［J］．图书情报工作，2021，65（14）：30-39.

　　［2］白文琳，黄林杰．我国公共信息服务标准体系框架构建研究［J］．情报科学，2020，38（12）：43-50+162.

　　［3］盛小平，喻楠清．图书馆职业教育能力评价指标体系的构建［J］．图书情报工作，2017，61（14）：21-28.

　　［4］李辉，侯元元，张惠娜，等．情报3.0背景下科技情报服务能力评价指标体系构建［J］．情报理论与实践，2017，40（6）：67-71.

　　［5］杨烨，高波．基于德尔菲法的我国公共图书馆免押金办证服务研究［J］．图书情报工作，2017，61（2）：74-80.

第三章　实验法

实验法是科学研究发展到高级阶段的产物，其在自然科学和社会科学领域都得到广泛的应用。对于具有较强的实践性和应用性的信息管理学科来说，实验法也早已成为一种重要的研究方法。

第一节　实验法概述

一、实验法的定义

实验法是经过特别安排，在人为控制条件下进行的确定事物之间相互关系的研究方法。其主要目的在于查明研究现象发生的原因，或验证事物之间的相互关系，这种关系可能是因果关系，也可能是相关关系。与调查法不同的是，实验法需通过控制某些因素或设置某些条件来把握研究对象的本质联系，清楚地分辨出事物之间的本质联系和非本质联系，从而验证假设或建立因果模型。与观察法相比，实验是一种有控制的观察，但两者的本质区别又正如著名科学家巴甫洛夫所说："观察是挑选自然提供的东西，而实验则是从自然那里把握它想把握的东西。"

二、实验研究中的主要因素

实验研究涉及的因素主要有以下五个：①实验者（实验人员）：实验研究的有目的、有意识的活动主体。②实验对象（被试）：实验研究所要认识的客体。③实验环境：实验对象所处的社会条件的总和。④实验活动：改变实验对象所处的社会环境的实践活动。⑤实验观测：在实验过程中对实验对象所做的观察、记录与测量。

实验研究的过程，就是这些要素相互作用、相互影响的过程。实验研究的目的，则是揭示自然或社会现象间的因果关系，认识实验对象的本质及其发展规律。

三、实验研究中的变量

通常，实验研究涉及的变量有以下四个：

（1）自变量（X）。它是由实验者设计安排、人为操纵控制、对实验对象所施加的刺激因素或处理因素。又称原因变量或刺激变量、处理变量。一个自变量可以有不同的取值（水平或强度）。

（2）因变量（Y）。因自变量的变化而产生的现象变化或结果。它是自变量作用于实验对象之后所出现的效果变量，所以又称结果变量或反应变量。它是随着自变量的变化而变化的，是实验者需观察、测量、计算的变化因素，因而它具有一定的可观测性。

（3）先行变量（O）。实验对象原来具备的在生理、心理、知识结构等方面的特点和特征。又称被试变量或机体变量。在一般情况下不能控制被试的机体变量。

（4）干扰变量（I）。又叫无关变量，它是指除自变量以外的一切可能影响实验结果，对实验可能起干扰作用的变量。无关变量仅仅是与实验目的无关，但它与实验结果是有关的，在一定程度上会干扰研究者对实验效果的分析，因而需要加以控制。此类变量可能来自外部环境，也可能就是先行变量。

四、实验研究的基本原理

以信息能力实验为例。研究者的假设是：系统的信息管理知识的学习有助于提高人的信息能力。由此，提出的具体实验假设之一是：大学生学习文献检索课程后能够提高其信息检索能力。研究者在某高校选取一个准备开设文献检索课程的班级 A 和一个不拟在近期内开设文献检索课的班级 B，以课题检索方式对两个班的学生的检索能力进行了测验。然后为 A 班开设一学期的文献检索课。课程结束时，又分别对 A 班、B 班学生进行了测验。统计分析表明，A 班学生的检索能力大大强于 B 班学生。实验结果证明了实验假设，即文献检索课程学习与信息检索能力的提高之间存在着因果关系。

从这个例子中可以看出实验法的基本原理。首先以一个理论假设为起点，这个假设是一个关于因果关系的陈述，它假定某些自变量（如开设文献检索课程）会导致某些因变量（如信息检索能力）的变化。其次进行以下操作：在实验开始时对因变量进行测量（即前测），引入自变量（X），让它发挥作用或者影响；在实验结束前再对因变量进行测量（后测），比较前测与后测的差异值就可以检验假设。如果没有差异，那么就说明自变量对因变量没有影响，从而推翻原假设。如果有差异，那么可以证实原假设，即自变量对因变量有影响。

一般地，当实验结束时测得的因变量不仅受到自变量的影响，而且可能受到其他因素的影响。因此，单纯的一个实验组很可能会导致对自变量和因变量关系的错误描述。通常解决的办法是将实验对象分为两组，对其中一组给予实验刺激，对另外一组则不给予实验刺激。前者称为实验组，后者称为对照组（又称控制组）。实验组与对照组是随机选派的，它们的所有特征和条件可以假定相同。通过后测，如果两组都有差异，且差异相同，那么就说明自变量对因变量没有影响；如果两组都有差异，且差异不同，那么说明自变量和"实验"本身都对因变量产生了影响；如果两组都没有差异，那么说明实验本身和自变量对因变量都没有影响；如果引进变量组有差异，那么说明未引进变量组没有差异，那么可以说明是自变量导致了因变量的变化。

因此，在一个比较理想的实验中，实验者不仅应该控制好自变量，而且可以控制实验环境，保持它的稳定性并控制任何一个可能影响实验的干扰因素。然后，通过在施加自变量之前（前测）及之后（后测）来测量因变量的变化，进而发现自变量作用的结果，探求出事物发展变化的因果规律。

五、实验法的作用

一般而言，实验法在科学研究中的作用有以下五个表现。

（1）纯化、简化研究对象的作用。自然界或社会现象本来是相互影响、相互牵制的，有时从表象是很难发现其间的本质联系的。而采用实验法，却可以把所研究的现象从复杂的联系中分离出来，选取主要因素，排除干扰因素，这样就有可能产生在自然状态下难以观察到的比较"纯化"的现象。在严格控制其他变量不变的条件下，测量自变量的变化与因变量的变化，然后通过定量分析，就可以发现自变量与因变量之间的因果关系是否存在，或在多大程度上存在。实验方法的主要特点也就与这种人为控制的"纯化"状况有关。

（2）强化研究对象的作用。不少事物的本质和运动规律隐藏在表象背后，需要在非常特殊的条件下才能暴露出来，而这种非常特殊的条件，只有在实验中才能人为地制造出来。在这些强化状态下，就有可能发现新的现象和规律。

（3）模拟作用。这是指当研究对象在不可能进行直接实验的情况下，可以先制作一个与所要研究的对象在结构上或功能上相似的模型来进行实验，用间接的途径来研究原型。

（4）改变研究对象运动周期的作用。一些自然或社会现象的发生、运动、发展过程极为短暂，而有些现象又发展得十分缓慢，需要历经数月至数年，过短过长的运动周期都给科学研究带来了困难。为了便于研究，科研人员就采用实验方法对事物的运动周期加以人为控制，太慢的可催化加速，太快的可延长过程。例如，据刘家真的《文献保护学》介绍：要研究纸张的持久性，特别是经过某种处理（如水淹或长期高温后）的寿命变化情况，由于不可能等上几十年甚至几百年来让纸张的自然老化给出结果，所以采用了人工加速老化实验。将纸样放在100℃的恒温箱里加热72小时，产生的变化就相当于一般环境中自然老化25年。

（5）重复检验作用。自然条件下发生的现象，往往一去不复返。但在实验室里，研究人员通过各种实验手段，对实验条件和过程进行控制，使观察现象在任何时间任意多次地重复出现。因而，其他研究者也可以用不同的被试样本按照同一过程重复验证其结果。研究人员如能在类似研究中得到相似的结果，便可说明其可靠性较强、外在效度较高。

第二节　实验法的类型与操作程序

一、实验法的基本类型

按照不同的标准，我们可以把信息管理实验划分成六个不同的类型。

（1）自然实验与实验室实验。这两种基本类型是按照实验进行的场所来划分的。

自然实验又称作现场实验，是指在实际自然情境和现实活动情境中进行的实验。这种实验由于在自然状态下进行，可控性不强，所以实验结果不可能做到十分准确。但它能和日常工作结合在一起，能在较长的时间内重复进行观察与分析，其研究结果的外在效度较高。

实验室实验是指研究者在经过专门设计的、具有高度人工控制的环境中进行的实验。这种方法可以有效地控制无关变量，把各种变量严格分离，对各种变量定义明确，准确观察共变关系，从而提高研究结论的准确性和可靠性。但此种方法的外在效度可能较弱。

（2）前实验、准实验与真实验。这三种基本类型是按照实验的控制程度来划分的。

前实验是指对无关变量缺乏控制，误差较大，难以验证自变量与因变量的因果关系或相关关系，研究结果不能推论到实验以外的其他群体或情景的实验。

准实验即非标准实验，它未随机分配被试，但会对无关变量做尽可能的控制，无法完全控制误差来源。由于准实验中包含了大量的自然实验，所以有时将"准实验"与"自然实验""现场实验"等同使用。

真实验是指按照实验的科学性要求，随机地选择和分配被试，能系统有序地操纵自变量，完全控制无关变量和误差来源，结论可靠的实验。通常，"真实验"与"实验室实验"同义。

（3）探索性实验与验证性实验。这是按照实验的目的、任务划分的。为了探索信息管理规律或解决信息管理实践中的新问题而从事的具有开创性的实验，称作探索性实验。探索性实验所要揭示的规律是信息管理研究人员并未认识的，所要寻求的措施或工作方法是信息管理实践中尚未实施过的，因而探索性实验具有开创性。

验证性实验是指以验证已取得的认识成果或实践活动方法为目的的实验。例如，对信息活动中规律进行验证，检验其科学性，并对其进行修正和补充。

（4）单因素实验与多因素实验。这是按照实验自变量的数量来区分的。

单因素实验是指仅需控制一个自变量的实验。单因素实验的变量少，操纵容易，实验难度小。

多因素实验则是指需要操纵两个或两个以上的自变量的实验。多因素实验往往适用于一些复杂的、价值意义重大的研究。

（5）直接实验与间接实验。按照实验手段与实验对象的关系，可将实验分为直接实验和间接实验。

直接实验是指直接对研究对象进行的实验，即实验者所采用的实验手段是直接作用于实验对象的。

间接实验也叫模拟实验，它是通过模型来研究原型的结构和功能的实验。即实验手段是通过模型间接作用于实验对象的。

（6）析因实验、对照实验、中间实验与判决实验。按照实验在具体认识中的作用分为析因实验、对照实验、中间实验与判决实验。

析因实验是指由已知的结果去寻找这一结果的原因的实验，即判明原因的实验。这类实验的一个重要特点是，其结果是已知的，而影响或造成这种结果的各种因素，其中特别是主要因素却是未知的、待寻找的。通常的做法是：先固定其中某些因素，然后依次改变不同的因素，考察它们各自所引起的变化，从而确定哪一个因素对这种变化起主要作用。

对照实验也称比较实验，是实验研究中最常用的一种类型。在对照实验中，通常设立两个相似组群进行比较，以确定自变量对因变量的影响。这两个组，其中一个是对照组（控制组），作为比较的标准，另一个是实验组，即研究对象组。设置对照组的主要目的，是为了将其他因素对实验对象的影响与实验刺激（即自变量）对实验对象的影响区分开来。为了达到这种目的，就要求在实验开始前，实验组与对照组成员的各方面条件和状况都相差无几，即基本上不存在大的差别，以便能够排除其他因素对实验结果的干扰。

中间实验是在把实验结果进行推广或产品正式投产之前所进行的先行实验，又可称作中试。它多用于技术创新或工程建设，是一种带有尝试性和过渡性的实验方法。对于比较大型或技术复杂的工程，选定设计方案后，采用中间实验方法来检验方案在技术上是否合适，处理上是否合理，以便暴露缺点进行修正，然后才能正式施工或大批量生产。

判决实验是指用以判定某种假设、理论或方法技术正确与否而设计的实验。它可以用来判断某一种现象是否存在，某一种关系是否成立，某个因素是否起作用等，因而这类实验的主要目的就是解决"有没有""是不是"一类的问题。

二、实验法的一般程序

一般来说，信息管理实验研究的程序可以分为准备、实施和总结三个基本阶段。

（1）实验的准备阶段。一项实验要顺利地实施，在很大程度上得力于认真细致的实验准备工作。在实验准备阶段主要需完成以下七个任务：

1）明确研究目的，确定指导实验的理论框架，形成研究假说。在假设中，必须清楚反映自变量和因变量的关系，陈述两个变量间所期望的因果关系。

2）选择实验设计类型。

3）确定引入自变量的具体方式。

4）确定或选择被试，必要时还需进行实验分组。

5）确定实验操作人员，拟定实验的指导语。

6）选择适合的观察方式、测量工具和数据统计方法。其中，测量工具一般有问卷、量表和仪器等工具，测量工具的选择首先要保证它们的准确性和可靠性。

7）确定控制无关变量的措施，尽可能排除干扰，提高实验的内在效度和外在效度。

（2）实验的实施阶段。实施阶段是实验的操作阶段，即进行实验测量的阶段。在这一阶段中，研究者按照实验设计开展实验活动，控制实验环境，引入自变量，然后仔细观察，做好测量记录。通常，实验所要求的观察记录应当是定量化的数据，因为自变量对因变量的影响只能通过定量化的指标才能加以评定。

（3）实验结果的总结阶段。此阶段是对实验中取得的资料数据进行统计，确定误差的范围，从而对研究假设进行检验，最后得出科学结论。分析实验结果时要认清哪些是实验应有的结果，哪些是实验的系统误差或是偶然误差，只有同时给出实验误差范围的估计，实验的结果才具有科学价值。

第三节　实验法的适用情境与典型范例

一、实验法的适用情境

作为一种自然科学与社会科学研究中的常用方法，实验法有多方面优势：①主动性。在实验过程中，实验者能够掌握主动权，有计划地选择特定的实验地点与时间、方式，使现象发生；此外，在事前可以充分地做好观察实验现象、记录实验结果的准备。②可控制性。实验方法的展开，是在对实验对象与实验环境的干预、控制、模拟条件下，通过排除干扰、突出主要因素、强化重点因素，使研究对象以纯粹的、典型的形式展露出来供科研人员进行研究。实验者可以有目的地施加自变量，然后观察自变量的变化所引起的因变量的变化，从而推测自变量与因变量之间的关系。③重复性。由于掌握主动权，就不必浪费时间去等待机会而做偶然的观察。它能够任意使现象在同样的条件下重复发生，反复进行观察。同时，还可以把实验过程描述出来，让其他人照样重复，核对检验实验结果。

显然，实验法也有其自身的局限主要体现在以下三个方面：①由人的心理反应带来的负效应可能影响实验的效度。这些负效应包括：实验人员的期待会影响实验的效果（罗森塔尔效应）；被试者因知道自己参加实验而引起的积极性提高（霍桑效应）；因实验过程较长而引起的被试成熟效应；主试的时间累积效应；对照组成员对实验组实验措施的暗中模仿或竞争等。②由高度控制带来的环境"失真"。实验通过严格的控制来简化和"纯化"实验环境，以便有利于准确地探求现象之间的关系。但这一优点反过来看则是致命的弱点。由于现实生活中的各种因素都是相互影响、错综复杂的，所以实验条件控制得越严，其情境就离真实的活动环境越远，实验结果在自然条件下被重复验证的可能性就越低，得出的结论就可能越没有适用的价值。③由小样本和选择误差带来的外在效度问题。由于实验样本量通常较小，且往往采用便利抽样法取样，样本难以代表更大范围的总体，因此就会削弱研究结果的可推广性。

从上述特点出发，信息资源管理研究中实验法具有非常广泛的适用场景。结合我国信息资源管理研究实践，实验法的适用场景可以概括为以下四个方面：①新技术性能分析，即通过实验获得新研发、设计技术模型的效率、效果等方面的性能，包括自动分类、主题提取、信息推荐、信息检索、前沿识别、实体识别、关系抽取、情感挖掘、信息预测、需求识别、谣言识别、睡美人文献识别等。②用户心理与行为研究，即以用户为被试开展实验，从而更好地理解其心理与行为，包括检索行为、浏览行为、交互行为、知识共享行为、消费行为、信息甄别行为、用户信任心理、认知负荷、认知机制、认知偏差、意愿、影响因素等。③系统/软件/平台的体验、可用性研究，即以用户为被试开展实验，通过用户的典型行为或感受评价系统、软件、平台的体验效果、可用性。④效果及影响分析，即以用户为被试开展实验，通过用户行为或心理的变化揭示被检验对象的效果、影响，如人智协同对慢性病预防知识采纳效率与效果的影响、背景音乐类型对大学生阅读效果的影响、信息搜索策略对搜索效果的影响、社群性量化自我参与对健康行为改变的影响、Chat-GPT 完成知识组织任务的效果、信息呈现方式对学习效果的影响等。

此外，需要说明的是，对于用户作为被试的实验，必须要遵守自愿原则、不伤害原则、知情同意和保护隐私原则等实验研究的一般伦理原则以及我国法律法规的规定，对于不满足上述约束的研究主题或实验设计，不能贸然采用实验法开展研究，如不能故意给儿童提供暴力信息来检验暴力信息与儿童犯罪率之间的关系等。

二、实验法典型范例

为便于初学者更直观地理解该方法的应用场景和实施方法，从近年来发表于信息资源管理学科核心期刊的相关论文中选择了一些典型范例，如下所示。

[1] 袁曦临，王骏，刘禄．纸质阅读与数字阅读理解效果实验研究［J］．中国图书馆学报，2015（5）：35-46.

[2] 陆泉，韩雪，陈静．图像标注中的用户标注模式与心理研究［J］．情报学报，

2015（5）：451-458.

　　［3］张秀，李月琳．年龄梯度视角下网络用户健康信息甄别能力研究［J］．情报学报，2019，38（8）：838-848.

　　［4］喻雪寒，何琳，徐健．基于RoBERTa-CRF的古文历史事件抽取方法研究［J］．数据分析与知识发现，2021，5（7）：26-35.

　　［5］张路路，黄崑．基于认知风格的数字图书馆用户信息检索行为研究［J］．情报学报，2018，37（11）：1164-1174.

　　［6］苏文成，卢章平，王萌，等．高校读者图书馆环境色彩感知的语义差异实验研究［J］．图书馆论坛，2019，39（12）：1-10.

　　［7］刘萍，邓叶芝，杨志伟．自主学习情境下用户信息搜寻行为的实证研究［J］．信息资源管理学报，2019，9（1）：94-104.

　　［8］宋士杰，赵宇翔，宋小康，等．信息源对数字原住民健康信息可信度判断的启发式实验研究［J］．情报学报，2020，39（4）：399-408.

　　［9］张金柱，胡一鸣．融合表示学习与机器学习的专利科学引文标题自动抽取研究［J］．数据分析与知识发现，2019，3（5）：68-76.

　　［10］张敏，车雨霏，张艳．差异性任务情境下用户移动诊疗信息搜索行为分析——一项实验研究［J］．现代情报，2019，39（1）：51-59.

第四章　数理统计法

数理统计分析方法指的是通过对研究对象的规模、速度、范围、程度等数量关系的分析研究，认识和揭示事物的变化规律、发展趋势及事物间的相互关系，借以达到对事物的正确解释和预测目的的一系列研究方法，包括适用于不同数据条件、不同任务场景的分析方法，常见的如方差分析、相关分析、回归分析、主成分分析、因子分析、参数检验、信度分析，等等。下面仅列举几种信息资源管理学科领域研究任务中常用的分析方法进行介绍。

第一节　描述性统计分析法

此类方法用于发现反映数据分布特征的各个代表值，从而全面把握数据分布的特征，常用指标包括：分布的集中趋势，用于反映各数据向其中心值靠拢或聚集的程度；分布的离散程度，用于反映各数据远离其中心值的趋势；分布的情况，用于反映数据分布的偏态、峰态。

一、集中趋势的度量

集中趋势（Central Tendency）是指一组数据向某一中心值靠拢的倾向，它反映了一组数据中心点的位置所在。集中趋势主要依赖各种平均指标进行反映。集中趋势的描述归纳起来有两大类：一类是数值平均数，它是根据全部数值计算得到的代表值；另一类是位置平均数，是根据数据所处位置所确定的代表值。

（一）数值平均数

数值平均数可以消除因总体范围不同而带来的总量数值差异，使不同规模的总体数值具有可比性。主要可以分为以下两种。

1. 算术平均数

算术平均数又称均值（Mean），它是一组数据相加后除以数据的个数得到的结果。平均数在统计学中具有重要的地位，是集中趋势的常用测度值。根据所掌握的数据的不同，算术平均数有不同的计算形式和计算公式。

（1）简单算术平均数。算术平均数是在统计数据未分组的情况下，将各个数据直接相加除以数据的个数计算平均数的方法。设一组样本数据为 x_1，x_2，$\cdots$，x_n，样本量为 n，则样本的简单算术平均数用 $\bar{x}$ 表示，计算公式为：

$$\bar{x} = \frac{x_1 + x_2 + \cdots + x_n}{n} = \frac{\sum\limits_{i=1}^{n} x_i}{n}$$

(4-1)

（2）加权算术平均数。加权算术平均数是指用次数对变量值加权再求平均数的方法。所谓"加权"，是指变量数列中各个变量值出现的次数不同，出现次数多的变量值对平均数的影响更大，出现次数少的变量值对平均值影响更小，计算平均数时需要权衡其轻重。设原始数据被分为 k 组，各组的组中值分别用 M_1，M_2，$\cdots$，M_k 表示，各组变量值出现的频数分别用 f_1，f_2，$\cdots$，f_k 表示，则加权算术平均数的计算公式为：

$$\bar{x} = \frac{M_1 f_1 + M_2 f_2 + \cdots + M_k f_k}{f_1 + f_2 + \cdots + f_k} = \frac{\sum_{i=1}^{k} M_i f_i}{n} \tag{4-2}$$

式中，$n = \sum f$，即样本量。

2. 几何平均数

几何平均数也称几何均值，为 n 个变量值乘积的 n 次方根。根据统计资料的不同，几何平均数也可分为简单几何平均数和加权几何平均数。

（1）简单几何平均数。直接将 n 项变量相乘，然后对其乘积开 n 次方根所得的平均数即为简单几何平均数。它是几何平均数的常用形式，计算公式为：

$$G = \sqrt[n]{x_1 \cdot x_2 \cdots x_n} = \sqrt[n]{\prod_{i=1}^{n} x_i} \tag{4-3}$$

（2）加权几何平均数。与算术平均数一样，当收集的数据中某些变量值重复出现的时候，简单几何平均数就变成了加权几何平均数，计算公式为：

$$\bar{x}_G = \sqrt[\sum f]{x_1^{f_1} \cdot x_2^{f_2} \cdot x_3^{f_3} \cdots x_n^{f_n}} = \sqrt[\sum f]{\prod_{i=1}^{n} x_i^{f_i}} \tag{4-4}$$

（二）位置平均数

位置平均数是根据变量值在分配数列中所处的位置来确定的平均数，不受极端值影响，主要可以分为以下两种。

1. 众数

众数（Mode）是指一个总体中或者分布数列中，出现次数最多的变量值。众数是随机变量的一种未知特征数。在单峰分布场合，众数附近常常是随机变量最可能取值的区域。一般情况下，只有在数据量较大的情况下，众数才有意义。

2. 中位数

中位数（Median）是一组数据排序后处于中间位置的变量值。显然，中位数将全部数据等分成两部分，每部分包含 50% 的数据，一部分的数据比中位数大，另一部分则比中位数小。中位数主要用于测度顺序数据的集中趋势。

根据未分组数据计算中位数时，要先对数据按照大小进行排序，然后确定中位数的位置，最后确定中位数的具体数值。设一组数据按从小到大的顺序排列后为 $x_1 \leq x_2 \leq x_3 \leq \cdots \leq x_n$，则中位数可以按照下面的公式计算：

$$M^e = \begin{cases} X_{\frac{n+1}{2}} & n \text{ 为奇数} \\ \dfrac{X_{n/2} + X_{(n/2)+1}}{2} & n \text{ 为偶数} \end{cases} \tag{4-5}$$

二、离散程度的度量

集中趋势是各个变量值向中心聚集的程度,在反映统计数据的同时,掩盖了总体中各个变量值的数量差异。因此,在测定了一个数列的集中趋势后,还需要考察数据远离中心值的程度,即离散程度。

数据的离散程度是数据分布的另一个重要特征,它反映的是各变量的值远离其中心值的程度。描述数据离散程度采用的指标主要有极差、四分位差、平均差、方差、标准差、异众比率等。

(一)极差

极差又称全距,是所研究数据中的最大值 X_{max} 与最小值 X_{min} 之差,表示数据的变动范围。其计算公式为:

$$R = X_{max} - X_{min} \qquad (4-6)$$

(二)四分位差

四分位差是指从变量数列中剔除最大的和最小的各 1/4 单位,上四分位数与下四分位数之差。其计算公式为:

$$Q_0 = Q_3 - Q_1 \qquad (4-7)$$

式中:Q_1 表示变量数列中最小的 1/4 单位的标志值;Q_3 表示变量数列中最大的 1/4 单位的标志值。

(三)平均差

平均差是各个数据与其均值的离差绝对值的算术平均数,它综合反映了各个数据的变动情况。

在资料未分组的情况下,其计算公式为:

$$A.\,D. = \frac{\sum_{i=1}^{n} |x_i - \bar{x}|}{n} \qquad (4-8)$$

在资料已分组的情况下,其计算公式为:

$$A.\,D. = \frac{\sum_{i=1}^{n} |x_i - \bar{x}| f_i}{\sum_{i=1}^{n} f_i} \qquad (4-9)$$

(四)方差和标准差

方差和标准差是测度数据变异程度的最重要、最常用的指标。方差是各变量值与其均值离差平方和的平均数,方差的正平方根为标准差。

方差的计算公式为:

$$Var(x) = \frac{\sum_{i=1}^{N} (x_i - \bar{x})^2}{N} \qquad (4-10)$$

标准差公式为:

$$\sigma_x = \sqrt{\frac{\sum\limits_{i=1}^{N}(x_i - x)^2}{N}} \qquad\qquad (4-11)$$

方差、标准差都有具体的计量单位，它们都反映数量的变异程度，其数值大小必然受总体单位标志值本身高低水平的影响，如果直接用上面的指标比较不同水平数列的表意程度显然不够，因为需消除平均水平高低的影响，消除的办法就是将各变异指标与数列自身平均水平对比，得到一个反映变异的相对数，即变异系数。实际中最常用的是标准差系数，其计算公式为：

$$V_\sigma = \frac{\sigma}{x} \qquad\qquad (4-12)$$

（五）异众比率

异众比率是指非众数组的频数占总频数的比例，用 V_r 表示。其计算公式为：

$$V_r = \frac{\sum f_i - f_m}{\sum f_i} = 1 - \frac{f_m}{\sum f_i} \qquad\qquad (4-13)$$

式中：$\sum f_i$ 为变量值的总频数；f_m 为众组数的频数。

异众比率主要用于衡量一组数据以众数为分布重心的集中程度，即衡量众数代表一组数据一般水平的代表性。异众比率越大，说明非众组数的频数占总频数的比重越大，众数的代表性就越差；异众比率越小，说明非众组数的频数占总频数的比重越小，众数的代表性就越好。

三、分布特征的测量

集中趋势和离散程度是数据分布的两个重要特征，但要全面了解数据分布的特点，还需要知道数据分布的形状是否对称、偏斜的程度以及分布的扁平程度等，这就需要计算偏度和峰度，两者结合起来可以判断分布是否接近于正态分布。

（一）偏度系数

偏度系数反映变量频数分布曲线的高峰是偏左、居中还是偏右，是描述取值分布形态对称性的统计量。其计算公式为：

$$sk = \frac{n}{(n-1)(n-2)}\sum_{i=1}^{n}\left(\frac{x_i - x}{s}\right)^3 \qquad\qquad (4-14)$$

式中：$sk<0$ 表示负偏；$sk>0$ 表示正偏；$sk=0$ 表示分布对称。

（二）峰度系数

峰度系数反映变量频数分布的高峰是平阔峰、正态峰还是尖峭峰，是描述变量取值分布形态陡缓的统计量。其计算公式为：

$$ku = \frac{n(n+1)}{(n-1)(n-2)(n-3)}\sum_{i=1}^{n}\left(\frac{x_i - x}{s}\right)^3 - \frac{3(n-1)^2}{(n-2)(n-3)} \qquad (4-15)$$

式中：$ku<0$ 表示曲线为平阔峰；$ku=0$ 表示曲线为正态峰；$ku>0$ 表示曲线为尖峭峰。

所以，可以将偏度和峰度的值是否接近 0 作为检验是否服从正态分布的重要依据。

第二节　推断性统计分析法

统计学研究的基本问题之一就是根据样本提供的信息对总体的分布特征值做出统计推断，统计推断包括参数估计和假设检验，即通过样本统计量来估计和检验总体的参数。推断性统计的目的在于认识未知的总体参数及其分布特征。

一、参数估计

参数估计是推断统计的重要内容之一，其是在抽样及抽样分布的基础上，根据样本统计量推断所关心的总体参数。如果能够掌握总体的全部数据，只需要做一些简单的统计描述，就可以得到所关心的总体特征，比如总体均值、方差、比例等。但是现实情况比较复杂，有些现象的范围比较广，不可能对总体的每个单位都进行测定。这就需要从总体中抽取一部分个体进行调查，进而利用样本提供的信息推断总体的特征。参数估计就是用样本的数量特征对总体参数进行估计的统计方法，包括点估计和区间估计两种。

（一）点估计

点估计是直接利用样本估计值估计总体参数，估计结果在数轴上是一个点。设 θ 是总体 X 的待估参数，X_1，X_2，$\cdots$，X_n 是从总体中抽取的一个容量为 n 的样本，记其观测值为 x_1，x_2，$\cdots$，x_n。点估计的基本原理是构造样本统计量 $\hat{\theta} = \theta$（X_1，X_2，$\cdots$，X_n）去估计总体的参数 θ。$\hat{\theta}$ 称为 θ 的点估计量，是随机变量。将样本观测值代入 $\hat{\theta}$，得到 $\hat{\theta} = \theta$（X_1，X_2，$\cdots$，X_n）称为参数 θ 的点估计值。

点估计的方法有很多，如矩估计法、极大似然估计法等。用不同的方法估计同一参数可能得到不同的估计量，这时就需要判断哪个估计量更加优秀。优良的估计量应符合无偏性、有效性和一致性三个评价标准。

（1）无偏性。对于参数 θ，如果有估计量 $\hat{\theta}$ 满足 $E(\hat{\theta}) = \theta$，那么称 $\hat{\theta}$ 是 θ 的无偏估计量。无偏性的意义是：由于抽样具有随机性，所以基于一次具体抽样所得的参数估计值未必等于参数真实值，但当进行一系列抽样时，$\hat{\theta}$ 的值能在 θ 周围浮动，且 $E(\hat{\theta}) = \theta$，即无系统误差。这就从平均效果上对估计量的优劣给出了一个评价标准。

（2）有效性。如果有 $E(\hat{\theta}_1) = \theta$，$E(\hat{\theta}_2) = \theta$，且 $Var(\hat{\theta}_1) < Var(\hat{\theta}_2)$，则相对 $\hat{\theta}_2$ 来说，$\hat{\theta}_1$ 是 θ 的有效估计量。一个无偏估计量并不意味着非常接近被估计的参数，还必须与总体参数的离散程度比较。对同一参数的两个无偏估计量，方差小者更有效。在众多无偏估计量中，称具有最小方差的无偏估计量为最佳无偏估计量。

（3）一致性。一致性是指随着样本容量的增大，点估计量的值越来越接近总体参数的真值，即当任意给定 $\varepsilon > 0$ 时，有 $\lim\limits_{n \to \infty} P\{|\hat{\theta} - \theta| < \varepsilon\} = 1$。当 $n \to \infty$，$\hat{\theta}$ 依概率收敛于 θ，称 $\hat{\theta}$ 为 θ 的一致统计量。

（二）区间估计

在参数估计中，虽然点估计可以给出未知参数的一个估计量（或估计值），但不知道 $\hat{\theta}$ 和 θ 到底相差多少，因此人们希望利用样本给出一个范围，要求它以足够大的把握程度包含待估计参数的真实值，这就是区间估计。

设 $\hat{\theta}_1$ 和 $\hat{\theta}_2$（$\hat{\theta}_1 < \hat{\theta}_2$）分别为总体参数 θ 区间估计的上限和下限，则要求有：

$$P（\hat{\theta}_1 \leqslant \theta \leqslant \hat{\theta}_2）= 1-\alpha \qquad (4-16)$$

式中：α 为区间估计的显著性水平，通常取值 1%、5%、10%；$1-\alpha$ 为置信水平，表示区间估计的可靠性；$[\hat{\theta}_1, \hat{\theta}_2]$ 是置信度为 $1-\alpha$ 的置信区间。

常用的区间估计有总体均值的区间估计、总体成数的区间估计、两个总体均值及两个总体成数之差的区间估计等，下面以总体均值的区间估计为例进行说明。

（1）总体服从正态分布且方差已知。根据中心极限定理，当总体方差已知、大样本时，有 $X \sim N（\mu_k, \sigma_k^2）= N\left(\mu, \dfrac{\sigma^2}{n}\right)$。假设显著性水平为 α，则置信水平为 $1-\alpha$，μ 的置信区间为：$\left[X - Z_{\frac{\alpha}{2}}\dfrac{\sigma}{\sqrt{n}},\ X + Z_{\frac{\alpha}{2}}\dfrac{\sigma}{\sqrt{n}}\right]$。

由以上分析，显然有：

$$p\left(\bar{X} - Z_{\frac{\alpha}{2}}\dfrac{\sigma}{\sqrt{n}} < \mu < \bar{X} + Z_{\frac{\alpha}{2}}\dfrac{\sigma}{\sqrt{n}}\right) = 1-\alpha \qquad (4-17)$$

（2）总体服从正态分布且方差未知。这里的方差未知，只能用样本方差 S^2 代替。可以证明，样本均值经过标准化之后得到的随机变量服从自由度为 $n-1$ 的 t 分布，即：

$$t = \dfrac{\bar{X} - \mu}{\dfrac{S}{\sqrt{n}}} \sim t（n-1） \qquad (4-18)$$

总体均值的置信区间为：$\left[\bar{X} - t_{\frac{\alpha}{2}}\dfrac{S}{\sqrt{n}},\ \bar{X} + t_{\frac{\alpha}{2}}\dfrac{S}{\sqrt{n}}\right]$。

（3）非正态分布。总体为非正态分布，样本容量足够大，如果总体方差已知，总体均值的置信区间为：$\left[\bar{X} - Z_{\frac{\alpha}{2}}\dfrac{\sigma}{\sqrt{n}},\ \bar{X} + Z_{\frac{\alpha}{2}}\dfrac{\sigma}{n}\right]$。

与总体为正态分布的情形一致，如果总体方差未知，那么总体均值的置信区间为：$\left[\bar{X} - Z_{\frac{\alpha}{2}}\dfrac{S}{\sqrt{n}},\ \bar{X} + Z_{\frac{\alpha}{2}}\dfrac{S}{\sqrt{n}}\right]$。

二、假设检验

参数估计和假设检验是推断统计的两个组成部分，都是利用样本对总体进行某种推断，但是推断的角度不同。参数估计是在总体参数未知的情况下用样本统计量估计总体参数。假设检验是先对总体参数提出一个假设，然后利用样本信息检验这个假设是否成立，从而决定接受还是否定这个假设。

为了说明假设检验的基本思想，需要先理解一个基本原理——小概率原理。概率论中，把一次随机试验中发生可能性很小的事件称为小概率事件。小概率原理就是指小概率事件在一次实验中不可能发生的推理原理。

假设检验这一统计推断方法是基于小概率原理的反证法。首先，承认待检验的假设是成立的，然后观察样本的出现是否合理，如果不合理，即样本信息和假设前提提出的结论发生了矛盾，则推翻作为推理前提的假设。其次，假设检验所依据的是小概率原理，在一次随机试验中小概率事件只是发生的概率很小，但不是不可能发生，因此分析结论有可能出现错误。

1. 假设检验的一般步骤

通常假设检验包括四个步骤：提出原假设和备择假设；选择检验统计量，并确定其分布；选择显著性水平，确定临界值；计算检验统计量，得出结论。

（1）提出原假设和备择假设。对每个假设检验问题，都可同时提出两个相反的假设，即原假设和备择假设。原假设是待检验的假设，是研究者想予以反对的假设，记为 H_0；备择假设是拒绝原假设之后可供选择的假设，是研究者想予以支持的假设，记为 H_1。

原假设与备择假设应根据所检验问题的具体背景而定。常常采取"不轻易拒绝原假设"的原则，把没有充分理由就不能轻易否定的命题作为原假设，而相应地把没有充足把握就不能轻易肯定的命题作为备择假设。

设要检验的总体参数为 θ，用 θ_0 表示该参数的假设值。一般地，总体参数的假设检验有三种形式：H_0：$\theta = \theta_0$，H_1：$\theta \neq \theta_0$，这种形式的检验称为双侧检验；H_0：$\theta \geq \theta_0$，H_1：$\theta < \theta_0$，这种形式的检验称为左侧检验；H_0：$\theta \leq \theta_0$，H_1：$\theta > \theta_0$，这种形式的检验称为右侧检验。

（2）选择检验统计量，并确定其分布。不同的假设检验问题需要选择不同的统计量，用于假设检验问题的统计量称为检验统计量。检验统计量是利用样本数据计算得到的，用于对原假设和备择假设作出决策的一个样本统计量。

（3）选择显著性水平，确定临界值。假设检验是基于小概率原理的推断，但多小的概率才算是小概率并没有统一的标准，而是由研究者确定的。这个事先规定的小概率称为检验的显著性水平。给定了显著性水平 α，就可以由检验统计量的概率分布求得相应的临界值。临界值将检验统计量的取值范围划分为原假设的接受区域和拒绝区域。

对于不同形式的假设，H_0 的接受区域和拒绝区域也有所不同。双侧检验的拒绝域位于统计量分布曲线的两侧；左侧检验的拒绝域位于统计量分布曲线的左侧；右侧检验的拒绝域位于统计量分布曲线的右侧。

（4）计算检验统计值，得出结论。样本观测值一旦确定，检验统计量的值也就随之确定了。根据样本数据计算的检验统计值，即检验统计量的观测值，将得到的检验统计量的观测值与临界值进行比较，做出接受或者拒绝原假设 H_0 的判断。如果检验统计量的观测值落在拒绝域内，那么拒绝原假设；反之，则接受原假设。

2. 假设检验中的两类错误

假设检验是根据统计量落入的区域做出判断的，但由于检验统计量是随机变量，由此做出的判断不可能完全正确，可能会出现两类错误。

第一类错误——弃真，是指错误地拒绝了真实的原假设。在原假设为真的情况下，统计量的观测值恰巧落入了小概率的拒绝区域，因而拒绝了原假设。犯这种错误的概率是显著性水平 α。

第二类错误——纳伪，是指错误地接受了不真实的原假设。在原假设为假的情况下，统计量的观测值落入了接受域，未能拒绝原假设。犯这种错误的概率用 β 表示。

无论是第一种错误，还是第二种错误，都是检验结论失真的表现，都应尽可能避免。然而，在一定的样本容量下，犯这两类错误的概率却不能同时减小，减小 α 必然导致 β 增大，减小 β 必然导致 α 增大。一般根据所犯错误的类型对结果的影响大小来进行取舍，如果犯第一类错误对检验结果影响大，就控制 α；如果犯第二类错误对检验结果影响大，就控制 β。

第三节　方差分析法

方差分析是检验多个总体均值是否相等的统计方法，但本质上它所研究的是分类型自变量对数值型因变量的影响。方差分析就是通过检验各总体的均值是否相等来判断分类型自变量对数值型因变量是否有显著影响。

方差分析的假定条件有四个：①各处理条件下的样本是随机的。②各处理条件下的样本是相互独立的，否则可能出现无法解释的输出结果。③各处理条件下的样本分别来自正态分布总体，否则使用非参数分析。④各处理条件下的样本方差相同，即具有齐效性。方差分析包括提出假设、构造检验的统计量、统计决策等步骤。

一、提出假设

根据控制变量的个数，将方差分析又分为单因素方差分析、多因素方差分析以及协方差分析。下面仅以单因素方差分析以及多因素方差分析中的双因素方差分析为例介绍方差分析步骤。

为检验因素之间的影响，首先需要对两种方差分析方法分别提出假设。

（1）单因素方差分析：如果将不同水平下因变量的均值依次记为 μ_1、μ_2、μ_3…μ_k，那么需要检验的假设为：

H_0：$\mu_1 = \mu_2 = \mu_3 = \cdots = \mu_k$，即自变量对因变量没有显著影响；

H_1：μ_i（$i = 1, 2, \cdots, k$）不全相等，即自变量对因变量有显著影响。

（2）双因素方差分析：如果将行因素对应的每个水平的效应依次记为 α_1、α_2、α_3…α_r，将列因素对应的每个水平的效应依次记为 β_1、β_2、β_3…β_s，那么需要检验的行因素假设和列因素假设分别为：

$$\begin{cases} H_{01}：\alpha_1 = \alpha_2 = \alpha_3 = \cdots = \alpha_r，即行自变量对因变量没有显著影响； \\ H_{11}：\alpha_i（i = 1, 2, \cdots, r）不全相等，即行自变量对因变量有显著影响。 \end{cases}$$

$$\begin{cases} H_{02}：\beta_1 = \beta_2 = \beta_3 = \cdots = \beta_s，即列自变量对因变量没有显著影响； \\ H_{12}：\beta_i（i = 1, 2, \cdots, s）不全相等，即列自变量对因变量有显著影响。 \end{cases}$$

二、构造检验的统计量

在单因素方差分析中，观测变量值的变动会受控制变量和随机变量两方面影响。单因素方差分析将观测变量总离差平方和分解为组间离差平方和与组内离差平方和两部分，即：

$SST = SSA + SSE$ 　　　　　　　　　　　　　　　　　　　　（4-19）

式中：SST 表示观测变量总离差平方和；SSA 表示组间离差平方和；SSE 表示组内离差平方和。

$$SST = \sum_{i=1}^{k} \sum_{j=1}^{n_i} (x_{ij} - \bar{x})^2 \tag{4-20}$$

式中：k 表示控制变量的水平数；x_{ij} 表示控制变量第 i 个水平下的第 j 个样本值；n_i 表示控制变量第 i 个水平下的样本量；$\bar{x}$ 表示观测变量的均值。

$$SSA = \sum_{i=1}^{k} n_i (\bar{x}_i - \bar{x})^2 \tag{4-21}$$

式中：$\bar{x}_i$ 表示控制变量第 i 个水平下观测变量的样本均值。

$$SSE = \sum_{i=1}^{K} \sum_{j=1}^{n_i} (x_{ij} - \bar{x}_i)^2 \tag{4-22}$$

$$MSA = \frac{SSA}{k-1} \tag{4-23}$$

$$MSE = \frac{SSE}{n-k} \tag{4-24}$$

方差分析采用的检验统计量是 F 统计量，数学定义为：

$$F = \frac{SSA/(k-1)}{SSE/(n-k)} = \frac{MSA}{MSE} \sim F(k-1, n-k) \tag{4-25}$$

式中：n 表示总样本量；$k-1$ 和 $n-k$ 分别为 SSA 和 SSE 的自由度；MSA 表示组间方差；MSE 表示组内方差。

（1）在多因素方差分析中，观测变量值会受到控制变量独立作用、控制变量交互作用、随机因素的影响。多因素方差分析将观测变量总离差平方和分解为三部分，即：

$$SST = SSA + SSB + SSAB + SSE \tag{4-26}$$

式中：SSA、SSB 分别为控制变量 A、B 独立作用引起的变差；$SSAB$ 为控制变量 A、B 两两交互作用引起的变差；SSE 为随机因素引起的变差。

$$SSA = \sum_{i=1}^{k} \sum_{j=1}^{r} n_{ij} (\bar{x}_i^A - \bar{x})^2 \tag{4-27}$$

式中：n_{ij} 为因素 A 第 i 个水平和因素 B 第 j 个水平下的样本观测值个数；$\bar{x}_i^A$ 为因素 A 第 i 个水平下观测变量的均值。

$$SSB = \sum_{i=1}^{k} \sum_{j=1}^{r} n_{ij} (\bar{x}_j^B - \bar{x})^2 \tag{4-28}$$

式中：n_{ij} 为因素 A 第 i 个水平和因素 B 第 j 个水平下的样本观测值个数；$\bar{x}_j^B$ 为因素 B 第 j 个水平下观测变量的均值。

$$SSE = \sum_{i=1}^{k} \sum_{j=1}^{r} \sum_{m=1}^{n_{ij}} (x_{ijm} - \bar{x}_{ij}^{AB})^2 \tag{4-29}$$

式中：x_{xjm} 为因素 A 第 i 个水平和因素 B 第 j 个水平的第 m 个水平的第 m 个观测值；$\bar{x}_{ij}^{AB}$ 为因素 A、B 在水平 i、j 下的观测变量的均值。

$$SSAB = SST - SSA - SSB - SSE \tag{4-30}$$

（2）在多因素方差分析中，控制变量可以进一步划分为固定效应和随机效应两种类型。

1）固定效应是指控制变量的各个水平是可以严格控制的，各 F 检验统计量为：

$$F_A = \frac{SSA/(k-1)}{SSE/[kr(l-1)]} = \frac{MSA}{MSE} \qquad (4-31)$$

$$F_B = \frac{SSB/(r-1)}{SSE/[kr(l-1)]} = \frac{MSB}{MSE} \qquad (4-32)$$

$$F_{AB} = \frac{SSAB/[(k-1)(r-1)]}{SSE/[kr(l-1)]} = \frac{MSAB}{MSE} \qquad (4-33)$$

2）随机效应是指控制变量的各个水平无法做严格的控制，各 F 检验统计量为：

$$F_A = \frac{SSA/(k-1)}{SSAB/[(k-1)(r-1)]} = \frac{MSA}{MSAB} \qquad (4-34)$$

$$F_B = \frac{SSB/(r-1)}{SSAB/[(k-1)(r-1)]} = \frac{MSB}{MSAB} \qquad (4-35)$$

$$F_{AB} = \frac{SSAB/[(k-1)(r-1)]}{SSE/[kr(l-1)]} = \frac{MSAB}{MSE} \qquad (4-36)$$

三、统计决策

将统计量 F 值与给定的显著性水平 α 的临界值 F_α 进行比较，从而对原假设做出决策。

如果 $F > F_\alpha$，那么拒绝原假设，意味着自变量对因变量有显著影响（控制变量的不同水平对观测变量产生了显著影响）。

如果 $F < F_\alpha$，那么不拒绝原假设，没有证据表明自变量对因变量有显著影响（控制变量的不同水平没有对观测变量产生显著影响）。

第四节 相关分析法

相关分析（Correlation Analysis），即通过引入一定的统计指标量化变量之间的相关程度。相关分析的研究成果中，最具影响力的是早在 1895 年由 Pearson 提出的积矩相关系数（也称皮尔逊相关系数）。相关分析的一般步骤如下：

一、绘制散点图

绘制散点图是相关分析过程中极为常用且非常直观的分析方式，它可以将数据以点的形式画在直角平面上，并且可以大体上看出变量之间的关系形态及关系强度。相关关系的表现形态大体上可以分为线性相关、非线性相关、完全相关和不相关。

二、计算相关系数

为了准确度量两个变量之间的关系强度，需要计算相关系数，相关系数分为总体相关系数和样本相关系数。总体相关系数是根据总体全部数据计算得出的；样本相关系数是根据样本数据计算的。一般计算的相关系数都为样本相关系数，记为 r，也称为 Pearson 简单相关系数或线性相关系数。

$$r = \frac{n \sum xy - \sum x \sum y}{\sqrt{n \sum x^2 - (\sum x)^2} \cdot \sqrt{n \sum y^2 - (\sum y)^2}} \qquad (4-37)$$

相关系数 r 具有以下五个特征：

（1）r 的取值范围为 $[-1, 1]$。如果 $0 < r \leqslant 1$，那么表明 x 与 y 之间存在正线性相关关系；如果 $-1 \leqslant r < 0$，那么表明 x 与 y 之间存在负线性相关关系；如果 $r = 0$，那么表明 x 与 y 之间不存在相关关系；如果 $r = 1$ 或 -1，那么表明 x 和 y 是完全正相关或完全负相关的。$|r|$ 越接近 1，表明 x 和 y 的相关关系越密切。

（2）r 具有对称性。x 与 y 之间的相关系数和 y 与 x 之间的相关系数相等。

（3）相关系数能够用于度量两变量之间的线性关系，但并不是度量非线性关系的有效工具。这意味着 $r = 0$ 只是表示两个变量之间不存在线性相关关系，并不说明变量之间没有任何关系，它们之间可能存在非线性相关关系。变量之间的非线性相关程度较大时，就有可能导致 $r = 0$。因此，当 $r = 0$ 或者很小时，不能轻易得出两个变量之间不存在相关关系的结论，而应该结合散点图做出合理的解释。

（4）r 虽然是两个变量之间线性关系的一个度量，但并不意味着 x 与 y 之间一定存在因果关系。

（5）r 的数值大小与 x 和 y 的原点及尺度无关。

三、相关系数的显著性检验

Pearson 简单相关系数的检验统计量为 t 统计量：

$$t = |r| \frac{\sqrt{n-2}}{\sqrt{1-r^2}} \sim t \ (n-2) \qquad (4-38)$$

这里需要注意的是，Pearson 相关系数要求两变量都服从正态分布，如果变量不满足正态分布，可以使用 Spearman 等级相关系数，特别地，如果变量是等级变量，可以使用 Kendall 等级相关系数。

第五节　回归分析法

回归分析（Regression Analysis）用于分析事物之间的统计关系，侧重考察变量之间的数量变化规律，并通过回归方程的形式描述这种关系，准确把握变量受其他一个或多个变量影响的程度，进而为预测提供科学依据。

利用样本数据获得回归线通常可采用局部平均和函数拟合两类方法。由于利用局部平均得到回归线在样本量足够大时才可以实现，然而通常样本量可能无法达到预期的数量，此时多采用函数拟合的方式得到回归线。函数拟合的基本思路是：首先，通过散点图观察变量之间的统计关系，得到回归线形状（线性关系或非线性关系）的直观认知，并确定一个能够反映和拟合这种认知且最简洁的（参数最少的）数学函数（线性函数或非线性函数），即回归模型；其次，利用样本数据在一定的统计拟合准则下，估计出回归模型中的各个参数，得到一个确定的回归方程；最后，回归方程中的参数是在样本数据的基础上得到的。由于抽样随机性的存在，估计出的回归方程未必是事物总体间数量关系的真实体现，因此需要对回归方程进行各种检验，判断该方程是否真实反映了事物总体间的统计关系，能否用于预测，并最终得到可由回归方程所确定回归线的近似线。回归分析的分析步骤一般如下：

（1）确定回归模型中的解释变量和被解释变量。进行回归分析的第一步应该确定哪个变量是被解释变量（记为 y），即该变量是需要被其他变量解释的；哪些变量是解释变量（记为 x），即这些变量是用于解释其他变量的。回归分析正是要建立 y 关于 x 的回归方程，并在给定 x 的条件下，通过回归方程预测 y 的平均值。

（2）确定回归模型。通过观察散点图确定用哪种数学模型来概括回归线，如果解释变量和被解释变量之间存在线性关系，应该进行线性回归分析，建立线性回归模型；如果解释变量和被解释变量之间存在非线性关系，应该进行非线性回归分析，建立非线性回归模型。

（3）建立回归方程。根据收集到的样本数据和所确定的回归模型，在一定的统计拟合准则下估计出模型中的各个参数，得到一个确定的回归方程。

（4）对回归方程进行检验。建立了回归方程之后，需要进行回归方程的拟合优度检验、回归方程的显著性检验、回归系数的显著性检验，以此来判断回归方程是否真实地反映了事物总体之间的统计关系以及回归方程是否可以用于预测。

（5）利用回归方程进行预测。利用经过检验的回归方程对事物的未来发展趋势进行预测。

第六节　主成分分析法

在研究某一问题时，通常需要考虑多个变量，这些变量之间存在一定的相关性，从而必然存在起支配作用的共同因素，因此通过对原始变量相关矩阵或协方差矩阵内部结构关系的研究，利用原始变量的线性组合形成几个综合指标（即主成分），在保留原始变量主要信息的前提下起到降维与简化问题的作用。一般来说，利用主成分分析得到的主成分与原始变量之间有以下四个基本关系：①每一个主成分都是各原始变量的线性组合。②主成分的数目大大少于原始变量的数目。③主成分保留了原始变量绝大多数信息。④各个主成分之间互不相关。

主成分分析是一种数学变换方法，它把给定的一组相关变量通过线性变换转换成另一组不相关的变量，这些新的变量按照方差依次递减的顺序排列。在数学变换中保持变量的总方差不变，使第一个变量具有最大的方差，成为第一主成分，第二个变量的方差次大，并且和第一个变量不相关，成为第二主成分，以此类推，k 个变量就有 k 个主成分，最后一个主成分具有的方差最小，并且和前面的主成分都不相关。主成分的计算步骤如下：

一、计算相关系数矩阵

$$R = \begin{bmatrix} r_{11} & \cdots & r_{1p} \\ \vdots & \ddots & \vdots \\ r_{p1} & \cdots & r_{pp} \end{bmatrix} \tag{4-39}$$

式中，r_{ij}（$i, j = 1, 2, \cdots, p$）为原始变量中 x_i 和 x_j 之间的相关系数，其计算公式为：

$$r_{ij} = \frac{\sum\limits_{k=1}^{n}(x_{ki} - \overline{x}_i)(x_{kj} - \overline{x}_j)}{\sqrt{\sum\limits_{k=1}^{n}(x_{ki} - \overline{x}_i)^2 \sum\limits_{k=1}^{n}(x_{kj} - \overline{x}_j)^2}} \tag{4-40}$$

因为 R 是实对称（即 $r_{ij} = r_{ji}$），所以只需计算上三角元素或下三角元素即可。

二、计算特征值与特征向量

首先解特征方程 $|\lambda_1 - R| = 0$，通常用雅可比法（Jacobi）求出特征值 λ_i，并使其按从大到小顺序排列，即 $\lambda_1 \geq \lambda_2 \geq \cdots \geq \lambda_p \geq 0$；其次分别求出对应于特征值 λ_i 的特征向量 e_i（$i = 1, 2, \cdots, p$）。这里要求 $\|e_i\| = 1$，即 $\sum\limits_{j=1}^{p} e_{ij}^2 = 1$，其中 e_{ij} 表示向量 e_i 的第 j 个分量。

三、计算主成分贡献率及累计贡献率

主成分 z_i 的贡献率为：

$$z_i = \frac{\lambda_i}{\sum\limits_{k=1}^{p} \lambda_k}(i = 1, 2, \cdots, p) \tag{4-41}$$

累计贡献率为：

$$\frac{\sum\limits_{k=1}^{i} \lambda_k}{\sum\limits_{k=1}^{p} \lambda_k}(i = 1, 2, \cdots, p) \tag{4-42}$$

一般取累计贡献率达 85%~95% 的特征值 λ_1，λ_2，$\cdots$，λ_m 所对应的第一，第二，$\cdots$，第 m（$m \leq p$）个主成分。

四、计算主成分载荷

计算主成分载荷的公式为：

$$l_{ij} = p(z_i, x_j) = \sqrt{\lambda_i} e_{ij}(i, j = 1, 2, \cdots, p) \tag{4-43}$$

得到各主成分的载荷以后，还可以进一步计算得到各主成分的得分：

$$\begin{bmatrix} z_{11} & \cdots & z_{1m} \\ \vdots & \ddots & \vdots \\ z_{n1} & \cdots & z_{nm} \end{bmatrix} \tag{4-44}$$

第七节　数理统计法的适用情境与典型范例

一、数理统计法的适用情境

作为基础性的分析方法，数理统计分析方法广泛应用于众多学科之中，信息资源管理学科也不例外。鉴于其具体方法较为多样、功能较为齐全，因此，在适用主题上并无明确边界；但由于各具体方法有其特别之处，适合处理的数据或问题也有所差异。其中，描述性统计分析法适合对数据样本、调研对象的总体特征进行分析；假设检验、方差分析则适用于预置研究假设的任务之中，或者分析某一对象、因素所产生影响的全面性；相关分析法则适用于回答对象之间是否存在相关关系及其相关强度；回归分析则适用于分析变量之间的影响关系，并以方程形式进行描述，为预测工作提供指导；主成分分析则适用于多变量情形下的数据降维或问题简化，把数量较多的变量或指标集合转化为少数几个综合指标。

二、数理统计法的典型范例

为便于初学者更直观地理解该方法的应用场景和实施方法，从近年来发表于信息资源管理学科核心期刊的相关论文中选择了一些典型范例，如下所示。

[1] 孟高慧，刘畅．大学生学术信息组织水平量表的开发与应用 [J]．图书情报工作，2021，65（12）：73-82．

[2] 俞立平．基于神经网络的非线性学术评价指标模拟权重研究——以因子分析评价为例 [J]．现代情报，2021，41（4）：133-145．

[3] 张汝昊．基于语义和位置相似的作者共被引分析方法及效果实证 [J]．图书情报工作，2020，64（8）：111-124．

[4] 李君君，顾东晓，曹园园．基于体验过程的用户行为模型及实证研究 [J]．情报科学，2019，37（4）：44-51．

[5] 邹晓菁，王菲菲，刘家好．综合信息计量视角下的期刊评价指标体系研究 [J]．情报科学，2018，36（2）：118-124．

[6] 张和平，陈齐海．基于因子分析-DEMATEL 定权法的期刊综合评价研究 [J]．情报杂志，2017，36（11）：180-185．

第五章　定性比较分析法与结构方程模型

第一节　定性比较分析法

定性比较分析法（Qualitative Comparative Analysis，QCA）是 20 世纪 80 年代在社会科学研究中产生的一种针对中小样本案例研究的分析方法，尚处在不断发展和丰富之中。QCA 是在对宏观社会现象进行定性研究时，采用布尔代数实现比较的方法，通过提炼不同案例中的相同因素，把这些因素视为促成某类事件发生的原因，将定性研究结合布尔代数算法对案例进行逻辑化分析，强调通过案例与相关理论的不断检验，从小样本数据中构建出与研究议题的因果关系。

一、QCA 的内涵及发展

（一）QCA 的内涵

QCA 是一种多案例的比较方法，当案例数量增加，自变量不同取值的组合将以指数级递增，QCA 提供了一种有效、系统处理多案例比较研究数据的方法。它是以案例研究为取向的，它的基础在于对变量做两分处理，解释变量和结果变量都有两种，变量取值为 1 代表某条件发生或存在，用大写字母表示；变量取值为 0 表示某条件不发生或不存在，用小写字母或者用~表示。＊表示"和"，+表示"或"，→或者＝表示"导致"。采用布尔代数对条件组合进行简化运算。它的运算逻辑要追溯到 1967 年穆勒（J. S. Mill）提出的两组因果论证法：一个是求同法：如果 A＊B＊C→X，A＊D＊E→X，那么 A→X；另一个是求异法：如果 A＊B＊C→X，B＊C→~X，那么 A→X。此外，穆勒还提出同异联合法：如果 A＊B＊C→X，B＊C→~X，A＊D＊E→X，D＊E→~X，那么 A→X。

但有别于定量研究方法，首先，它的分析逻辑是复杂的、可替代的因果关系，研究者关注社会现象的多重条件并发原因。例如，在大多数情况下，A＊B→Y，但也有一些导致相同情况的条件组合，如 A＊B+C＊D→Y。也就是说，在一种社会情境 B 下，条件 A 出现可能导致 Y；而在另一种社会情境 C 下，A 不出现可能导致 Y。因此，定性比较分析假定社会现象的因果关系是非线性的、非叠加的、非概率的，解释条件对结果的效应是相互依赖的，并且同一个社会现象的发生可能有不同的原因组合。其次，定性比较分析的分析单位是条件组合而不是案例。在分析的过程中，研究者先根据不同的策略确定解释变量，然后将以个案为单位的数据进行汇总，得到解释变量、被解释变量的所有组合，这些组合以表格的形式表示，该表格叫真值表（Truth Table）。

研究者以所有的组合作为分析的起点，根据布尔代数对条件组合进行简化。它的一个优势是可以进行主观、定性数据的运算，研究者仅需根据既有的研究理论对解释变量进行两分。在进行两分判定时，关键的一步是界定临界值（Threshold）。

总的来说，QCA 定性比较分析方法是基于整体性视角，以中小样本为案例，对这些案例的复杂因果关系进行分析的方法。在 QCA 定性比较分析方法中，每个案例被视为不同属性要素（在定性比较分析方法中被称为条件）的组合，而定量分析中的自变量、净效应思想和相关关系在定性比较分析方法中被替代为条件组合、组态思想和集合关系。因此，定性比较分析方法是集定量分析与定性分析之优势的研究方法。定性比较分析方法最开始被应用于社会学研究，因此，定性比较分析方法的出现开创了利用"集合"思想进行社会学研究的时期。QCA 的内涵可以概括为两大方面：

（1）基于布尔逻辑探寻原因组合路径。QCA 的核心逻辑是集合论思想。拉金认为，社会科学研究中的许多命题可以用系动词表述，相应地可以转化为使用集合之间的隶属关系来表达。如果将研究问题看作一个完整的集合，那么引发这个问题或现象的诸多前因条件，就是这个集合的不同子集。通过一定数量的多案例比较，QCA 可利用布尔代数的运算法找到集合之间普遍存在的隶属关系，进而展开因果关联的分析。

QCA 假定因果关系是复杂且可替代的，关注的是社会现象多重条件并发的原因，即假定社会现象的因果关系是非线性的，同一个社会现象发生有可能是不同原因组合而成的。QCA 是以条件组合为分析单位而不是把案例作为分析单位。在研究过程中，需要根据不同的策略来选择解释变量，然后把个案的数据进行统计汇总，得到解释变量和结果变量的所有组合，这些组合组成了真值表，并以所有组合作为分析的起点，根据布尔代数对条件组合进行简化。QCA 可以分析现象发生（Y）的原因，可以分析现象不发生（y）的原因。但在分析前者时，后者对应的数据不纳入分析过程；在分析后者时，前者对应的数据同样不纳入分析过程。这是因为定性比较分析方法是基于必要条件和充分条件的逻辑进行的，不能由 $X{\rightarrow}Y$ 直接推出 $x{\rightarrow}y$。

（2）超越量化-质化二元研究路径。一般情况下，传统定量研究的基本研究逻辑为"提假设—找变量—建模型—假设检验—得出结论"，大多通过回归进行相关性分析，重点在于检验单个变量的影响效果在统计上是否显著。因此，定量研究追求更多的样本量、更好的统计显著性、推断出更大的总体，强调客观性和研究的可重复性。而定性研究则更强调个案研究和全面深入地理解研究对象，多个案例的研究在操作上较难进行定量的结构化分析，对于研究者的提炼与分析能力也有更高的要求。

（二）QCA 的发展

1987 年，美国社会学家查尔斯·拉金（Charles C. Ragin）发表《比较方法》（*The Comparative Method*），首次将 QCA 引入社会科学领域，将其视为一种整合量化和质化双重取向的研究方法。但是拉金逐渐对定量分析方法无法处理复杂因果问题以及其结果经常会由于值的缺失或微小测量失误而产生截然不同结果的不稳定性感到失望，而案例研究的普适性，即能否将结论推广到一个更广泛层次的能力，经常遭到学界的质疑，因此，拉金开始琢磨超越定量分析与定性分析的研究方法。其中，巴林顿·摩尔（Barrington Moore）出版的《民主与专制的社会起源》（*Social Origins of Dictatorship and Democracy*）一书对拉金发展定性比较分析方法有重大影响。该书将特定的大规模历史转变相关变量的不同先决条件进行了结合，对不同案例进行了细化分析，并比较案例内部变量，对随后的定性比较分析法的发展产生了重要影响。但该书并没有为交叉案例提供一个统一、系统的解决方案。

拉金要创新的方法不仅要保留传统定量分析中的"案例内"和"案例间"量化部分，还需要保留定性分析的本质，即探析研究对象"如何发生"的问题。但如何将两者结合还有待解决。拉金随后在其毕业论文中首次尝试了将定量分析与定性分析结合，他同时使用定量与定性方法来评估英国地方主义政治背景下威尔士和苏格兰民族主义的起源和社会基础。历史比较为定性分析提供了特定情景，而定性分析反过来为历史比较提供了更进一步的研究问题。可以说，这就是早期的"定性与定量结合"的"定性比较分析"，只是还远未到完全融合的程度。

除此以外，还有另一成果对定性比较分析的发展影响深远，即拉金与丹尼尔·希罗（Daniel Chirot）的关于罗马尼亚 1907 年农民暴动的合作研究项目。传统的社会学研究采用观察法、访谈法或文献调研法等定性分析法较多，而拉金与希罗的合作研究项目采用量化的数据来调查农民暴动的一系列情况。不仅如此，拉金还提出了"质变效应中的因果关系"，如果要达到结果的质变，那么就需要将因果条件结合起来考虑。最终结果表明，拉金的复杂因果交互所构建的模型确实有助于解释罗马尼亚的农民暴动。根据所构建的模型，该研究项目最终得出农民的传统主义与农业市场力量的交互影响是革命暴动强度的关键变量。由此，定性比较分析的思想基本具备。

在将定量分析与定性分析两种分析方法结合的基础上，又出现了新的方法融合挑战，即案例的选取。在传统的定性分析中，案例的选取是为了服务于特定的理论目的，而并非假设为外部给定的。正是到了这时，为了解决该挑战，实现定性研究规范化，才促使学界寻求真正的新的研究方法。而拉金为了确定不同条件怎样组合才能达到不同或相同的结果，开始求助于布尔代数和集合论的思想。这时，定性比较分析首次应用在 1984 年拉金与其他学者合作发布于《美国社会学评论》（*American Sociological Review*）的有关就业歧视与歧视程度评估的研究论文（Charles C. Rajin, S. E. Mayer & K. A. Drass, 1984）中。随后，拉金于 1987 年出版了《比较方法》（*The Comparative Method*），在该书中，拉金对 QCA 定性比较分析方法进行了更为细致地完善，并首次正式将 QCA 定性比较分析方法引入社会科学领域。

在 QCA 被正式引入后，相继出现了三种不同的核心 QCA 技术，分别为清晰集定性比较分析法（Crisp-Set Qualitative Comparative Analysis, csQCA）、多值定性比较分析法（Multi-Value Qualitative Comparative Analysis, mvQCA）、模糊集定性比较分析法（Fuzzy-Set Qualitative Comparative Analysis, fsQCA）。针对不同的应用场景，可以选择使用这三种方法中合适的一种。csQCA 遵循的是严格的二分阈值法，将案例中的条件变量与结果变量基于设定的阈值的基础上，定性地分为 1 和 0（分别代表存在和不存在），但这样做可能会导致案例信息丢失的风险。因此，为了避免案例信息丢失甚至是大量矛盾组态的出现，mvQCA 产生了。mvQCA 可以被认为是 csQCA 的扩展形式，它允许设定多个阈值，也允许案例条件因素采用多个值，从而改善了案例信息丢失以及矛盾组态的状况。但是设定的阈值与条件因素变量的选择也并不是越多越好，因为这也可能导致案例个体化解释的后果，使得结果失去了一定程度上的普适性与简约性。同时，mvQCA 当前的发展阶段也并不支持结果的多值选择，所以，它仅能作为 csQCA 的扩展，在一定程度上改善 csQCA 技术中解决不了的问题。最后是 fsQCA，它不同于将条件变量与结果变量完全定性划分，而是将隶属关系调整为 0~1 之间的数，以代表其不同程度的隶属关系，反映条件与结果变量在程度或水平上的变化。

二、QCA 的类型及评价

（一）QCA 的类型

1. csQCA——清晰集定性比较分析法

csQCA 是在 20 世纪 80 年代后期由拉金和程序员 Kriss Drass 开发的。它是第一种被开发出来的 QCA 技术。拉金在历史社会学的研究中，需要一种能够处理复杂的二进制数据集的工具，而这种工具在当时各种统计文献中都不存在。20 世纪 50 年代，为了简化电路开关的状态而开发的布尔算法引起了拉金的注意，其中的布尔最小化算法被拉金用于识别多重并发因果关系，并借助 Kriss Drass 之手，开发了 csQCA 这种基于布尔逻辑简化构筑复杂的数据结构的工具。

2. mvQCA——多值定性比较分析法

mvQCA 是 csQCA 的拓展。在 csQCA 中，存在着未解决或不能完美解决的两个问题：①矛盾组态问题，解决矛盾组态的其中一个策略是增加条件，但增加条件与 csQCA 的简约理念略有出入；②csQCA 为了简约性可能需要大量纳入逻辑余项，而部分逻辑余项纳入的可信性并不能保证，如果不考虑逻辑余项，那得到的结果又可能并不足够简约。这些问题的出现或多或少源自 csQCA 严格的二分阈值法，而 mvQCA 就是基于对严格的二分阈值法改进而产生的 QCA 技术。多值定性比较分析法并不是将变量的数值处理成 0~1 的隶属度分数，而是在确定集的二分法基础上，对变量的数值进行多分，以增加变量的信息。多值集在扩展二分法的基础上，将原来的清晰集拓展成了一种可以处理类别变量的方法。这种方法还可以通过分类的方式，将定距变量转化为类别变量而纳入分析模型之中。

3. fsQCA——模糊集定性比较分析法

在 csQCA 与 mvQCA 中，真值表构建有一个很明显的不足，那便是它们设计的初衷只能解决二分问题。因为无论是 csQCA 还是 mvQCA，它们对于结果变量只能采用二分阈值的方法。但在科学研究中，研究者们可能更关注的是在程度或水平上的变化，或者说，条件因素与结果因素之间影响的强弱关系。例如，一场考试，不能只分为 60 分以上及格和 60 分以下不及格，每一个不同的分数都代表着不一样的成绩，不能一以概之。

数学中的模糊集的发展使得处理部分隶属的问题得到了解决。模糊集允许研究者用 0~1 之间的数，代表完全不隶属到完全隶属之间的部分隶属情况。fsQCA 就是借用这种思想来处理案例的条件因素与结果因素之间的关系的。子集关系是分析因果复杂性的核心。虽然 fsQCA 不再像 csQCA 和 mvQCA 那样要求研究者强制将条件因素二分或多分成不同类属，但是 fsQCA 不能直接应用于前两种方法均使用的真值表进行分析，因为每个案例的隶属分数的排列可能都是独特的。在 csQCA 与 mvQCA 中，真值表分析能够满足有限多样性和通过纳入逻辑余项得出更简约的结果。同样地，在 fsQCA 中，可以基于集合论，用模糊集数据构建传统的布尔代数真值表。而这种充分利用模糊集中集合隶属的连续变化的技术是前面 csQCA 和 mvQCA 基于二分类化所不能达到的。

（二）QCA 的评价

与案例研究法和定性分析法等其他研究方法相比，QCA 具有以下五个特点：

1. 从整体性角度看待案例

QCA 采用了组态比较分析技术（Configurational Comparative Analysis，CCA），其核心思想是通过条件组合或者组态的形式探索有限的复杂案例。这些案例被认为是一系列属性所构成的复杂组合——整体性的分析视角要求研究者在分析中不应该忽略任何一个"案例"，特别是 QCA 这种以案例为导向的研究方法，因为每一个案例都是完整的个体。这种思想不同于定量分析中的大样本的数据（例如问卷调查）是无差别的，这种案例的差异性使得研究者们可以与案例对话，即在后续任何时候都可以回溯案例，改进案例中的数据，以进一步阐明各个案例的独特之处。

2. 理论、情景敏感性

从理论敏感性这方面来看，QCA 具有演绎式特点。理论在 QCA 中扮演着非常重要的角色，QCA 中案例的属性变量（无论是条件还是结果）一般要基于一定的理论基础才能进行选择，因为理论除了可以帮助研究者选择案例，还可以帮助预设哪些条件来构建"一个案例"，以及明晰这些条件要如何测量，设定何种阈值等。选择不同的理论基础，单个案例的构筑情况也会有所区别。而从情景敏感性这一方面来看，QCA 具有归纳式的特点，即 QCA 中案例的属性变量还可以来自对案例的观察与归纳。对同一个调查对象，处在不同的调查背景时，其条件变量的情况也会呈现出不同的形式。

3. 因果复杂性与简约性

QCA 提出了新的因果关系理念，并给予这种复杂的因果关系以更大的探索空间。这意味着，在 QCA 中，条件变量的不同组合可能会产生同样的结果，细微的条件变量组合变化也可能会产生不同的结果，这种情况在 QCA 中被称为多重并发因果关系。"多重"是指复数的因果路径，"并发"是指每条路径都拥有不同的组态状况，并同时促使因果关系的达成。这与主流统计方法的思想不同，主流统计方法认为因果关系是恒定的，从而可以通过数据拟合来形成最优的单一因果模型。正因为 QCA 认为因果关系是否成立取决于特定的情景与组态，所以 QCA 否定恒定的因果关系并认为因果关系是复杂的。但 QCA 也并不是"想要"因果关系一味地复杂，而是力争因果现象能被简约地解释，但同时要保留适当程度的因果复杂性。例如，在因果关系 $A*B*C+A*B*c \rightarrow Y$ 中，C 条件的出现与否都不会影响结果 Y 的发生，因此该因果关系可以被简化为 $A*B \rightarrow Y$。这个过程在一定程度上简化了因果关系的表达，也保留了组态形式分析的复杂性。

4. 适当的普适性

普适性在所有实证研究中都占据了一个很重要的部分。因为实证研究追求的不仅仅是限定于一定样本内的现象阐述，更重要的是要通过深入解释样本数据中可得到的规律，归纳事物或现象背后的内在机制，从而预测未被收集部分或是同类事物的行为。如果研究不具备普适性，那么很多研究将成为无意义的反复描述。QCA 结果可能仅能支持"有限历史的普适性"观点，研究者可以基于前人使用的命题进行恰当调整用于分析其他类似的案例，从而达到扩展普适性的目的。但尽管如此，QCA 的普适性观点相比于统计方法的普适性观点要保守得多。

5. 方法的复刻性和透明性

QCA 提供了定式化、可复刻的分析路径。定式化是指 QCA 建立在一套独特的语言体系（布尔代数和集合论）之上，并可以将这些规则转变为逻辑。正因为这些规则是定式化的、固定的，所以其具备可复刻操作的特性，即其他研究者用同样的方法来分析同样的数据，会得到相同的结果。这是相比于定性分析方法的最大优势——最大限度避免定性分析过程中的模糊性与主观性，从而提高结果的普适性。而透明性则是 QCA 要求研究者在变量选择、处理、分析工具选择和分析过程干预等各个环节需要做出有意识的操作，同时也要对这些操作进行有理论基础的阐释，从而打开了曾经分析的"黑箱"。

三、QCA 操作程序

不同类型 QCA 的操作程序均包括确定条件变量和变量编码这两个步骤：①确定条件变量。通过深入研究案例材料，建立理论假设，提炼出需要考察的条件变量。条件变量的设定应满足两方面的条件：一是应有扎实的理论支撑，即有充足的文献论证过该条件存在的合理性；二是应可供编码。②对变量进行编码。根据所选择使用的不同软件要求对所有变量（前因条件变量和结果变量）进行编码处理，如在清晰集分析中，对条件是否发生编码为 1 或 0；在模糊集分析中，对条件是否发生编码在 0~1 的区间内。QCA 编码的过程，实质上可以看成是对质化案例进行标准化操作的过程。

不同类型 QCA 的操作程序差异主要是从变量编码这一步骤开始的，且实施步骤稍显复杂，此处以 csQCA 为例介绍其详细的实施步骤。csQCA 的步骤共有五步，分别为：

（一）构建二分数据表

在构建二分数据表之前，研究者应该对于研究主题和相关变量（条件与结果变量）有实质性的理论基础，并且对案例有深入的了解。二分数据是为了将复杂的数据结构简化为 0 或 1 的质性类别。为了更好地二分变量，要注意以下五个要点：

（1）在设定二分阈值时要始终保持透明性。

（2）阈值的设定最好来源于坚实可信的理论基础，以证明设定阈值的科学性。

（3）如果没有理论基础，那么阈值可以基于案例中数据的集中与分布情况进行设定。

（4）不得已时可以使用机械分割点（如平均值、中值、等分割值），但在使用机械分割点时要考虑这样设定阈值是否有意义。

（5）阈值设定可以兼容更复杂的技术进行操作，例如，可以通过对案例的聚类实现阈值的分割，但相应地，聚类的意义以及阈值选定的阐述是必要的。

（二）构建真值表

在二分数据表构建完成后，对其进行"整合"，最后得到的是不同属性特征值构筑的条件与其结果的组合（即组态）及其对应的案例或案例数。在真值表中，共会出现五种类型的组态，其中有一种为无关组态，这种组态应该避免，因为 QCA 技术假定研究者对结果是有兴趣的，因此，该组态不被算在内，剩余的四种组态分别是：

（1）结果为"1"的组态，这种组态意味着在该条件变量构筑下，结果会发生。

（2）结果为"0"的组态，这种组态意味着在该条件变量构筑下，结果没有发生。

（3）标记为"C"的组态，这种组态意味着它为矛盾组态，即对于相同的条件变量构筑，有部分案例的观测结果为 1，也有部分案例的观测结果为 0，从而产生了逻辑矛盾。

在进行 csQCA 的下一步之前，需要解决这种逻辑矛盾的情况。

（4）标记为"L"或"R"的组态，这种组态意味着它为逻辑余项，这些是在经验案例中没有被观测到但可能存在的组态。

针对真值表，需要对真值表或者组态分布的质量进行评估，评估要点有以下四个方面：

（1）是否有矛盾组态。

（2）是否存在有悖常理的组态。例如，所有的条件变量值为 1，结果却是 0，或所有的条件变量都为 0，结果却是 1。

（3）条件变量的交叉多样性是否足够。确保选择的条件变量之间不会在所有的案例中都表现为同一数值，如果出现这种情况就要考虑条件选择阶段是否过于粘连，如果是则要将两个条件进行合并或重新选择条件。

（4）条件变量是否有足够的变化。条件变量不能绝大多数都为 1，也不能绝大多数都为 0，一个被广泛认可的标准是：至少为案例数的 1/3 以上。

（三）解决矛盾组态

在 QCA 中，出现矛盾组态并不意味着实验失败，相反，矛盾组态能给研究者带来很多启发。它能够帮助研究者更深入地去了解案例，反复考虑他的基础理论或观点，并最终达到一个比较一致的数据，这就是 QCA 的迭代过程。针对矛盾组态的解决，有七种方案：

（1）最简单的便是模型复杂化，即直接添加条件因素。模型越复杂，条件因素越多，矛盾的可能性就越小。但是模型不能无限复杂化，否则就会出现违背"有限多样性"的风险，并要求研究者解释很多个体案例。

（2）与模型复杂化相对的，可以删除部分条件，或者选用更具有辨识性的条件进行替代。

（3）重新调整阈值。这种情况更容易出现在平均阈值的情形，还可以考虑通过补充数据或修正数据来调整阈值情况。

（4）重新考量结果变量本身。结果变量可能被设置得过于宽泛或抽象，导致矛盾的出现"合乎逻辑"。因此，结果变量一定要足够明确且能够被观测。

（5）重新审视案例。对于产生矛盾"边界"的案例或者过于特殊的案例，应当从分析中被剔除。

（6）将所有矛盾组态重新编码，使结果更为一致。这种方案是通过牺牲某些组态的结果来换取数据的更一致性。

（7）使用频率来定义结果。例如，有一个涉及 5 个案例的矛盾组态，但是其中 4 个案例结果表现为 1，而另外 1 个案例结果表现为 0。我们可以认为"最常出现的路径胜出"——所有案例的结果都可以被认为是 1 值。但是这样做是有争议的，即便采取这种策略也需要有明确的经验基础或理论基础来辅以解释说明。

如果上述的策略依旧不能处理矛盾组态，那么只能将一些案例从关键最小化过程中移除。对应的有三种做法：

（1）选择继续使用 csQCA，且存在矛盾组态，那么两种选项分别是删除矛盾组态对应的案例或是将它们保留在数据表中然后进行单独解释。

（2）考虑使用 mvQCA 或 fsQCA，因为它们能够从更加细粒度的层次上处理数据。或者说，csQCA 过于简单的二分法导致案例间细微的差异性被掩盖了。

（3）考虑转向其他定量或定性方法研究。

（四）布尔最小化

布尔最小化是 csQCA 将得到的组态进行表达简化而得到最简（简约到无法再简约）结果的操作。由于软件并不识别特定组态中包含的案例数，因此案例数量与布尔最小化过程并没有关系，但各个案例可以通过布尔最小化过程连接到一起，探索核心路径。我们往往要进行两次布尔最小化操作，一次是对结果值为 1 的组态，一次是对结果值为 0 的组态，顺序不重要，重要的是得到的结果。布尔最小化的核心理念即布尔合并。如：

$$A+B+C→D \tag{5-1}$$

$$a+B+C→D \tag{5-2}$$

对于式（5-1）和式（5-2）中的关系来说，无论 A 存在还是不存在都不影响结果 D 的出现，因此，在布尔最小化过程中，A 会被约去，得到下式：

$$B+C→D$$

而通过对 A、B、C 三者条件因素组合的布尔最小化，最终可以识别出产生结果 D 的路径。真正的研究可能远比给出的这个例子要复杂得多，这也是 csQCA 的理念，即尽可能地简单。在简化过程中，还涉及一个被称为"逻辑余项"的问题。逻辑余项是指在有限的案例中，还有一些符合逻辑的组态并没有案例与之对应，这种组态就称为逻辑余项。逻辑余项的纳入可以使得结果以更简单的方式表示，前提是逻辑余项纳入的假设正确，且能够与被观测到的案例组态结合。

（五）解释

csQCA 与其他 QCA 技术一样，它们是形式数据分析技术，通过布尔最小化得到的结果本身并不是目的，更重要的是，在中小样本研究中，能够帮助我们增强对案例的理解，使其明晰化，并梳理出一条对于非对称因果关系的路径。总而言之，QCA 更关注的是"故事"背后的事实或者案例背后产生的原因。这就要由研究者基于得到的结果与经验基础、理论基础来进行阐述。

第二节　结构方程模型

在实际研究的过程中，经常会遇到无法通过数据直接获得的指标变量，即隐性指标。结构方程模型就是一种研究这些隐性指标之间的关系的有效工具。

一、结构方程的内涵

结构方程模型实质上是反映隐性变量和显性变量关系的一组联立方程，其目的就是通过显性变量的测量（即原始数据）来推断或表示隐性变量，并对模型假设的正确性或者合理性进行相关的检验。结构方程模型是一种检验模型的技术，即使用结构模型进行分析的过程其实就是对假设模型检验的过程。在专业的领域或者学科中，研究者需要根据其所具备的本学科的知识，建立相关的结构模型。但是，研究者在建立相关模型的过程中，可能由于知识的不全面，导致所构建的模型不能客观地反映各个事物之间的关系，可能存在与事实的偏离和认识的主观性。为发现模型中存在的问题，并将结构模型修正到最佳状态，就需要应用结构方程模型。

　　一般来说，结构方程的分析步骤是：为了证实该模型的合理性，首先要检验方程是不是可识别的方程。其次对于可以识别的方程，通过收集显性变量的相关值，利用最小二乘法或者最大似然估计的方法对未知的参数进行相关估计。最后对于模型输出的结果，则需要进行相关的拟合效果评价，如果拟合的效果比较理想，就可以通过检验，完成模型；如果拟合的效果不理想，往往需要对模型进行修正，重新设定相关模型。这样的过程需要反复多次。

二、结构方程模型的建模步骤

　　结构方程模型的建模步骤通常分为五步，即模型设定、模型识别、模型估计、模型评价、模型修正，如图 5-1 所示。

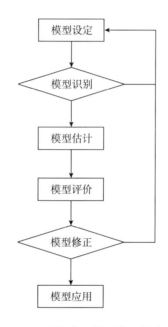

图 5-1　结构方程模型的建模步骤

　　（一）模型设定

　　模型设定是指在进行模型的估计之前，研究者首先要根据相关领域的理论、经验或者相关的研究成果来设定初始的理论模型。为便于阐述，先对相关概念进行界定。①显性变量：可以直接进行测量的变量。②隐性变量：不可以直接进行测量，但可以被显性变量反映出来的变量。③内生变量：受整个系统的影响并且具有测量误差的变量。内生变量既包括显性变量，也包括隐性变量。④外生变量：影响整个系统，但不存在测量误差的相关变量。外生变量既包括显性变量，也包括隐性变量。

　　1. 路径图的简介

　　结构方程模型往往需要通过路径图将其表示出来，对于较为复杂的模型更是如此，所以路径图是研究结构方程模型的基础。

　　（1）路径图中的图标和含义。路径图中的变量也包含着显性变量和隐性变量。各种常用的路径图中的图标和含义如表5-1所示。

表5-1 路径图中的图标和含义

图标	含义
矩形	矩形，表示显性变量
椭圆	椭圆或者圆形，表示隐性变量
单向箭头	单向箭头，表示单向影响或者因果关系
双向箭头	双向箭头，表示相关关系或者协方差

（2）路径图的演示模型。路径图的演示模型如图5-2所示。

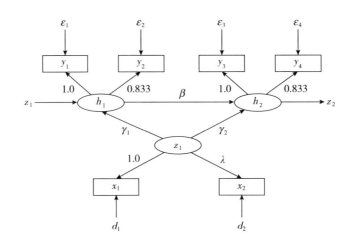

图5-2 路径图的演示模型

图5-2中，y_1、y_2、y_3、y_4、x_1、x_2均为显性变量，h_1、h_2和z_1均为隐性变量，其中，y_1、y_2和y_3、y_4分别测量的是h_1和h_2，而x_1和x_2这两个指标测量的是z_1。

路径图其实提供的是一个假设模型，它表示的是显性变量与隐性变量之间可能存在的相互关系。这种相互关系可以通过路径系数来测量，其中显性变量是可以测量的，而隐性变量则是通过显性变量表示出来的，每个隐性变量都对应着几个显性变量。因此，可以通过显性变量的数据来建立结构方程模型，从而进一步检验模型的合理性，并确定模型的路径系数。

2. 结构方程模型的设定

结构方程模型通常情况下分为两个部分：测量模型和结构模型。测量模型表示的是隐性变量和显性变量之间的关系，结构模型反映的是隐性变量之间的关系。

（1）测量模型。测量模型反映的是显性变量和隐性变量之间的关系，通常情况下，测量方程表示为如下形式：

$$z = \Lambda_z \eta + \varepsilon \tag{5-3}$$

$$x = \Lambda_x \zeta + \delta \tag{5-4}$$

式（5-3）和式（5-4）两个方程即为测量模型，反映的是显性变量与隐性变量之间的关系，由显性变量来定义隐性变量。式（5-3）表示将内生的隐性变量 ε 与内生标识

（即 z）相连接，式（5-4）表示将外生的隐性变量 δ 与内生标识（即 x）相连接。矩阵 Λ_z 和 Λ_x 是 x 和 y 分别对 ζ 和 η 关系的强弱程度的系数矩阵，也就是相关系数。ε 和 δ 分别表示 y 和 x 的测量误差。

在测量模型当中，测量误差应当满足以下四个假设：①方差是常数，其均值为 0；②序列间不存在相关关系；③与内生、外生的隐性变量之间不存在相关关系；④与结构方程的误差不存在相关关系。

（2）结构模型。结构模型表示的是隐性变量之间存在的相互关系，可用如下的关系式表示：

$$\eta = A\eta + \Gamma\zeta + \zeta \tag{5-5}$$

式（5-5）反映的是各个隐性变量之间的相关关系。内生的隐性变量以及外生的隐性变量是通过矩阵 A 和矩阵 Γ 以及误差向量连接起来的。在式（5-5）中，Γ 表示外生变量对内生变量的影响，A 表示的是内生变量之间的影响，ζ 表示的是误差项。

在结构模型当中，误差项应当满足以下三个假设：①方差是常数，其均值为 0；②序列间不存在相关关系；③与外生的隐性变量之间不存在相关关系。

根据以上结构方程的定义，路径（见图 5-2）的结果方程可以写成：

$$y_1 = 1.0\eta_1 + \varepsilon_1$$
$$y_2 = 0.833\eta_1 + \varepsilon_2$$
$$y_3 = 1.0\eta_2 + \varepsilon_3$$
$$y_4 = 0.833\eta_2 + \varepsilon_4$$
$$x_1 = 1.0\zeta_1 + \delta_1$$
$$x_2 = \lambda\zeta_1 + \delta_2$$
$$\eta_1 = \gamma\zeta_1 + \zeta_1$$
$$\eta_2 = \beta\eta_1 + \gamma_2\zeta_1 + \zeta_2$$

这样，测量方程与结构方程均已建立。这只是一个初始的模型，要想得到一个较为理想的模型，还需进行模型的评估和修正。

（二）模型识别

模型识别是指要确定模型参数估计是否能获得唯一解。在一些情况下，如果有些模型被错误地估计，那么求不出唯一的估计解，使得模型无解。

由于结构方程模型具有复杂性，还没有一个统一的判别标准，往往需要具体情况具体分析，但是经常使用的是 t 法则。

在结构方程模型中，设一共有 $m+n$ 个可观测的显性变量，所以一共产生不同的方差以及协方差的个数为 $[(m+n)(m+n+1)/2]$。根据 $\sum(\theta) = \sum$，可以得到 $[(m+n)(m+n+1)/2]$ 个不相同的方程。所以，在结构方程模型中需要进行求解的参数个数 t 就必须满足以下不等式：

$$t \leq [(m+n)(m+n+1)/2] \tag{5-6}$$

式中 t 为待评估模型自由参数的个数。这一不等式称为 t 法则，它是进行模型识别的一个必要条件，如果所要设定的模型不满足 t 法则，说明该模型是不可识别的，那么需要对模型进行重新设定。一般情况下，在使用软件（如 AMOS、LISREL）时，都会对模型进行自动识别。

（三）模型估计

结构方程模型参数估计采用的是方差最小化的原理，利用原始数据值的协方差矩 S 来估计模型成立的时候所提及的理论协方差的矩阵 Σ，如果估计的模型正确，那么有：$\Sigma(\theta) = \Sigma$。由于矩阵 Σ 常常是未知的，在处理问题的时候，可以用 S 来替代 Σ。这就要求根据结构方程模型求得的参数必须使 S 和 Σ 的差异尽可能小，对于两者的差异，定义一个拟合函数表示，记为 $F(S, \Sigma(\theta))$。检验模型拟合度的好坏，其实就是考虑两者之间的差异是否足够小，参数估计的本质就是要求所求得的参数值 θ 的估计值 $\hat{\theta}$，使 $F(S, \Sigma(\theta))$ 最小，为了表述方便，令 $A = \Sigma(\theta)$。

结构方程模型对数据拟合程度所采用的综合指标常常用 F 来表示，则有方程：

$$F = 0.5 t_r \left[w^{-1} (S-A)^2 \right] \tag{5-7}$$

式中，t_r 表示的是矩阵对角线上所有元素的和，w 是人为规定的，不同的 w 通常有不同的拟合方法，最常用的是极大似然估计法和最小二乘法。

（四）模型评价

模型评价是指在取得参数估计值之后，对模型与数据之间的拟合度进行评价，并与替代模型的拟合指标进行比较。

在实际的案例当中，研究者提出了一个相关模型，并需要对模型的合理性以及正确性进行检验。在结构方程模型中，进行模型检验的思路就是将已经收集到的原始数据应用于假设模型，计算模型方差，根据已经求得的未知参数求解各个显性变量之间的相关系数矩阵，进而通过原始数据就可以直接计算出显性变量之间的样本相关系数矩阵。在理论上，这两个系数矩阵应该相等，所以就可以通过构造的指标或者统计量来检验模型的拟合程度。

值得注意的问题是，虽然结构方程对样本量有比较严格的要求，但是各种研究表明，样本量不能过少。当样本数量小于 100 时，即使是正态分布完全满足要求，也会出现解的精确度不够、计算结果反常、不收敛等情况。所以，必须有足够大的样本量。另一个需要注意的问题就是，χ^2 检验中要求其样本量处在 100～200，样本量过大或者过小对结果都存在影响。模型拟合的好坏通过以下指标评价，评价指标及其标准如表 5-2 所示。

表 5-2　指标评价标准

指标名称	评价标准
拟合准则（F）	越接近 0，拟合效果越好
拟合优度指标（GFI）	最大值为 1，越接近 1，拟合效果越好
调整自由度的 GFI 指标（AGFI）	越大越好
均方差残差（RMR）	越小越好
本特勒比较拟合值数（CFI）	越接近 1，拟合效果越好
AIC 准则	AIC 达到最小值最好
CAIC 准则	达到最小值最好
SBC 准则	越小越好
正规指数（NI）	越接近 1，拟合效果越好
非正规指数（NNI）	越接近 1，拟合效果越好
节俭指数（PI）	越大越好
临界指数（CN）	越大越好

（五）模型修正

对模型进行评价的最终目的不是简单地接受或者拒绝一个模型，而是通过不断的修正，使得该模型变得符合实际并通过检验。一个好的模型应该满足以下五个条件：

（1）在测量模型中所有的因子负荷以及结构模型中结构系数的估计值应当都有实际意义。

（2）在模型中，所有固定参数的修正指数（即 MI）均不能过高。

（3）上述的几个拟合指数均达到一般的要求。

（4）决定系数 R^2 应当足够大。

（5）所有的标准拟合残差均小于 1.96。

如果上述的一个或者几个条件没有实现，就需要对模型进行修正，根据具体的结果可以做出以下四点改变：

（1）当不满足上述条件 1 时，可以将这些参数均固定为 0，也就是剔除了相关的自由参数。

（2）当不满足上述条件 2 时，理论上应当只将最大的 MI 参数改为自由参数，即只修改一个固定的路径，然后重新计算所有固定路径的 MI。但是由于对 MI 进行修改之后，其相对应的样本容量也会随之改变，故不能将 MI 的数值作为修改的唯一依据。

（3）当不满足上述条件 4 时，可能是以下三个方面的原因：①缺少较为重要的观察变量；②样本的容量不够大；③设定的初始模型不够准确。

（4）当不满足上述条件 5 时，分为两种情况：①当检验结果中有较大的负标准残差时，需要在初始的模型中添加一个与之相对应的自由参数；②有较大的正标准残差时，需要在初始的模型中删除一个与之相对应的自由参数。针对以上两种情况，不断重复添加或删除，直到标准残差均小于 2 的时候停止。

第三节　定性比较分析法与结构方程模型的适用情境和典型范例

一、定性比较分析法的适用情境

定性比较分析法与结构方程模型均适用于影响分析研究，但在具体适用场景上有所区别；此外，定性比较分析法还适用于治理路径的设计和优化研究；结构方程模型还适用于评价指标体系的构建、满意度评价等领域。

（一）定性比较分析法的适用情境

在影响研究方面，定性比较分析法通过多案例比较分析得到研究结论，其既适用于探索性研究，也适用于先假设后验证模式的研究；既适用于影响因素识别、影响关系分析，也适用于动机识别、影响机理分析，如基于定性比较分析的突发灾难事件中舆情发酵机理分析、突发事件应急决策失效机理分析、上市公司网络舆情危机形成路径识别、AI 语音助手用户虚拟在线体验影响因素分析、信息规避意愿影响因素研究、地市级政府数据开放中数据安全建设影响因素分析、开放政府数据用户采纳意向影响机制分析、智能语音交互用户使用影响因素识别等。

路径设计与优化研究方面，定性比较分析能够从整体性视角出发对研究案例进行比较分析，基于布尔逻辑探寻有效组合路径，进而为信息资源管理实践工作提供指导，如基于定性比较分析法开展区域大数据治理提升路径设计、图书馆自动化系统选型策略设计、政策工具视角下我国省域数字政府高质量建设驱动路径设计、基于 fsQCA 的公共阅读空间有效运行路径分析等。

（二）结构方程模型的适用情境

结构方程模型通过对研究预置假设的检验来得到研究结论，更适用于开展先假设后验证模式的影响研究，对应的研究主题为影响因素识别、影响关系分析等，如基于结构方程模型的移动社交媒体错失焦虑症影响因素研究、科学数据共享意愿影响因素研究、网络健康信息可信性影响因素分析、剽窃意识和剽窃检测工具对科研人员剽窃行为的影响研究、开放政府数据用户采纳意向影响机制研究、学术社交网络信息偶遇行为影响因素研究等。

同时，也有学者开展基于 PLS 结构方程模型进行学术期刊评价的实证研究，包括评价指标体系的构建、满意度评价分析等，对于这些问题，我国信息资源管理领域的研究处于初步探索阶段，较具有代表性的是基于结构方程模型的学术期刊评价指标体系构建及实证、网络信息质量评价指标体系构建及实证、网络服务满意度评价、读者满意度评价。

二、定性比较方法的典型范例

近年来，采用定性比较方法的学术论文常见于信息资源管理学科的中文核心期刊中，下面选择了 10 篇典型范例，供初学者应用该方法开展研究时参考。

［1］朱侯，张明鑫．移动 APP 用户隐私信息设置行为影响因素及其组态效应研究［J］．情报科学，2021，39（7）：54-62．

［2］晏婉暄，艾文华，胡广伟．偶遇信息分享行为的影响因素组态路径研究：基于fsQCA 与多元回归的双重分析［J］．情报理论与实践，2021，44（11）：133-142．

［3］杨小溪，郑珊珊，董庆兴．大学生心理健康信息需求触发路径研究——基于清晰集定性比较分析方法［J］．情报科学，2020，38（7）：30-36．

［4］陈明红，黄涵慧．基于 HSM 的移动搜索行为影响因素及组态效应研究［J］．图书情报工作，2021，65（20）：68-80．

［5］李晚莲，高光涵．突发公共事件网络舆情热度生成机理研究——基于 48 个案例的模糊集定性比较分析（fsQCA）［J］．情报杂志，2020，39（7）：94-100．

［6］甘春梅，邱智燕，徐维晞．基于 fsQCA 的移动地图 APP 持续使用意愿影响因素研究［J］．情报理论与实践，2020，43（11）：110-115．

［7］王芳，张潇天，王宛秋，等．企业创新倾向、吸收能力与跨界技术并购创新绩效——一项模糊集定性比较分析［J］．科技进步与对策，2022，39（14）：83-93．

［8］胡剑，戚湧．开源创新社区用户知识共享行为影响因素研究——基于 SEM 与fsQCA 的实证分析［J］．情报科学，2023，41（9）：59-68+77．

［9］刘春茂，范梦圆，周悦．复杂性系统视角下"语义信息偶遇"影响因素的实证研究［J］．情报理论与实践，2023，46（6）：101-110+135．

［10］聂磊，王继民，易成岐．社会科学研究者使用非调查数据的影响因素研究——基于混合方法的实证［J］．情报理论与实践，2022，45（7）：65-73．

第六章 综合评价法

综合评价法是指使用比较系统的、规范的方法对于多个指标、多个单位同时进行评价的方法，也叫多指标综合评价方法。

多指标综合评价方法就是把多个描述被评价事物不同方面且量纲不同的统计指标，转化成无量纲的相对评价值，并综合这些评价值以得出对该事物一个整体评价的方法系统。综合评价法包括层次分析法、模糊综合评价法、TOPSIS 法等。

第一节 层次分析法

层次分析法（The Analytic Hierarchy Process，AHP），在 20 世纪 70 年代中期由美国运筹学家托马斯·萨蒂（T. L. Saaty）正式提出。层次分析法是一种定性和定量相结合的、系统化、层次化的分析方法。由于它在处理复杂的决策问题上的实用性和有效性，得到世界范围的认可和重视，其应用已遍及经济计划和管理、能源政策和分配、行为科学、军事指挥、运输、农业、教育、人才、医疗和环境等领域。层次分析法将一个复杂的多目标决策问题作为一个系统，将目标分解为多个目标或准则，进而分解为多指标（或准则、约束）的若干层次，通过定性指标模糊量化方法算出层次单排序（权数）和总排序，以作为目标（多指标）、多方案优化决策的系统方法。将决策问题按总目标、各层子目标、评价准则直至具体的备择方案的顺序分解为不同的层次结构，然后用求解判断矩阵特征向量的办法，求得每一层次的各元素对上一层次某元素的优先权重，最后用加权和的方法递阶归并各备择方案对总目标的最终权重，此最终权重最大者即为最优方案。

一、层次分析法的基本思想与基本概念

层次分析法的整体过程体现了人的决策思维活动中分析、判断和综合等基本特征，并将人的主观比较、判断用数量形式进行表达和处理（见图 6-1）。其基本思路是：首先，找出影响决策对象的主要因素，将这些因素按其关联、隶属关系构成递阶层次模型；其次，对同一层次的各元素关于上一层次中某一个准则的重要性进行两两比较，构建两两比较矩阵；最后，在计算被比较元素对于该准则的相对权重的基础上，计算各层元素对系统目标的合成权重并进行排序。

图 6-1 表示了 AHP 的六项基本操作顺序：①将目标概念化，找出研究对象涉及的主要因素；②分析各项因素的关联、隶属关系，构建递阶层次模型；③对于同一层次的各因素关于上一层次中某一准则的重要性进行两两比较，构建判断矩阵；④比较因素对上一层次该准则的相对权重，并进行一致性检验；⑤在单层一致性检验通过的基础上，计算各层

次因素相对于系统目标的合成权重，并进行层次总排序；⑥总一致性检验。

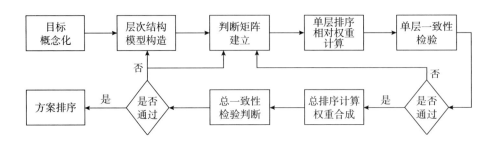

图6-1 层次分析法的操作顺序

虽然 AHP 在应用上需要借助一定的数学工具，而从本质上来看，AHP 是一种思维方法，并不是一种数学模型，是定量分析与定性分析结合的典范，具有高度可靠性、有效性和普适性。

二、层次分析法的基本原理与计算方法

层次分析法的计算方法涉及构建递阶层次结构模型、建立判断矩阵、元素权重排序、一致性检验和层次总排序，具体过程如下：

（一）递阶层次结构模型

在运用 AHP 方法进行决策时，首先要把问题条理化、层次化，构建出一个层次分析的结构模型。该结构模型将复杂问题分解为不同层次，同一层次的元素作为准则受到上一层次元素的支配，同时对下一层次的某些元素起支配作用。这些层次大体上被分为三类：

（1）目标层。这一层次为整个层次结构中的最高层，整个层次只有一个元素，表示分析问题的预定目标或理想结果。

（2）中间层（准则层、子准则层）。为实现目标层所涉及的中间环节，由若干个层次构建而成。

（3）方案层。表示实现目标层的各种可供选择的措施、决策方案等。

我们称这种自上而下的层次结构为递阶层次结构。一个典型的递阶层次结构模型如图6-2所示。

AHP 层次结构具有以下三大特征：

（1）整体结构按自顶向下的顺序存在支配关系。

（2）最高层次的元素，即目标只能有一个；层次数与问题待分析的详细程度及问题的复杂程度有关，理论上可以不受限制，而层次结构中的元素过多会造成两两比较的困难，因此，一般而言，每一层次中各元素所支配的子元素不要超过 9 个，元素过多时需要进一步分组。

（3）层次中属于同一元素的子元素之间的内部联系比子元素与同层次的其他元素的联系要强得多，同一层次的各元素视为互相独立。

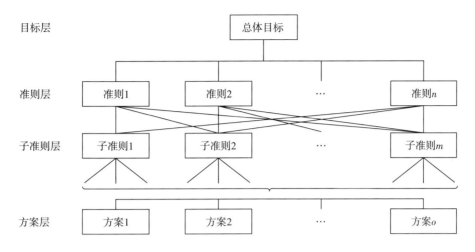

图 6-2　递阶层次结构模型

（二）建立判断矩阵

在确定递阶层次模型后，上下层次之间的元素隶属关系得以确定。接下来，需要按照某种准则对层次间的元素进行比较，构建判断矩阵。在一般的分析评估中，构造判断矩阵的方法是给出一个固定尺度，通过所有因素与之的比值，得出评价量值，即判断矩阵元素值，这种方式被称为绝对标度。然而，对于大多数经济、人文、政治问题，难以找出同一度量的尺度，且不易定量测量。为此，萨蒂改进传统做法，提出了相对标度以构建层次分析中的判断矩阵，即不把所有因素放在一起比较，而是采用元素间两两比较的方式，反映所要比较元素之间的差异性。判断矩阵的一般表达形式可用图 6-3 表示。

a_k	B_1	B_2	$\cdots$	B_j	$\cdots$	B_n
B_1	b_{11}	b_{12}	$\cdots$	b_{1j}	$\cdots$	b_{1n}
B_2	b_{21}	b_{22}	$\cdots$	b_{2j}	$\cdots$	b_{2n}
$\cdots$	$\cdots$	$\cdots$	$\cdots$	$\cdots$	$\cdots$	$\cdots$
B_i	b_{i1}	b_{i2}		b_{ij}	$\cdots$	b_{in}
$\cdots$	$\cdots$	$\cdots$	$\cdots$	$\cdots$	$\cdots$	$\cdots$
B_n	b_{n1}	b_{n2}	$\cdots$	b_{nj}	$\cdots$	b_{nn}

图 6-3　判断矩阵的一般表达形式

其中，a_k 表示 A 层次中的第 k 个因素；B_1，B_2，$\cdots$，B_n 表示受到 a_k 制约的下一层次因素；b_{ij} 表示 B_i 与 B_j 之间的两两比值矩阵。根据心理学与实际应用效果，萨蒂为比值矩阵设计了 1~9 尺度法，其含义如表 6-1 所示。

表6-1 比例标度及其含义

标度	含义
1	表示两个因素相比，具有同样的重要性
3	表示两个因素相比，一个因素比另外一个因素稍微重要
5	表示两个因素相比，一个因素比另外一个因素明显重要
7	表示两个因素相比，一个因素比另外一个因素强烈重要
9	表示两个因素相比，一个因素比另外一个因素极端重要
2、4、6、8	上述两相邻判断的中值
$1、\frac{1}{2}、\cdots、\frac{1}{9}$	因素 i 与 j 比较的判断 a_{ij}，则因素 j 与 i 比较的判断 $a_{ji}=\dfrac{1}{a_{ij}}$

将两两比较的相对标度方法与传统的绝对标度方法相比，不仅可以减少比较的次数，还可以降低个别判断错误对总体排序所造成的影响，进而避免系统性判断错误。当然，在两两比较时，由于客观事物的复杂性与人们认知能力的局限性，不一致性在所难免，此时就需要对判断矩阵的一致性进行程度估计与控制，具体的步骤将在后续章节给出。

（三）元素权重排序

这一步我们要在上述准则已建立的情况下，解决元素权重排序的计算问题。由元素之间两两比较判断矩阵导出排序权重的方法有很多，例如，和积法、特征根法、对数最小二乘法、上三角元素法等，其中特征根法是最早提出，应用最广泛且包含重要理论意义的方法。

首先举一个例子。假设有 n 个学生 A_1，A_2，$\cdots$，A_n，其在图书馆借阅图书的数量分别为 L_1，L_2，$\cdots$，L_n，将这些学生借阅图书的数量相互比较，可得到将图书数量比值作为元素构成的判断矩阵 A：

$$A=\begin{bmatrix} \dfrac{L_1}{L_1} & \dfrac{L_1}{L_2} & \cdots & \dfrac{L_1}{L_n} \\ \dfrac{L_2}{L_1} & \dfrac{L_2}{L_2} & \cdots & \dfrac{L_2}{L_n} \\ \vdots & \vdots & \ddots & \vdots \\ \dfrac{L_n}{L_1} & \dfrac{L_n}{L_2} & \cdots & \dfrac{L_n}{L_n} \end{bmatrix}=(a_{ij})_{n\times n} \tag{6-1}$$

显然有：$a_{ij}=1/a_{ji}$，$a_{ij}=a_{ik}/a_{jk}$，$(i,j,k=1,2,\cdots,n)$。

用向量 $L=(L_1,L_2,\cdots,L_n)^T$ 右乘矩阵 A 得：

$$AL=\begin{bmatrix} \dfrac{L_1}{L_1} & \dfrac{L_1}{L_2} & \cdots & \dfrac{L_1}{L_n} \\ \dfrac{L_2}{L_1} & \dfrac{L_2}{L_2} & \cdots & \dfrac{L_2}{L_n} \\ \vdots & \vdots & \ddots & \vdots \\ \dfrac{L_n}{L_1} & \dfrac{L_n}{L_2} & \cdots & \dfrac{L_n}{L_n} \end{bmatrix}\begin{bmatrix} L_1 \\ L_2 \\ \vdots \\ L_n \end{bmatrix}=n\begin{bmatrix} L_1 \\ L_2 \\ \vdots \\ L_n \end{bmatrix}, \quad 即\ AL=nL \tag{6-2}$$

根据矩阵原理，如果矩阵满足式（6-1）和式（6-2），那么说明矩阵具有完全一致性，且 n 是矩阵 A 的唯一非零的、最大的特征根，L 是与最大特征根对应的特征向量。要使得最大特征根存在，即要使 $AL = \lambda_{max}L$ 存在非零解向量。因此，通过判断矩阵求解矩阵最大特征根的方式，就可以获得子准则对上一准则的相对重要性排序。

计算特征根与对应特征向量的方法有很多种，一般采用幂法。在精度要求不高的情况下，还可以采用和积法和方根法近似计算。

1. 幂法

其计算步骤为：

（1）设初始正向量为 w_0，例如，$x_0 = (x_1^{(0)}, x_2^{(0)}, \cdots, x_n^{(0)})^T$。

（2）$k = 0$，计算：

$$m_0 = \| x_1^{(0)} \|_{\infty} = \max_i \{ x_i^{(0)} \} \tag{6-3}$$

$$y^{(0)} = \frac{1}{m_0} x^{(0)} \tag{6-4}$$

这一步为数据归一化。

（3）迭代计算：

$$x^{(k+1)} = Ay^{(k)} \tag{6-5}$$

$$m_{k+1} = \| x^{(k+1)} \|_{\infty} \tag{6-6}$$

$$y^{(k+1)} = \frac{x^{(k+1)}}{m_{k+1}} \tag{6-7}$$

（4）当 $|m_{k+1} - m_k| < \varepsilon$ 时，停止迭代计算。

（5）计算：

$$w = \frac{y^{(k+1)}}{\| y^{(k+1)} \|_1} \| y^{(k+1)} \|_1 = \sum_{i=1}^{n} y_i^{(k+1)} \tag{6-8}$$

$$\lambda_{max} = m_{k+1} \tag{6-9}$$

式中：λ_{max} 和 w 就是所要求的特征根和相应的特征向量。

2. 和积法

设判断矩阵为图 6-3 所设形式，和积法的计算步骤如下：

（1）将判断矩阵按列进行归一化处理。

$$\overline{b_{ij}} = \frac{b_{ij}}{\sum\limits_{i=1}^{n} b_{ij}} \quad (i, j = 1, 2, \cdots, n) \tag{6-10}$$

（2）将归一化后的矩阵按行相加。

$$\overline{w_{ij}} = \sum_{j=1}^{n} b_{ij} \quad (i = 1, 2, \cdots, n) \tag{6-11}$$

（3）将所得向量归一化，得排序权向量 w_i。

$$w_i = \frac{\overline{w_i}}{\sum\limits_{k=1}^{n} \overline{w_k}} \quad (i = 1, 2, \cdots, n) \tag{6-12}$$

式中：w_i 即为判断矩阵的特征向量。

（4）计算最大特征根。

$$\lambda_{max} = \sum_{i=1}^{n} \frac{(Aw)_i}{nw_i} \quad (i = 1, 2, \cdots, n) \tag{6-13}$$

式中：$(Aw)_i$ 表示向量 Aw 的第 i 个元素。

3. 方根法

同样设判断矩阵为图 6-3 的形式，方根法的计算步骤如下：

（1）判断矩阵元素按行相乘，得 M_i：

$$M_i = \prod_{j=1}^{n} b_{ij} \quad (i = 1, 2, \cdots, n) \tag{6-14}$$

（2）将 M_i 开 n 次方，得 $\overline{w}_i$：

$$\overline{w}_i = \sqrt[n]{M_i} \tag{6-15}$$

（3）将方根向量归一化，得排序权向量 w_i：

$$w_i = \frac{\overline{w}_i}{\sum_{k=1}^{n} \overline{w}_k} \quad (i = 1, 2, \cdots, n) \tag{6-16}$$

（4）计算最大特征根：

$$\lambda_{\max} = \sum_{i=1}^{n} \frac{(Aw)_i}{nw_i} \tag{6-17}$$

式中：$(Aw)_i$ 表示向量 Aw 的第 i 个元素。

（四）一致性检验

在判断矩阵具有完全一致性时，具有最大特征根为 n。然而，在现实判断中，由于判断条件的多样性与复杂性，要求专家前后判断完全符合一致性，显得太过苛刻。萨蒂认为，如果不一致性在很小且在允许的范围之内，那么可以考虑接受所得到的判断结论；如果不一致性超出一定范围，那么拒绝专家的对比判断。那么，什么是不一致性的允许范围？在应用中，可以使用特征 λ_1，λ_2，$\cdots$，λ_n 的负平均值偏离零的大小来衡量判断矩阵不一致程度。

$$C.I. = \frac{\lambda_{\max} - n}{n - 1} \tag{6-18}$$

式中：$C.I.$ 为判断矩阵的一致性指标，用于评估判断矩阵的一致性大小。显然，$C.I.$ 的值越小，判断矩阵的一致性就越好。然而判断矩阵的一致性不仅受专家的知识、经验的影响，还会受到矩阵阶数即判断元素个数多少的影响。所需比较的元素越多，判断矩阵的阶数越高，判断矩阵的一致性就越难达到，因此，判断矩阵的接受临界值不能一概而论，需要根据矩阵的不同阶数予以修正。应用中普遍被接受的是萨蒂提出的用平均一致性指标 $R.I.$ 修订 $C.I.$ 的方法，其计算过程如下：

（1）对于 n 阶矩阵，独立重复随机地从 1，2，$\cdots$，9，$\frac{1}{2}$，$\cdots$，$\frac{1}{9}$ 中取值，作为矩阵上三角元素，主对角线元素取 1，上三角元素的倒数作为下三角元素；

（2）计算矩阵的一致性指标 $C.I.$；

（3）重复以上步骤以获得足够数量的样本，计算 $C.I.$ 的样本平均值。

（五）层次总排序

在获得单一准则排序后，还需进行整体的层次总排序，此时采用逐层叠加的方法，自顶向下逐层进行合成计算（见表 6-2）。假设准则层的第一层次 A 包含 m 个元素 A_1，

A_2，…，A_m，下一层次的子准则层包含 n 个元素 B_1，B_2，…，B_n，已知 A 层单层排序权值 a_1，a_2，…，a_m 及 B 层对于 A 层元素 A_j 的层次排序权值 b_{1j}，b_{2j}，…，b_{nj}，则层次 B 对总目标的层次总排序值由表6-2给出。

其中，$a_j b_{ij}$ 为元素 b_i 对总目标的权重贡献，$\sum\limits_{j=1}^{m} a_j b_{ij}$ 为元素 b_i 相对于总目标的合成权重。以此类推，可以推算出所有层次对总目标的层次总排序值。当然，层次总排序同样需要进行一致性检验。与单层排序一致性检验相同，假设 B 层次构建的判断矩阵的一致性指标为 $C.I._j$，相应的平均随机一致性指标为 $R.I._j$，则 B 层次的总排序的随机一致性比率 $C.R.$ 为：

$$C.R. = \frac{\sum\limits_{j=1}^{m} a_j C.I._j}{\sum\limits_{j=1}^{m} a_j R.I._j} \tag{6-19}$$

表6-2 层次总排序权值

层次 A / 层次 B	A_1，A_2，…，A_m a_1，a_2，…，a_m	层次总排序权值
B_1	b_{11}，b_{12}，…，b_{1m}	$\sum\limits_{j=1}^{m} a_j b_{1j}$
B_2	b_{21}，b_{22}，…，b_{2m}	$\sum\limits_{j=1}^{m} a_j b_{2j}$
…	…	…
B_n	b_{n1}，b_{n2}，…，b_{nm}	$\sum\limits_{j=1}^{m} a_j b_{nj}$

同样，与单一准则排序类似，当 $C.R. \leqslant 0.1$ 时，可以认为总排序结果具有令人满意的一致性。

第二节 模糊综合评价法

客观世界中存在着大量模糊现象及模糊概念，同时，随着科学与社会的快速发展，研究问题不断复杂化，研究系统难以被精确地计量。模糊数学就是用来解决模糊事物计量方面问题的数学工具。模糊综合评价法是借助模糊数学的一些概念，对实际问题进行综合评价的方法。通过模糊数学的隶属度理论将事物的模糊评价指标进行量化，能对非确定性的问题做出比较科学、合理、贴近实际的量化评价。常见的模糊集隶属度方法主要有模糊统计法、三分法、二元比较法、套用函数分布法四种。

一、模糊综合评价法概述

（一）模糊综合评价法的定义

模糊综合评价是以综合评价为基础，借助模糊数学的部分概念，应用模糊关系合成原理，将一些不易定量的、边界不清的概念定量化，从而进行综合评价的一种方法，适用于评价因素具有模糊性的综合评价系统。

（二）模糊综合评价法的基本思想与基本概念

综合评价是对受到多种因素影响的事物或系统的总评估。当影响因素具有模糊性时，该评价方法被称为模糊综合评价。模糊综合评价通过构造等级模糊子集把事物的模糊评价指标进行量化（即确定隶属度），然后利用模糊变换原理对各指标评价进行综合，一般由以下六个过程组成：

（1）确定评价对象的影响因素论域 $U=\{u_1, u_2, \cdots, u_n\}$。

（2）确定评价等级论域 $V=\{v_1, v_2, \cdots, v_m\}$。即事物总体评价等级，每一个等级对应一个模糊子集。在这里，评价等级 m 为整数，m 过小不满足综合评价的质量要求，m 过大又存在难以描述、不易判断等级归属的问题。一般情况下，m 取奇数，以便存在一个中间等级，方便专家判断被评事物的等级归属。

（3）建立模糊评判矩阵 R。从每个因素 u_i（$i=1, 2, 3, \cdots, p$）对被评事物逐个进行量化，即从单因素评价被评事物对各个评价等级的隶属度（$R \mid u_i$），从而得到模糊评判矩阵 R。

$$R = \begin{bmatrix} R \mid u_1 \\ R \mid u_2 \\ \cdots \\ R \mid u_p \end{bmatrix} = \begin{bmatrix} r_{11} & r_{12} & \cdots & r_{1m} \\ r_{21} & r_{22} & \cdots & r_{2m} \\ \vdots & \vdots & \ddots & \vdots \\ r_{p1} & r_{p2} & \cdots & r_{pm} \end{bmatrix}_{p \times m} \tag{6-20}$$

式中：r_{ij}（$i=1, 2, \cdots, p$；$j=1, 2, \cdots, m$）表示某个被评事物从评价因素 u_i 来看属于评价等级 v_j 的隶属度。

（4）确定评价因素的权值向量 $A=(a_1, a_2, \cdots, a_p)$。这一步骤确定了 p 个评价因素对被评事物的重要性。权向量中 a_i（$i=1, 2, \cdots, p$）表示因素 u_i 对被评事物的重要程度。在模糊评判矩阵合成之前，权值向量需要进行归一化。

（5）计算模糊综合评价向量 B。采用合适的合成算法将评判矩阵 R 与权值向量 A 合成，得到各个被评事物的模糊综合评价结果向量 $B=(b_1, b_2, \cdots, b_m)$。

$$AR = (a_1, a_2, \cdots, a_p) \begin{bmatrix} r_{11} & r_{12} & \cdots & r_{1m} \\ r_{21} & r_{22} & \cdots & r_{2m} \\ \vdots & \vdots & \ddots & \vdots \\ r_{p1} & r_{p2} & \cdots & r_{pm} \end{bmatrix} = B \tag{6-21}$$

式中：b_j（$j=1, 2, \cdots, m$）是由 A 与 R 的列运算所得的，表示被评事物从整体上看 v_j 等级的隶属度。

（6）分析模糊综合评价向量。每一个模糊综合评价向量对应一个被评事物的模糊综合评价结果，对其进行排序、分析，实现模糊综合评价的实际应用。

在上述模糊综合评价的六个基本步骤中，单因素评价矩阵 R 和权重向量 A 的建立是两项最为关键性的工作，一般采用统计实验或专家评分方法求得。

二、基本原理与计算方法

（一）模糊隶属度与隶属函数

模糊隶属度与隶属函数是模糊数学的重要概念，也是模糊数学区别于经典数学的最显著特征之一。根据经典集合论，一个概念的内涵和外延必须是明确的，能够用"真"或"假"进行描述。例如，"这本书的价格是30元"只能判断为"真"或"假"。然而，如果判断模糊概念时，如评价这本书的内容是否有价值，"价值"这个概念不能仅用单纯的"真"或"假"进行度量。为此，Zadeh把集合从"0"或"1"的二取值推广到[0，1]闭区间，用0~1的实数进行概念的度量，这个实数即为隶属度。当用一个函数描述隶属度的变化规律时，这个描述函数即为隶属函数。上述例子中，当90%的人认为这本书的内容有价值时，我们就可以认为，命题"这本书的内容有价值"的隶属度为0.9。

那么，隶属函数又该如何确定呢？实际应用中，常见的确定模糊集隶属函数的方法主要有模糊统计法、三分法、二元对比法三种。

1. 模糊统计法

模糊统计法借用概率统计思想，通过大量实验操作的方式确定隶属度，是确定隶属函数的一种主要方法。比如要确定论域U上的模糊集合A的隶属函数$\mu_A(u)$，在U中选择一个元素$u_0 \in U$，再考虑U上的一个集合A^*，A^*对应于A，是一个动态的经典集合。每次模糊统计实验要判定u_0是否属于A^*，要做出明确的判断，要么$u_0 \in A^*$，要么$u_0 \notin A^*$，而且A^*在每次实验中可能有变化，因此A^*是动态的、边界可变的经典集合。如果进行了n次模糊统计实验，那么u_0对A的隶属频率：

$$t = \frac{u_0 \in A^* \text{的次数} m}{n} = \frac{1}{n}\sum_{j=1}^{n}\mu_{A^*}^{j}(u_0) \tag{6-22}$$

式中：$\mu_{A^*}^{j}(u_0)$表示第j次判定集合A^*的特征函数对u_0的取值。

在n次这样的实验中，其中，m次$u_0 \in A^*$，我们称m/n为u_0对A的隶属频率t，即：

$$t = \frac{m}{n} = \frac{u_0 \in A^* \text{的次数}}{\text{实验总次数}} \tag{6-23}$$

随着n的增大，隶属频率也趋于稳定，频率所稳定的值为u_0对A的隶属度。对$\forall u \in U$都得到隶属度，就得到了A的隶属函数。

2. 三分法

三分法的基本思想是用随机区间来处理模糊性的实验模型，将模糊实验转换为以下随机实验。

设$(\xi，\eta)$是满足$P(\xi \leq \eta) = 1$的二位随机变量。对于通过抽样调查求得ξ和η的概率分布$(\xi，\eta)$的任意取点，都有这样一个映射：

$$f(\xi，\eta)：X \to P_3 = \{\tilde{A}_1，\tilde{A}_2，\tilde{A}_3\} \tag{6-24}$$

$$f(\xi，\eta)(x)：X \to P_3 = \begin{cases} \tilde{A}_1，& x < \xi \\ \tilde{A}_2，& \xi \leq x \leq \eta \\ \tilde{A}_3，& x > \eta \end{cases} \tag{6-25}$$

由此，模糊统计试验所确定的三项隶属函数为：

$$\tilde{A}_1(x) = \int_{x}^{+\infty} P_{\xi}(t)dt \tag{6-26}$$

$$\tilde{A}_3(x) = \int_{-\infty}^{x} P_\eta(t)\,dt \tag{6-27}$$

$$\tilde{A}_2(x) = 1 - \tilde{A}_1(x) - \tilde{A}_3(x) \tag{6-28}$$

式中：$P_\xi(x)$ 和 $P_\eta(x)$ 分别为 ξ、η 边缘分布密度函数，一般为正态分布，如图 6-4 所示。

设 ξ：$N(a_1, \sigma_1^2)$，η：$N(a_2, \sigma_2^2)$，则上述三项隶属函数为：

$$\tilde{A}_1(x) = 1 - \phi\left(\frac{x-a_1}{\sigma_1}\right) \tag{6-29}$$

$$\tilde{A}_3(x) = \phi\left(\frac{x-a_2}{\sigma_2}\right) \tag{6-30}$$

$$\tilde{A}_2(x) = \phi\left(\frac{x-a_1}{\sigma_1}\right) - \phi\left(\frac{x-a_2}{\sigma^2}\right) \tag{6-31}$$

式中：$\phi(x) = \int_{-\infty}^{x} \frac{1}{\sqrt{2\pi}} e^{-\frac{t^2}{2}}\,d$。

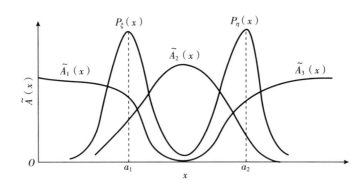

图 6-4　三项隶属函数

3. 二元对比法

二元对比法是通过将事物两两对比，据此确定排序，从而大致确定隶属函数的方法。在现实应用中，被调查者往往很难直接评价事物对某个模糊集的隶属程度，而更习惯于两两比较，即二元对比。二元对比法按照整体排序方式可分为优先关系定序法、择优比较法、相对比较法和对比平均法四种，这里介绍优先关系定序法这一排序方法。

设有 $S = \{S_1, S_2, \cdots, S_n\}$ 个对象。先在这些对象之间建立一种优先关系。以 c_{ij} 表示 s_i 相较于 s_j 的优先成分，要求满足：

$$\begin{cases} c_{ii} = 0, \ 0 \leqslant c_{ij} \leqslant 1 \ (i \neq j) \\ c_{ij} + c_{ji} = 1 \end{cases} \tag{6-32}$$

上述两式表示两个对象相比，与自身相比没有优势而言，因此 $c_{ii} = 0$；将一者优于另一者的地方合在一起算作优越成分的总量，记为 1，即 $c_{ji} + c_{ij} = 1$。按照这种评判规则得到优先关系矩阵 $C = (c_{ij})$。

取一定阈值 $\lambda \in [0, 1]$，求得截割矩阵 $C_\lambda = (C_{ij}^\lambda)$：

$$C_{ij}^\lambda = \begin{cases} 1, & C_{ij} \geqslant \lambda \\ 0, & C_{ij} < \lambda \end{cases} \tag{6-33}$$

将 λ 从 1~0 依次递减选取，如果首次出现截割矩阵的某一行元素除对角线元素之外的元素全为 1 的情况，那么那一行元素代表的对象为第一优先对象，可以不唯一。去除第一优先对象后获得新的优先关系矩阵，使用类似方式获得第二优先对象，以此类推，直至获得所有对象的优先排序。

（二）数学模型

上文提到，采用合适的合成算法实现评判矩阵 R 与权值向量 A 的合成，从而获得模糊评价矩阵，这里的合成算法即为模糊综合评价的数学模型，一般有以下五种：

（1）模型一：M（$\wedge$，$\vee$）。模型一主要通过取大取小计算实现矩阵合成，在如式（6-6）所示的综合评价中，$\widetilde{B}$ 中的第 j 个元素 b_j 可通过以下公式计算：

$$b_j = \bigvee_{i=1}^{n} (a_i \wedge r_{ij}) \quad j = 1, 2, \cdots, m \tag{6-34}$$

这种方式先在 a_i 与 r_{ij} 之间选择较小值，再从 n 个较小值中，选择最大值作为计算结果。模型只对主要因素做出评判，忽略次要因素作用，且当评判因素过多时，由于 a_i 较小，所以评判结果得到的 b_j 不能反映实际情况。在实际应用中，人们常常将模型一结合其他类型的"与""或"算子搭配使用。

（2）模型二：M（$\cdot$，$\vee$）。这种模型与矩阵点乘类似，不同的是对各项相乘的结果没有采用相加的方式，而是取大运算。此时，b_j 的计算为：

$$b_j = \bigvee_{i=1}^{n} (a_i \cdot r_{ij}) \quad j = 1, 2, \cdots, m \tag{6-35}$$

该模型较好地反映了单因素评价结果的重要程度。

（3）模型三：M（$\wedge$，$\oplus$）。该模型结合了取小运算与环和运算两种计算方式。其中环和运算 $\oplus$ 表示上限为 1 求和运算，即两数相加，如果小于 1，那么取相加结果；如果大于等于 1，那么取 1。利用这两种计算方式，b_j 的计算为：

$$b_j = \min\left[1, \sum_{i=1}^{n} a_i \wedge r_{ij}\right] \quad j = 1, 2, \cdots, m \tag{6-36}$$

（4）模型四：M（$\cdot$，$\oplus$）。类似地，有：

$$b_j = \min\left[1, \sum_{i=1}^{n} a_i \cdot r_{ij}\right] \quad j = 1, 2, \cdots, m \tag{6-37}$$

（5）模型五：M（$\cdot$，+）。该模型即为原始的矩阵点乘方式，计算公式为：

$$b_j = \sum_{i=1}^{n} a_i \cdot r_{ij} \quad j = 1, 2, \cdots, m \tag{6-38}$$

模型五保留了单因素评价的所有信息，考虑了所有因素对评价结果的影响。需要注意的是，使用该模型进行计算之前要对 a_i 进行归一化。

上述五种数学模型中，模型一到模型四都是在某些限制条件下计算评价结果的，在一定程度上丢失了部分重要信息，适用于单因素侧重评价的环境；模型五则保留了所有评价信息，更适用于需要全面考虑各因素影响的情况。在具体的实际应用中，需根据评价侧重点和评价对象特点选择合适的数学模型。

第三节 TOPSIS 法

TOPSIS（Technique for Order Preference by Similarity to an Ideal Solution）法称为接近理想解的排序法，又称双基点法，该方法是一种常用的综合评价方法，能够较为充分地利用原始数据的信息，分析后的结果也能精确地反映各评价对象之间的差距，比较适用于多目标的决策分析。

一、TOPSIS 法的基本思想

TOPSIS 的基本思想是根据候选方案与理想解（理想方案）的接近程度对其进行排序。具体而言，该方法通过计算候选方案与正理想解、负理想解的距离对候选方案进行评价与排序。正理想解是一种假想的最优解（最优方案），它的各项指标值都达到所有候选方案中的最优值；负理想解是一种假想的最劣解（最劣方案），它的各项指标值都达到所有候选方案中的最差值。如果某候选方案最靠近正理想解同时又最远离负理想解，那么为最优。如图 6-5 所示，有两个评价指标 f_1 和 f_2，三种候选方案 A_1、A_2 和 A_3，可以计算出正理想解 A^+ 和负理想解 A^-，进而可以根据三种候选方案到 A^+ 和 A^- 的距离对它们进行排序。

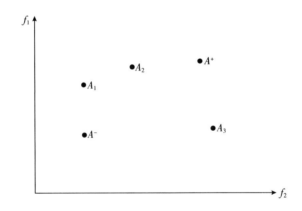

图 6-5 TOPSIS 法

为了将各项评价指标（目标）放到同一坐标空间中，以便计算各候选方案和理想方案之间的距离，需要解决目标方向和度量单位不统一的问题。TOPSIS 法通过目标同向化解决目标方向不统一的问题，通过数据规范化（去除量纲）解决各项指标度量单位不统一的问题。

假设某多目标问题有 m 种候选方案：a_1，a_2，…，a_m，同时有 n 个衡量方案优劣的指标（目标）：o_1，o_2，…，o_n，其评价值构成决策矩阵 $X = (x_{ij})_{m \times n}$，其中 x_{ij} 表示候选方案 a_i 在指标 o_j 上的取值。

二、TOPSIS 法的实施步骤

TOPSIS 法的主要步骤包括以下七个：①目标同向化；②构造规范化矩阵；③构造赋权矩阵；④确定正理想解和负理想解；⑤计算各候选方案到正理想解和负理想解的距离；⑥计算各候选方案 a_i 与理想解的接近程度 C_i；⑦按与理想解的接近程度 C_i 由大到小对候选方案进行排序。本节以数据库平台选择的案例对 TOPSIS 法的实施步骤展开介绍。某高校希望从四家数据库平台中选择一家，为学生提供服务。四家数据库平台在不同评价指标下的表现如表6-3所示。

表6-3 仓储服务商评价指标数据

数据库平台	学生满意度	资产规模（万元）	平台使用费（万元/年）	行业经验（年）
A	80	1500	50	11
B	100	2700	40	4
C	70	3000	60	8
D	88	1800	25	4

根据指标1（学生满意度），最优方案为平台B，其学生满意度最高；根据指标2（资产规模），最优方案为平台C，其资产规模最大；根据指标3（平台使用费），最优方案为平台D，其年使用费最低；根据指标4（行业经验），最优方案为平台A，其行业经验最丰富。可以看出，根据不同指标，候选方案的排名及最优方案都不同。具体的实施步骤有以下四个：

1. 目标同向化

在通常的分析过程中，一般会遇到四种指标类型：极大型（效益指标）、极小型（成本指标）、中间型和区间型指标。极大型指标的特点是数值越大，优先度越高；极小型指标的特点是数值越小，数值越高；中间型指标的特点是与某一值越靠近，优先度越高；区间型指标的特点是以落在某个特定的区间为优。对于TOPSIS分析方法来说，在计算的过程中需要将原始数据同趋势化，一般选择指标正向化，即将极小型指标、中间型指标和区间型指标转化为极大型指标。对于极小型指标 o_j，如成本、风险等，可通过求倒数或是相反数转换为最大化目标：

$$x'_{ij}=\frac{1}{x_{ij}}, \quad (x_{ij}>0) \tag{6-39}$$

或 $x'_{ij}=M-x_{ij}$ (6-40)

其中，M 为指标 o_j 可能取的最大值。对表6-3中的平台使用费（极小型指标）进行转换可得表6-4。

表6-4 目标同向化决策矩阵

数据库平台	学生满意度	资产规模（万元）	平台使用费（万元/年）	行业经验（年）
A	80	1500	1/50	11
B	100	2700	1/40	4
C	70	3000	1/60	8
D	88	1800	1/25	4

对于区间型指标 o_j，例如温度、湿度等，可进行如下转换：

$$x'_{ij} = \begin{cases} 1 - \dfrac{a - x_{ij}}{a - a^*}, & x_{ij} < a \\ 1, & a \leq x_{ij} \leq b \\ 1 - \dfrac{x_{ij} - b}{b^* - b}, & x_{ij} > b \end{cases} \qquad (6\text{-}41)$$

其中，$[a, b]$ 为指标 o_j 的最佳稳定区间，$[a^*, b^*]$ 为指标 o_j 的最大容忍区间。

2. 数据规范化与目标赋权

为解决各项指标度量单位不统一的问题，需要对决策矩阵进行数据规范化处理，进而得到规范化的决策矩阵 $Y = (y_{ij})_{m \times n}$。对每个指标 o_j 的取值向量 $(x_{1j}, x_{2j}, \cdots, x_{mj})^T$ 通过数据规范化，使其变为长度为 1 的单位向量，即使得同一指标下各方案取值的平方和为 1：

$$y_{ij} = \dfrac{x_{ij}}{\sqrt{\sum\limits_{i=1}^{m} x_{ij}^2}} \qquad (6\text{-}42)$$

对表 6-4 进行数据规范化处理后可得规范化决策矩阵，如表 6-5 所示。

表 6-5　规范化决策矩阵

数据库平台	学生满意度	资产规模	平台使用费（万元/年）	行业经验
A	0.47	0.32	0.37	0.75
B	0.58	0.58	0.46	0.27
C	0.41	0.64	0.31	0.54
D	0.52	0.39	0.74	0.27

通过目标同向化和数据规范化能够解决记分模型中候选方案针对各指标的满意度赋值问题，但是各指标的相对重要程度还需要决策者给定。设决策者给定的目标权重向量为 $\omega = (\omega_1, \omega_2, \cdots, \omega_n)^T$，通过加权求和可得赋权决策矩阵 $Z = (z_{ij})_{m \times n}$，其中：

$$z_{ij} = \omega_i x_{ij} \qquad (6\text{-}43)$$

例如，针对上述的数据库平台的选择问题，设指标权重向量为 $\omega = (0.4, 0.1, 0.3, 0.2)^T$，对表 6-5 进行赋权可得赋权决策矩阵，如表 6-6 所示。

表 6-6　赋权决策矩阵

数据库平台	学生满意度	资产规模	平台使用费（万元/年）	行业经验
A	0.19	0.03	0.11	0.15
B	0.23	0.06	0.14	0.05
C	0.16	0.06	0.09	0.11
D	0.21	0.04	0.22	0.05

3. 理想解

TOPSIS 法假设存在两个理想解：正理想解（最优情况）和负理想解（最劣情况）。正理想解是理想的最优方案，由赋权决策矩阵 Z 中每列（每个指标）元素的最大值构成，即：

$$Z^+ = (z_1^+, z_2^+, \cdots, z_n^+) \qquad (6\text{-}44)$$

其中，$z_i^+ = \max_j z_{ij}$，例如，表6-6的正理想解 $Z^+ = (0.23, 0.06, 0.22, 0.15)$。负理想解是假想的最劣方案，由赋权决策矩阵 Z 中每列（每个指标）元素的最小值构成，即：

$$Z^- = (z_1^-, z_2^-, \cdots, z_n^-) \tag{6-45}$$

其中，$z_i^- = \min_j z_{ij}$，例如，表6-6的负理想解 $Z^- = (0.16, 0.03, 0.09, 0.05)$。

4. 候选方案排序

基于赋权决策矩阵，可以计算出各候选方案到正理想解和负理想解的距离。候选方案 a_i 到正理想解 Z^+ 的距离为：

$$d_i^+ = \sqrt{\sum_{j=1}^{n} (z_j^+ - z_{ij})^2} \tag{6-46}$$

候选方案 a_i 到负理想方案 Z^- 的距离为：

$$d_i^- = \sqrt{\sum_{j=1}^{n} (z_{ij} - z_j^-)^2} \tag{6-47}$$

针对表6-6的赋权决策矩阵和对应的理想解，可以计算出各候选方案到理想解的距离，如表6-7所示。

表6-7 候选方案到理想解的距离

数据库平台	学生满意度	资产规模	平台使用费（万元/年）	行业经验	距离 d_i^+	距离 d_i^-
A	0.19	0.03	0.11	0.15	0.12	0.10
B	0.23	0.06	0.14	0.05	0.13	0.09
C	0.16	0.06	0.09	0.11	0.15	0.06
D	0.21	0.04	0.22	0.05	0.10	0.14
正理想解 Z^+	0.23	0.06	0.22	0.15		
负理想解 Z^-	0.16	0.03	0.09	0.05		

基于候选方案 a_i 到正理想解 Z^+ 的距离 d_i^+ 和到负理想解 Z^- 的距离 d_i^-，可计算出它与理想解的接近程度：

$$C_i = \frac{d_i^-}{d_i^+ + d_i^-} \tag{6-48}$$

$0 \leq C_i \leq 1$，C_i 越接近1（即 $C_i \to 1$），表明候选方案 a_i 越优。本例中各候选方案与理想解的接近程度如表6-8所示。

表6-8 候选方案与理想解的接近程度

数据库平台	学生满意度	资产规模	平台使用费（万元/年）	行业经验	距离 d_i^+	距离 d_i^-	C_i
A	0.19	0.03	0.11	0.15	0.12	0.10	0.45
B	0.23	0.06	0.14	0.05	0.13	0.09	0.41
C	0.16	0.06	0.09	0.11	0.15	0.06	0.29
D	0.21	0.04	0.22	0.05	0.10	0.14	0.58
正理想解 Z^+	0.23	0.06	0.22	0.15			
负理想解 Z^-	0.16	0.03	0.09	0.05			

根据TOPSIS法的综合评价结果，平台D为最优方案，与理想解的接近程度为0.58。

第四节　综合评价法的适用情境和典型范例

一、综合评价法的适用情境

TOPSIS、层次分析法和模糊综合评价法均可以应用于多类型的评价研究中，包括服务质量、服务体验、影响力、绩效、能力、舆情预警等；评价对象可以是企业、图书馆、机构、人员、文献、信息、APP、网站等。同时，TOPSIS 和层次分析法还分别可以与社会网络分析相结合，开展专利、企业、作者、核心技术、意见领袖等核心节点的识别；TOPSIS 还适用于科技期刊评价研究，并已经受到了广泛关注；层次分析法还适用于竞争情报研究，包括与 SWOT 相结合的竞争策略分析、竞争情报系统绩效评估、产业竞争情报需求识别、竞争情报能力评价等。

值得指出的是，上述三种综合评价方法除了单独应用外，层次分析法还可以分别与TOPSIS 和模糊综合评价方法结合，开展各类对象的评价研究。

二、综合评价法的典型范例

为便于初学者更直观地理解该方法的应用场景和实施方法，从近年来发表于信息资源管理学科核心期刊的相关论文中选择了一些典型范例，如下所示。

［1］王晰巍，邱程程，李玥琪．突发公共事件下社交网络谣言辟谣效果评价及实证研究［J］．情报理论与实践，2022，45（12）：14-21.

［2］孙瑞英，李杰茹．我国政府数据开放平台个人隐私保护政策评价研究［J］．图书情报工作，2022，66（12）：3-16.

［3］刘健，王小菲．基于层次分析法的高校图书馆网站用户满意度评价指标体系构建研究［J］．情报科学，2022，40（12）：80-87.

［4］赵静，丁一凡，赵旭阳．基于模糊层次分析法的社交媒体隐私安全量化评估研究［J］．情报理论与实践，2022，45（9）：135-141.

［5］黄炜，温莉文，梁秋月．社交自媒体环境下视频博客影响力评价指标体系研究［J］．情报杂志，2021，40（12）：186-194.

［6］徐绪堪，华士祯．"互联网+政务服务"背景下的政务 APP 评价——基于直觉模糊层次分析法［J］．情报杂志，2020，39（3）：198-207.

［7］王子焉，倪渊，张健．基于灰色关联分析—随机森林回归的网络平台专利价值评估方法研究［J］．情报理论与实践，2019，42（10）：109-116.

［8］任亮，张海涛，魏明珠，等．基于熵权 TOPSIS 模型的智慧城市发展水平评价研究［J］．情报理论与实践，2019，42（7）：113-118+125.

［9］由丽萍，白旭云．基于在线评论情感语义分析和 TOPSIS 法的酒店服务质量测量［J］．情报科学，2017，35（10）：13-17.

［10］王佳敏，吴鹏，陈芬，等．突发事件中意见领袖的识别和影响力实证研究［J］．情报学报，2016，35（2）：169-176.

第七章　元分析

元分析是对同一课题多项独立研究的结果进行系统的定性与定量分析，进而得出更具普适性结论的方法。它是文献的量化综述，在严格设计的基础上，运用适当的统计学方法对同一课题的多个研究结果进行系统、客观、定量的综合分析，以提供量化的平均效果来回答研究的问题。作为一种有效的文献综合分析法，元分析最初应用于随机对照试验，现在已扩大到非实验性研究。

第一节　元分析的内涵及发展

一、元分析的内涵

"元分析"这一术语是区别于初始分析和进一步分析而设置的。初始分析是指起始的研究，包括研究者对某一题目所做的数据收集、数据加工和结果发表；而进一步分析是指在某一课题范围内，不同领域的研究者对同样的数据采取不同观点和不同方法进行的整理分析。元分析则是在无须获得原始数据条件下，对众多研究采用的总结性统计分析方法。

对于"元分析"的定义，众多学者分别从不同的角度进行了界定。Glass（1981）认为，元分析是对多个实验结果给予量值总结的数据分析；Hunter（1984）解释说，元分析是对多项研究做描述性统计的数量累积和分析；而 Hedges（1982）提出，元分析总体上讲是运用效应值方法，对不同的研究结果进行数据整合。尽管这些定义是从不同角度提出的，但由此不难理解元分析法的目的和意义。一些研究者质疑元分析法的命名，他们又编撰了新异词汇表达这一方法，如定量综述、研究综合、研究整合等。这些表述或许更为贴切，但元分析法这一原始命名仍然为人们常用。

"元分析"的英文是"Meta-Analysis"，Meta 是英文中的前缀，有"更加全面或超常规的、综合的"意思。国内将其译为元分析、荟萃分析、整合分析、汇总分析、二次分析、集成分析、再分析及汇后分析等，还有许多学者直接使用"Meta 分析"。元分析还有许多同义词，如总观评述、定量评论、定量综合、资料汇总、资料综合等。Glass 对元分析的定义是以综合已有的发现为目的，对单个研究结果进行综合的统计学分析方法。之后的许多统计学家也做了类似定义，即把元分析仅看作是对以往研究结果进行定量合并的统计分析方法。

随着元分析法应用范围的扩大和自身的发展，学者们认识到元分析中既有定量分析也有定性分析，因此不再将元分析简单看作一种统计分析，而是作为综合多个同类研究的结果，对研究效应进行定量合并的分析研究过程和系统方法，对具有共同研究目的相互独立的多个研究结果给予定量分析、合并分析，剖析研究差异特征，综合评价研究结果。元分析就是应用特定的设计和统计学方法对以往的研究结果进行整体的和系统的定性与定量分析。它具有回顾性和观察性，是对传统综述的一种改进，是概括以往研究结果的一种方法，包括大量的方法和技术，可以对不同时期的、具有不同研究设计的资料进行整合。

元分析能够解决研究结果的矛盾，定量估计研究效应的平均水平，为进一步研究和作出决策提供全面的文献总结，并且能够在一定程度上提高统计分析的功效，揭示和分析多个同类研究的分歧，为确定新的研究问题和对新实验的设计提供帮助。此外，元分析方法具有处理大量文献的能力，在很大程度上节省了研究的费用，解决了研究发表偏向等问题。

二、元分析的发展

一般情况下，大量的研究者都会集中研究一些重要问题，因而往往在一个既定的题目上信息量会非常多且不便进行总结。首先，伴随大量研究结论的堆积，我们很难理解它们到底告诉了我们什么，也更加难以确定研究结论的差异到底是源于偶然因素，还是方法的不充分，抑或是研究特征的系统差异；其次，如果用传统叙述性方法回顾与整合具体研究，那么其中存在的很多不易被人察觉的研究者偏见又会对研究入选条件、研究的相对权重、研究特征与结果的关系分析等产生影响。而在元分析中，各种研究是通过一定的统计原则和方法来进行收集、编码与解释的，结果也是对大量结论的一个综合性回顾，所以比叙述性评论更为客观、准确。元分析作为同一主题下多种研究结果的整合性综述，自20世纪70年代中期以来已经发展成为现代研究中的重要统计方法。它的发展可以分为四个阶段：

第一阶段：20世纪60年代末到20世纪70年代初可以被称为"初期元分析时期"。1976年美国学者Glass在美国教育研究联合会的发言致辞中首次提出元分析概念，指出资料分析应该划分为三个水平：①初始分析，是对单个研究资料的最初分析，通常是统计方法的直接应用；②二次分析，是对初始问题的再研究或用"旧资料"回答新问题而对资料进行的再分析；③元分析，是对大量分析结果（分别来自各个单独的研究，即初始分析和二次分析的研究结果）"综合"或"整合"式的资料统计分析。这种针对同一课题的"单项研究"结果做出的"综述"或"概括"有助于弥补单项研究的不足。为此，Glass主张，元分析是一种对分析的分析，它是以整合结论为目的，对收集来的大量个别研究结果进行处理的一种再统计分析。同时，Glass认为元分析还具有以下三个主要特点：①元分析是一种定量分析方法，它不是对原始数据的统计，而是对统计结果的再统计；②元分析应该包含不同质量的研究；③元分析寻求一个综合的结论。在这一时期，研究者开始关注如何将相关研究结果相结合，以求得更准确的结论。然而，当时的研究仍然停留在统计学方面，并没有提供可以支持跨研究的结果的方法。

第二阶段：20世纪70年代中期可以被称为"元分析大发展时期"。在这一时期，研究者开始利用汇总数据，以系统性地研究多种研究结果。在这一时期，研究者们开始对研究方法、技术和统计模型进行分析，以确定有效的汇总数据和技术，以及改善统计模型的准确度。

第三阶段：20世纪80年代可以被称为"元分析发展的第三阶段"。在这一时期，研究者们着重关注研究的质量和结果的复杂性，以及如何使用元分析来改善研究质量，并为研究结果提供更准确的证据。

第四阶段：20世纪90年代可以被称为"元分析发展的第四阶段"。在这一时期，研究者开始关注元分析的实用性，特别是将元分析应用于证明或否定某种治疗方案的有效性，并且随着元分析在心理学、教育学、民族学、行为科学及医学等领域的迅速发展，越来越多的研究者开始重视对元分析研究方法的研究与运用。另外，研究者们也开始探索如何利用元分析来进行未来研究的规划和估计。因此，元分析从最初的统计学方法，发展到现在成为实用的研究方法，为研究者提供了更加准确和有效的结论。

第二节　元分析的操作程序

元分析是一项具有系统性、严谨性、透明性、无偏性的研究，研究过程有严格的要求。无论是研究人员的设置，还是数据的处理，都必须有理有据。因此，主要从研究步骤、估计模型与方法两个方面论述其操作程序的核心。

一、元分析的研究步骤

（一）提出研究问题，拟订研究计划

首先，进入元分析应提出问题、进行科研设计并制订研究方案，应拟订一个详细周密的课题计划书。计划书包括研究目的、研究现状与研究意义、数据的收集与分析（需特殊注意的亚组、确定和选择研究的方法与标准、提取和分析资料的方法与标准、资料摘录表的制定）、预期结果和报告撰写等。其中，研究目的要简单明确，除了研究本身的意义外，更应指出要解决的争论问题，提示今后研究方向和指导实际工作的意义；提出的问题可大可小，可为一个问题或一个问题的某一方面。

（二）制定检索策略，检索相关文献

在确定问题后，就需要收集资料，确定检索词或检索式及其之间的组配关系，制定检索策略，确定检索范围。因为元分析是对某一课题现有研究的归纳和总结，所以搜索的文献要尽可能全面，不可以随意设置时间段。

需要搜索的文献类型有两种，包括已发表的文献和未发表的文献。

1. 搜索已发表文献的主要方法

（1）通过搜索引擎和文献数据库进行搜索，如谷歌学术、Web of Science 等。使用受众较广的数据库进行文献检索，不可以为了减少所得文献而选择一些文献容量较小的数据库。

（2）对期刊进行手动搜索，针对性较强。

采用以上两种方法搜索完之后，可以参照文献综述的列表，查看是否有遗漏。

2. 搜索未发表文献的三种方法

（1）查看近期的会议文章。

（2）搜索硕博论文数据库。

（3）向领域内经常发表文献的学者发邮件询问是否还有未发表的研究成果。

（三）制定纳入标准，筛选合格的研究

元分析涵盖的题目很宽泛，但其核心必须界定清楚，应根据具体的研究目的和专业知识等建立一套挑选研究样本的"包含"与"排除"标准。然后依据纳入标准对所收集的全部文献进行质量评价，剔除不符合的研究，以确保元分析的有效性。

（四）提取文献资料，进行变量编码

每一个研究都应该按照事先制定的资料摘录表内容提取信息并进行分类整理，资料摘录表的内容包含两个：①杂志名称、发表年份、作者姓名及单位、研究基金的来源、文献类型等一般资料；②研究类型、样本量、研究框架、研究采用的工具等。研究者应列出排除的研究及原因，可以使其他研究者对元分析选择文献过程中的偏移大小得出自己的看法。

摘录完成之后，需要为摘录表中的内容进行编码，即对变量进行编码。对于每一个元分析而言，都应该有一套界定好的数据编码系统，不同的数字代表了每一类变量中不同的水平情况。如关于性别，如果样本中仅有男性，那么编码系统可将其编码为1；如果样本中仅有女性，那么可编码为2；如果既有男性又有女性，那么可编码为3；如果样本未对性别作明确说明，那么可用999（缺失值）进行编码。如此类推，研究者需要对所有要分析的变量进行编码。一套标准的编码系统不仅能够迅速有效地将资料摘录表中的内容输入数据库中，而且不易引起模糊与歧义，更为客观、准确。另外，通常情况下应该由至少两个研究者独立地编码所有的研究特征，然后在意见不一致的地方协商解决，从而达到统一。

（五）统计分析

（1）选择效应值指标。由于研究的目的各不相同，各项研究的指标不尽相同，因此元分析首先要将各项研究中的指标转化为统一的指标，即效应值。效应值是元分析的核心概念，应根据确定好的评价指标选择恰当的效应值指标。

（2）异质性检验。又称齐性检验或一致性检验，是元分析中的重要环节，其目的是检查偏移，推断不同研究的结果是否来自同一群人。常用的异质性检验水准为0.01，如果 $P \leqslant 0.01$，研究结果不同质；如果 $P > 0.01$，研究结果同质。

（3）选择分析模型。基于效应值的元分析多采用固定效应模型（Fixed Effect Model，FEM）和随机效应模型（Random Effect Model，REM）进行分析。其中 FEM 适用于所有研究来自同一人群，这些研究的平均效应值是固定的，不同研究得出的效应值理论上是同质的；而 REM 中，研究来自不同的人群，这些研究的平均效应值是不同的，不同研究效应值是异质的。异质性检验后，如果满足齐性则可以认为研究来自同一个人群，无需考虑研究人群方面的差异，两模型结果近似，选择 FEM 为宜；若不满足齐性，可直接选择 REM，或选择对混杂因素进行调整后的 FEM。

（4）主效应检验。选择好分析模型之后，就需要计算出总平均效应值以及平均效应值的方差，计算平均效应值的置信区间。主效应检验其实是在有一个或几个自变量的多水平的实验中，描述一个变量在各水平上对因变量影响大小的度量。

（5）发表偏倚分析。是一种最大选择偏移，是由于发表观念和环境所致的系统误差。可采漏斗图（Funnel Plot）、Egger 回归法（Egger Regression）、漏斗图回归（Funnel Plot Regression）、Begg 和 Mazumdar 秩相关法（Begg and Mazumdar Rank Correlation Method）、失安全数 N（Fail-Safe N）等判断是否存在发表偏倚。

（6）亚组分析（Subgroup Analysis）。即分层分析，为排除混杂因素的干扰，可针对一些可能的混杂因素（如年龄、性别、研究类型、设计方案、研究质量、发表年代等）进行亚组分析，使结论更为真实可信。

（7）敏感性分析（Sensitivity Analysis）。是检查一定假设条件下所获结果稳定性的方法，目的是发现影响结果的主要因素，解决不同研究结果的矛盾性；原理是通过模型参数在合理范围内的改变以及对某些变量的增减，观察分析结果的变化，以选择最佳模型及模型中的参数。

（六）报告和解释结果

此部分是对结果的分析与讨论，要按科技论文的写作格式写出总结报告：材料与方法部分要写明文献的纳入和排除标准、资料来源与检索方法以及统计分析方法等；结果部分一般先要对入选文献的基本情况加以描述，再进行各研究结果的合并和敏感性分析等；讨论部分应对元分析中可能存在的偏倚进行分析、探讨异质性及其对效应合并值的影响、亚组分析结果的比较等，对结果的解释要谨慎，不能脱离专业背景，应阐述结果的真实性，为进一步的研究方向提出建议。

二、元分析的常用统计模型与方法

元分析是对已有资料进行最佳利用的方法，是比较和综合针对同一具体问题所做的一系列独立研究的结果，因此，元分析所依据的资料不是单个研究的原始数据，而是单个研究报告已有的统计结果。这种结果主要有两类：一类是各独立研究检验显著性的结果，z值、t值、χ^2值、F值、r值及P值等；另一类是各独立研究所报告的统计量，如两均数的差值、比值比等。

（一）基于检验显著性的元分析

包括五种合并 P 值的方法：小 P 值法、推广最小 P 值法、逆 χ^2 法、逆正态法、Logit法，这种分析只能得出处理效应有无"意义"的定性综合结论，而缺乏量化的综合结果，即不能估计合并效应值及其95%置信区间，且只是将各研究所提供的信息不分轻重地机械地加以综合，忽略了各个研究因作者水平、试验条件和样本量等方面的差异对结果可靠性的影响。

（二）基于效应值的元分析

当纳入的单个独立研究间效应的测量指标不一致时，需转化为统一指标后再进行元分析。定量数据常用的效应值指标：如果结局指标采用同样测量方法可选用加权均数差值（Weighted Mean Difference，WMD）即两均数差值；如果结局指标采用不同测量方法或度量衡单位不同，选用标准化均数差值（Standardized Mean Difference，SMD），SMD = MD/SD，即两均数差值与合并标准差的比值。定性数据常用的效应值指标：①相对危险度（Relative Risk，RR）即两率比；②比值比（Odds Ratio，OR）是试验组与对照组中某事件发生次数的数量之比；③危险率差（Risk Difference，RD）即两率差值，称绝对危险降低率（Absolute Risk Reduction，ARR）。

1. 定量数据两均数比较的元分析

（1）计算效应值。WMD 的效应值为 $d = \overline{x_t} - \overline{x_c}$，SMD 的效应值为 $d = \dfrac{\overline{x_t} - \overline{x_c}}{S}$（$\overline{x_t}$ 为试验

组均数， $\bar{x}_c$ 为对照组均数），合并标准差 $S=\sqrt{\dfrac{(n_t-1)\,S_t^2+(n_c-1)\,S_c^2}{n_t+n_c-2}}$ （ n_t 和 n_c 分别是试验组和对照组的样本量， S_t 和 S_c 分别是试验组和对照组的标准差）。

（2）进行异质性检验。可通过统计量 Q 和 I^2 进行齐性与否的判定。

1）Q 统计量（权重法检验）。$Q=\sum w_i\,(d_i-\bar{d})^2$ ，合并效应值 $\bar{d}=\dfrac{\sum w_i d_i}{\sum wi}$ ，故 $Q=\sum w_i d_i^2-\dfrac{(\sum w_i d_i)^2}{\sum w_i}$ （ $d_i=\dfrac{\bar{x}_{ti}-\bar{x}_{ci}}{S_i^*}$ 为第 i 个研究的 SMD ， $w_i=\dfrac{n_{ti}n_{ci}}{n_{ti}+n_{ci}}$ 为第 i 个研究的权重即合并方差的倒数 $1/S_i^2$ ）， Q 服从 $v=k-1$ 的 χ^2 分布，如果 $Q>\chi^2_{\alpha,k-1}$ ，那么 $P<\alpha$ ，可以认为 k 个研究间存在异质性。

2）I^2 指数。$I^2=\dfrac{Q-(k-1)}{Q}\times100\%$ （ Q 表示权重法检验的统计量， k 表示研究个数），表示由异质性所导致的效应值的变异占效应值总变异的百分比，如果 $I^2>50\%$ 说明存在比较明显的异质性。

（3）计算合并效应值及其 95% 置信区间：合并效应值实际上是多个原始研究效应值的加权平均值，应根据异质性检验结果选择合适的分析模型，合并效应值的 z 检验为 $z=\dfrac{\bar{d}}{\bar{S}_d}$ （ $\bar{d}$ 表示合并效应值， $\bar{S}_d$ 表示其标准误），合并效应值的 95% 置信区间为 $\bar{d}\pm1.96\bar{S}_d$ 。

1）固定效应模型。合并效应值 $\bar{d}=\dfrac{\sum w_i d_i}{\sum w_i}\left(w_i=\dfrac{n_{ti}n_{ci}}{n_{ti}+n_{ci}}\right)$ ，合并效应值的标准误 $S_{\bar{d}}=1/\sqrt{\sum w_i}$ 。

2）随机效应模型。合并效应值 $\bar{d}=\dfrac{\sum w_i d_i}{\sum w_i}$ （ $w_i=n_{ti}+n_{ci}$ ），合并效应值的加权平均方差 $S_d^2=\dfrac{\sum W_i\,(d_i-\bar{d})^2}{\sum w_i}=\dfrac{\sum w_i d_i^2}{\sum w_i}-\bar{d}^2$ ，异质性检验 $\chi^2=\dfrac{kS_d^2}{S_e^2}$ 服从 $v=k-1$ 的 χ^2 分布，异质校正因子 $S_e^2=\dfrac{4k}{\sum w_i}\left(1+\dfrac{\bar{d}^2}{8}\right)$ ，如果 $S_d^2>S_e^2$ ，那么合并效应值的标准误为 $\bar{S}_d=\sqrt{S_d^2-S_e^2}$ ；如果 $S_d^2<S_e^2$ ，那么合并效应值的标准误为 $\bar{S}_d=\dfrac{S_e}{\sqrt{k}}$ 。

2. 定性数据两率比较的元分析

单个研究两率比较的数据能够形成四格表资料（见表 7-1）。二分类资料的元分析通常有倒方差法（Woolf's Method）、M-H 法（Mantel-Haenszel Method）和 Peto 法（Yusuf-Peto Method）三种方法，其差别体现在对权重的分配方法上，不同方法各研究的权重可能体现出很大的差异，但对合并效应值的影响可能不会太大。

表7-1 四格表资料的基本格式

组别	某事件发生	某事件未发生	合计
试验组	a_i	b_i	n_{1i}
对照组	c_i	d_i	n_{2i}
合计	m_{1i}	m_{2i}	N_i

比值比（OR）的倒方差法元分析过程有三个步骤：

（1）计算每个研究的 OR_i、方差 $Var(OR_i)$、权重系数 w_i 和总体效应值 Y：$OR_i = \dfrac{a_i d_i}{b_i c_i}$，$Var(OR_i) = \dfrac{1}{a_i} + \dfrac{1}{b_i} + \dfrac{1}{c_i} + \dfrac{1}{d_i}$，$Y_i = \ln(OR_i)$，$w_i = 1/Var(OR_i)$，即 $w_i = \left(\dfrac{1}{a_i} + \dfrac{1}{b_i} + \dfrac{1}{c_i} + \dfrac{1}{d_i}\right)^{-1}$，如果 a_i、b_i、c_i 和 d_i 中的数值为 0，那么计算时设为 0.5。

（2）进行异质性检验：统计量 Q 服从 $v = k-1$ 的 χ^2 分布，如果 $Q > \chi^2_{\alpha, k-1}$，那么 $P < \alpha$ 可以认为 k 个研究间存在异质性。

$$Q = \sum Q_i = \sum w_i (Y_i - \overline{Y}_w)^2 = \sum w_i Y_i^2 - \overline{Y}_w^2 \sum w_i = \sum w_i Y_i^2 - \frac{\left(\sum w_i Y_i\right)^2}{\sum w_i}$$

（$\overline{Y}_w$ 为加权平均数，$\overline{Y}_w = \dfrac{\sum w_i Y_i}{\sum w_i}$，其方差 $S_Y^2 = \left(\sum w_i\right)^{-1}$。

（3）计算合并效应值及其 95% 置信区间：

在固定效应模型中，$O\hat{R} = \exp(\overline{Y}_w)$，95% 置信区间为 $\exp(\overline{Y}_w \pm 1.96 S_{\overline{Y}}) = \exp\left(\overline{Y}_w \pm \dfrac{1.96}{\sqrt{\sum w_i}}\right)$；

在随机效应模型中，将权重系数 w_i 改为 w_i^*，$w_i^* = (w_i^{-1} + \tau^2)^{-1}$（$\tau^2$ 为研究间方差，也称为异质校正因子，$\tau^2 = \max\left[0, \dfrac{Q - (k-1)}{\sum w_i - (\sum w_i^2 / \sum w_i)}\right]$，$Q = \sum Q_i$），$O\hat{R} = \exp(\overline{Y}_{w^*})$，95% 置信区间为 $\exp(\overline{Y}_{w^*} \pm 1.96 S_{\overline{Y}}) = \exp\left(\overline{Y}_{w^*} \pm \dfrac{1.96}{\sqrt{\sum w_i^*}}\right)$。

第三节 元分析法的适用情境与典型范例

一、元分析法的适用情境

受实施成本与难度的制约，相当一部分信息资源管理研究中的样本规模和代表性都存在局限，导致研究结论的普适性不足，难以达成共识。而元分析可以较好地克服研究发现中的模糊性和不确定性，并能促进新的科学发现，具有独特的三个应用价值：一是通过对相同或相似主题下的多个研究结果进行定量综合，基于较大的样本量获得了额外的效应值精度，因而证据力度更强；二是对大量研究结果进行广泛概括，能提供比单个一手研究更全面的情况；三是可以揭示在一手研究中被遗漏或不可能调查的调节因素，提出不包括在一手研究中的新假设并进行检验和解释。

同时，元分析法也有其自身的局限性，主要体现在以下四个方面：一是实施成本较高，无论是文献的检索与筛选、编码框架设计与实施都需要较多的时间和资源；二是元分析法将很多采用不同的技术、步骤、检验方法和样本的研究放在一起分析，就好像把苹果和橘子混合起来比较，其结论的实际意义容易受到质疑；三是元分析法只选择成功发表的文献作为基础数据，可能导致数据选择中存在"出版偏差"，如达到显著性水平的研究结果较容易得到发表，而那些显著性不明显的研究虽然可能也包含对研究目标相关的重要信息但却很难发表，进而导致研究结论可能出现偏差；四是一些学者认为各个原始研究结果的科学性和方法的严谨程度会直接影响分析结果，如果不加区别或处理地将质量优劣不一的研究放在一起，有可能会产生低品质的分析结果。

从元分析法的特点出发，只要围绕某一研究主题存在多项独立的研究成果，且能够对这些成果的结论进行系统、客观、定量的综合分析，获得其量化的平均效果时，都可以采用元分析法开展研究。从我国信息资源管理研究实践来看，较为典型的应用场景包括以下四个：一是用户意愿、信息行为的影响因素，如开放政府数据使用意愿、在线健康信息分享意愿、社会化媒体采纳和使用行为、社交媒体用户不持续使用行为、手机成瘾行为等意愿及行为的影响因素分析；二是影响及效果评价研究，如 AR 技术赋能对用户认知负荷的影响、游戏化在线教育对学习效果的影响、在线虚假评论对消费者购买决策的影响、社交媒体虚假疫情信息纠正效果、纸质阅读与数字阅读效果比较等；三是信息质量评价研究，如专利质量评价、网络健康信息可信度评价等；四是与信息计量的结合研究，如 Mendeley 与传统引用指标相关性分析、论文下载量与被引量相关关系分析、Altmetrics 指标与传统引用指标相关性分析等。

二、元分析法的典型范例

为便于初学者更直观地理解该方法的应用场景和实施方法，从近年来发表于信息资源管理学科核心期刊的相关论文中选择了一些典型范例，如下所示。

［1］卢恒，张向先，肖彬，等．在线用户知识付费意愿的影响因素及其调节变量：元分析研究［J］．图书情报工作，2021，65（13）：44-54．

［2］于琦，张昕瑞，吴胜男，等．Mendeley 与传统引用指标相关性的元分析［J］．情报杂志，2020，39（2）：191-198．

［3］曹树金，王志红．虚拟社区知识共享意愿与行为的影响因素及其调节变量：元分析研究［J］．图书情报工作，2018，62（8）：74-83．

［4］张宁，袁勤俭，朱庆华．个体认知专注与虚拟社区参与关系的元分析［J］．情报学报，2018，37（2）：161-171．

［5］宋世俊，晏华，王浩先．我国移动图书馆高校用户接受行为影响因素 Meta 分析［J］．图书情报工作，2019，63（10）：56-67．

［6］朱玲玲，茆意宏．在线社区用户承诺影响因素研究：一项元分析［J］．图书情报工作，2023，67（3）：106-118．

第八章 系统动力学方法

系统动力学（System Dynamics，SD）是系统科学和管理科学的一个重要分支，也是一门将自然科学和社会科学融合在一起的交叉性学科。系统动力学方法是将系统论、信息论、控制论以及模拟仿真结合在一起，以定性分析为先导，定量分析为支持，从系统内部的机制、微观结构入手，剖析系统进行建模，借助计算机模拟技术来分析研究系统内部结构及其动态行为的关系，并寻求解决问题的对策。

第一节 系统动力学的内涵及发展

一、系统动力学的内涵

系统动力学是福雷斯特（J. W. Forrester）教授于 1958 年为分析生产管理及库存管理等企业问题而提出的系统仿真方法，最初是工业动态学。这是一门分析研究信息反馈系统的学科，也是一门认识系统问题和解决系统问题的交叉综合学科。从系统方法论来说，系统动力学是结构方法、功能方法和历史方法的统一，它基于系统论，吸收了控制论、信息论的精髓，是一门综合自然科学和社会科学的横向学科。

系统动力学是以系统的结构决定着系统行为为前提条件而展开研究的方法。存在于系统内部的众多变量之间存在一定的相互联系，这些相互联系构成了系统的结构，而正是这个结构成为系统行为的根本决定因素。系统动力学解决问题的过程实质上是寻优过程，它强调从系统结构的角度来分析系统的功能和行为，通过寻找系统的较优结构，来获得较优的系统行为。

二、系统动力学的发展

第二次世界大战以后，随着工业化的进程，某些国家的社会问题日趋严重，例如，城市人口剧增、失业、环境污染、资源枯竭等。这些问题范围广泛，关系复杂，因素众多，具有以下三个特点：①各问题之间有密切的关联，而且往往存在矛盾的关系；②许多问题如信息传递，有较长的延迟，因此处理问题必须从动态而不是静态的角度出发；③许多问题中既存在如经济量这样定量的概念，又存在如价值观念等偏于定性的概念，这就给问题的处理带来很大的困难。

新的问题迫切需要有新的方法来处理，另外，在技术上由于电子计算机技术的突破使新的方法有了产生的可能，于是系统动力学便应运而生。

20 世纪 50 年代末，福雷斯特教授及其助手运用系统动力学方法对全球问题、城市发展和企业管理等领域进行了卓有成效的研究，连续发表了《工业动力学》《城市动力学》《世界动力学》《增长的极限》等著作，引起了世界各国政府和科学家的普遍关注。

系统动力学的发展过程大致可分为三个阶段：

（1）系统动力学的诞生——20世纪50~60年代。由于这种方法的早期研究对象是以企业为中心的工业系统，初始名称也就叫工业动力学。这阶段主要是以福雷斯特教授在哈佛商业评论发表的《工业动力学》作为奠基，之后他又讲述了系统动力学的方法论和原理，系统产生动态行为的基本原理。后来，福雷斯特教授对城市的兴衰问题进行深入的研究，提出了城市模型。

（2）系统动力学发展成熟——20世纪70~80年代。这一阶段的标准性成果是系统动力学世界模型与美国国家模型的成功研究。这两个模型的研究成功地解决了困扰经济学界的长波问题，因此吸引了世界范围内学者的关注，促进它在世界范围内的传播与发展，确立了在社会经济问题研究中的学科地位。

（3）系统动力学广泛运用与传播——20世纪90年代至今。在这一阶段，系统动力学在世界范围内得到广泛的传播，其应用范围更广泛，并且获得新的发展。系统动力学正加强与控制理论、系统科学、突变理论、耗散结构与分叉、结构稳定性分析、灵敏度分析、统计分析、参数估计、最优化技术应用、类属结构研究、专家系统等方面的联系。许多学者纷纷采用系统动力学方法来研究各自的社会经济问题，涉及经济、能源、交通、环境、生态、生物、医学、工业、城市等广泛的领域。

第二节　系统动力学操作程序

一、系统动力学基本概念

为了方便下文展开，我们需要先了解系统动力学中的六个基本概念。

（1）系统。一个由相互区别、相互作用的各部分（即单元或要素）有机地联结在一起，为同一目的完成某种功能的集合体叫作系统。

（2）反馈。反馈的概念最早出现在控制论当中，意为系统内同一单元或同一子块的输出与输入关系。对整个系统而言，反馈则是指系统输出与来自外部环境的输入的关系。按照系统输入与输出的不同状态，反馈可定义为正、负反馈。正反馈特点：能产生自身运动的加强过程，在此过程中，运动或动作所引起的后果将回授，使原来的趋势得到加强；负反馈特点：能自动寻求给定的目标，未达到（或者未趋近）目标时将不断做出响应。

（3）反馈系统。包含有反馈环节与其作用的系统叫作反馈系统。它要受系统本身的历史行为的影响，把历史行为的后果回授给系统本身，以影响未来的行为。

（4）模型。研究者根据需要对实际系统的抽象和归纳叫作模型。建立模型不是要完全重构实际系统，研究者要选择一种适当复杂程度的模型，根据问题出发选择合适的变量，并根据需要来量化它们之间的关系。

（5）延迟。延迟现象在系统内无处不在，如信息的传递需要时间。延迟包括物质延迟与信息延迟。延迟会对系统的行为产生很大的影响，因此必须要刻画延迟机制。系统动力学通过延迟函数来刻画延迟现象，如信息延迟的 DLINF3 函数。

（6）平滑。平滑是指从信息中排除随机因素，找出事物的真实的趋势。信息的平滑或平均实质上是一种积累的过程，系统动力学提供 SMOOTH 函数来表示平滑。

二、系统动力学基本方法

系统动力学的基本方法包括因果关系图、流图、方程和仿真平台。系统动力学经过剖析系统，获得深刻、丰富的信息之后建立起系统的因果关系图，之后再转变为系统流图，并构建方程，建立系统动力学模型。最后通过仿真语言和仿真软件对系统动力学模型进行计算机模拟，来完成对真实系统的结构进行仿真，寻找较优的系统结构。

（一）因果关系图

因果关系图又叫作因果回路图，是表示系统反馈结构的重要工具，描述了系统要素之间的逻辑关系。因果图包含多个变量，变量之间由标出因果关系的箭头所连接。变量由因果链（Casual Link）联系，因果链由箭头所表示。

（1）因果链及其极性：从原因到结果的箭头线称为因果链。每条因果链都具有极性，或者为正（+）或者为负（−）。极性是指当箭尾端变量变化时，箭头端变量会如何变化。极性为正是指两个变量的变化趋势相同，极性为负指两个变量的变化趋势相反。如图 8-1 所示是正因果链（左）和负因果链（右）的符号表示。

图 8-1 正因果链和负因果链

（2）反馈回路及其极性：由一系列因果链组成的闭合回路或者说是由信息与动作构成的闭合路径叫作反馈回路。反馈回路的极性取决于回路中各因果链符号的乘积。如果反馈回路负因果链的数目是偶数，那么其极性为正，该回路为正反馈回路；如果反馈回路负因果链的数目是奇数，那么其极性为负，为负反馈回路。正反馈回路的作用是使回路中变量的偏离增强，而负反馈回路则力图控制回路的变量趋于稳定。

（二）系统流图

系统流图也叫作存量流量图，是在因果关系图的基础上进一步区分变量的性质，用更加直观的符号刻画系统要素之间的逻辑关系，描述系统要素的性质和整体框架。系统中不同性质的变量有以下五种：

（1）水平变量（Level Variable）。也称为存量或状态变量，代表事物（包括物质和非物质）对时间的积累。状态变量的取值是系统从初始时刻到特定时刻的物质流动或信息流动积累的结果，表示某一系统变量在某一特定时刻的状况。状态变量是系统过去累积的结果，它是流入率与流出率的净差额。

（2）速率变量（Rate Variable）。又称流量，它描述了水平变量的时间变化，反映了系统状态的变化速度或者决策幅度的大小。速率变量的值不能瞬间观测，而可以观测它在一段时间内的取值。水平变量必须经过速率变量的作用才能由某一个数值状态改变为另一数值状态。

（3）辅助变量（Auxiliary Variable）。是水平变量和速率变量之间信息传递和转换过程的中间变量，表达如何根据水平变量计算速率变量的决策过程。

（4）常量（Constant Variable）。在研究期间内变化甚微或相对不变的量即为常量，一般为系统中的局部目标或标准。常量可以直接输入给速率变量，也可以通过辅助变量输入给速率变量。

（5）外生变量（Exogenous Variable）。随时间变化，但是这种变化不是由系统中其他变量引起的。

除各类变量外，系统流图中还有其他组成部分，包括两条独立的流（物质流和信息流）和系统边界（源点和汇点）。

（1）物质流和信息流。物质流又叫作守恒流，表示系统中流动着的物质，会改变所流经变量的数量。信息流又叫作非守恒流，是连接水平变量和速率变量的信息通道，它只是获取或提供相关联变量的当前信息，不改变其数值。

（2）源点和汇点。源点和汇点代表系统外部的世界。源为始，汇为终，源点即取之不尽，汇点即储存无限空间。

在系统流图中，水平变量用矩形表示，速率变量用阀门符号表示，辅助变量、常量及外生变量用圆圈表示，系统中的物质流和信息流用带箭头的实线表示，源点和汇点用云朵符号表示，一般存在于系统流图的两端。其符号表示如图8-2所示。

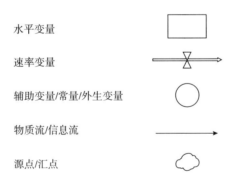

图8-2 系统流图中的常用符号

（三）方程

方程是将系统之间的局部关系量化。在系统动力学模型中，主要有三种方程，即水平方程（L）、速率方程（R）和辅助方程（A），它们分别描述了水平变量、速率变量和辅助变量的变化规律。

（1）水平方程。

$$lvS(t) = S(t_0) + \int_{t_0}^{t} rateS(t)\,dt = S(t_0) + \int_{t_0}^{t} [inflowS(t) - outflowS(t)]\,dt \tag{8-1}$$

式中：$lvS(t)$ 是 t 时刻水平变量值，$S(t_0)$ 是 t_0 时刻水平变量值，$inflowS(t)$ 表示水平变量的输入速率，$outflowS(t)$ 表示水平变量的输出速率，其差值即 $rateS(t)$ 表示水平变量变化的速率。该方程表明，水平变量在 t 时刻的值等于其 t_0 时刻的值加上在 $[t_0,$

t] 这段时间净流量变化对时间的积累。

（2）速率方程。

$$rateS\ (t) = g\ \big[\ lvS\ (t), aux\ (t), exo\ (t), const\ \big] \tag{8-2}$$

式中：$rateS\ (t)$ 是水平变量变化的速率；$lvS\ (t)$ 是 t 时刻水平变量值；$aux\ (t)$、$exo\ (t)$ 分别是 t 时刻辅助变量和外生变量值；$const$ 是常量，其值是一个常数。

（3）辅助方程。

$$aux\ (t) = f\ \big[\ lvS\ (t), aux^*\ (t), exo\ (t), const\ \big] \tag{8-3}$$

式中：$aux^*\ (t)$ 是除了待求辅助变量之外的其他辅助变量。

这三种方程是系统流图中主要的变量方程。常量只需要直接赋一个固定值；外生变量影响到其他系统内生变量，但是不受内生变量的影响，所以往往是关于时间 t 的函数，这里就不再详细举例说明。

（四）仿真平台

仿真平台是将系统动力学模型输入计算机进行仿真和调试的环境。利用仿真平台，研究者可以根据研究目的，设计不同的政策方案，对系统进行仿真。

在系统动力学发展初期，出现了 DYNAMO 计算机模拟语言，其取名来自 Dynamic Model（动态模型）的缩写，含义为建立真实系统的模型，可借助计算机进行系统结构、功能与动态行为的模拟。进入 20 世纪 90 年代后，随着 Windows 操作系统的普及，系统动力学软件从原来的编写语言发展到图形化应用软件，其中 Vensim 是应用比较广泛的软件之一，它可以描述系统动力学模型的结构，模拟系统的行为，并对模型模拟结果进行分析和优化。

三、系统动力学研究步骤

用系统动力学方法认识与解决系统问题不可能一蹴而就，恰恰相反，这是一个逐步深入、多次反复循环、螺旋上升的过程。这个过程大体可分为五步：第一步要用系统动力学的理论与原理、方法对研究对象进行系统分析；第二步要进行系统的结构分析，划分系统层次与子块，确定总体的与局部的反馈机制；第三步要建立数学的规范模型；第四步要以系统动力学理论为指导，借助模型进行模拟与政策分析，可进一步剖析系统得到更多的信息，发现新的问题，然后反过来再修改模型；第五步是要检验评估模型。系统动力学解决问题的主要步骤如下所述。

（一）系统分析

系统分析是用系统动力学解决问题的第一步，其主要任务在于分析问题，剖析要因。

（1）调查研究，调查收集有关系统的情况与统计数据。

（2）了解用户提出的要求、目的，明确要解决的问题。

（3）分析系统的基本问题与主要问题、基本矛盾与主要矛盾、变量与主要变量。

（4）初步划定系统的界限，并确定各类变量。

（5）确定系统行为的参考模式。

（二）系统的结构分析

这一步主要任务在于处理系统信息，分析系统的反馈机制。

（1）分析系统总体的与局部的反馈机制。

（2）划分系统的层次与子块。

（3）分析系统的变量、变量间关系，定义变量（包括常数），确定变量的种类及主要变量。

（4）确定回路及回路间的反馈耦合关系，初步确定系统的主回路及它们的性质；分析主回路随时间转移的可能性。

（三）建立系统动力学模型

（1）建立水平方程、速率方程及辅助方程等诸方程。

（2）确定估计参数。

（3）给所有方程与表函数赋值。

（四）模型模拟与模型分析

（1）以系统动力学的理论为指导进行模型模拟与分析，更深入地剖析系统。

（2）寻找解决问题的决策，并尽可能付诸实施，取得实践结果，获取更丰富的信息，发现新的矛盾与问题。

（3）修改模型，包括结构与参数的修改。

（五）模型的检验与评估

这一步骤的内容并不都是放在最后一起的，其中相当一部分内容是在前述其他步骤中分散进行。

上述主要过程与步骤见图8-3。

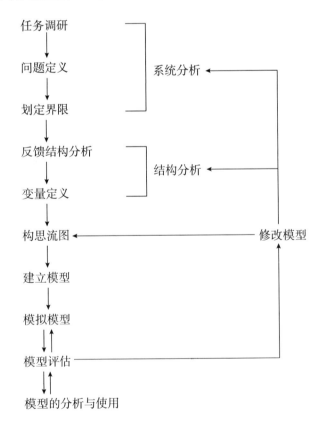

图8-3 系统动力学方法研究步骤

第三节　系统动力学法的评价及注意事项

一、系统动力学的评价

系统动力学方法可作为各类实际系统特别是社会、经济、生态等复杂大系统的"实验室"。系统动力学的建模过程就是一个学习、调查研究的过程，模型的主要功用在于向人们提供一种进行学习与政策分析的工具，并使决策群体和整个组织逐步成为一种学习型与创造型的组织。一般来说，系统动力学具有以下三个特点：

（1）综合性。从理论来源来看，系统动力学综合了系统论、控制论、系统力学、决策理论以及仿真技术的成果，形成了一个相互交叉的学科。从方法论来说，系统动力学是结构方法、功能方法与历史方法的统一；同时，系统动力学又是建立模型与运用模型的统一过程，在其全过程中，必须紧密联系实际，深入调查研究，最大限度地收集与运用有关该系统及其问题的资料和统计数据，使模型的建立具有较高的科学性与合理性。

（2）动态性。系统动力学认为，对于系统问题的考虑需要从随时间变化的变量开始，进而做动态思考。在多数情况下，系统动力学模型的构建过程主要集中讨论变量随时间变化的趋势与模式的研究，包括周期的增减、变量之间的相互关系、峰与谷的相对关系等，同时它还引入延迟的观点，真实地反映了现实系统。在动态研究中，延迟是导致系统动态复杂性的关键因素，因此系统动力学充分考虑延迟现象，能够对现实世界进行真实的动态考虑。

（3）反馈性。对整个系统而言，反馈是指系统输出与来自外部环境输入的关系。反馈可以从单元、子块或系统的输出直接联至其相应的输入，也可以经由媒介到其他单元、子块甚至其他系统实现。系统动力学把有生命系统和无生命系统都作为信息反馈系统来进行研究，包括各种组织系统，经济、社会系统等，事实上，它认为每个系统之中都存在着信息反馈机制。

因此，系统动力学提供了一个清晰的框架描述复杂的系统，利用定性分析和定量分析确定系统的初始状态和变化趋势，并且可以提供有关系统性能的详细信息，这些信息对于决策制定有重要的指导作用。但是，系统动力学需要较多的计算量，较为耗费时间和精力；而且，由于系统动力学模型的参数估计和拟合可能存在偏差，因此其结果可能存在一定的偏差。

二、系统动力学的注意事项

运用系统动力学进行系统分析有四个需要注意的基本问题。

（一）关于系统界限

系统的界限规定哪一些部分应该划入模型，哪一些部分不应归入模型。系统的界限是一个想象的轮廓，把模型目的考虑的内容圈入，而与其他部分（环境）隔开。在边界内部凡涉及与所研究的动态问题有重要关系的概念与变量均应考虑进模型；反之，在界限外部的那些概念与变量均应排除在模型之外。按系统动力学的观点，正确地划出系统界限的一条准则是把系统中的反馈回路考虑成闭合的回路。应该力图把那些与建模目的关系密切、重要的量都划入边界，界限应是封闭的。必要时还可以在定性分析的基础上辅以定量分析，以确定系统的主要变量与回路。

（二）动态地定义问题

从系统动力学的观点看，任何问题最好以随时间变化的变量图表示。用随时间变化的图形去描述时，并不要求建模者使用严格的数据或严谨的数学函数去绘图。在多数情况下，建模工作者或用户用图形研究系统的动态行为时，最初可能尚无准确的数据，只是集中于变量随时间变化的趋势与模式的研究、周期的增减、变量之间的相位关系、峰与谷的相对关系等。

用图形描述随时间变化的变量时，首先要找出那些重要的变量，研究重要变量的动态行为。针对研究的系统问题，力图去确定哪一些变量和问题的症候关系最密切。此外，还需要重视变量图的时间坐标，时间坐标指的是变量在系统中变化的时间区间与范围，反映在图形上，则为时间坐标的起讫。更重要的是，确定时间坐标有助于确定与定义某些待研究的特殊问题。

（三）系统行为参考模式

所谓系统行为参考模式是指用图形表示出系统的重要变量，突出、集中地勾画出有待研究的问题的发展趋势与轮廓。在整个建模过程中，建模者必须反复地参考这些模式。当系统的模型建成后，鉴定其有效性的标准之一，就是看模型所产生的行为模式是否与最初确定的参考行为模式大体一致。事实表明，忽视参考模式而获得成功的系统动力学模型研究的先例颇为少见。

（四）模型与现实系统的关系

系统动力学的规范模型与其他类型的模型一样，它只是实际系统的简化与代表。换言之，一个模型只是实际系统的一个断面或侧面。从一定意义上说，从不同角度对同一实际系统进行建模，就可以得到系统更多不同的断面，也就可能更加全面、深刻地认识系统，寻找出更好的解决问题的途径。因此，一个系统动力学模型就是一个实验工具。系统动力学认为，不存在终极的模型，任何模型都只是在满足预定要求的条件下的相对成果。

第四节　系统动力学法的适用情境与典型范例

一、系统动力学法的适用情境

系统动力学模型是实际系统的实验室，由系统动力学建立的模型适用于分析研究信息反馈系统的结构、功能与行为之间的动态关系。系统动力学以其独特的特点，广泛适用于研究各类复杂的系统，模拟社会系统的未来行为和提出相应的长期战略决策。

（1）复杂动态系统研究。基于大数据思维的小微企业竞争情报预警机制不仅包括内部人员结构，还涉及企业外部的不确定性风险因素，因素间相互作用使得系统内部环环相扣、愈加复杂。系统动力学可以将多种关系通过仿真清晰地表达出来。

（2）长期预测的研究。系统动力学模型注重内部分析，通过对历史数据的运用和寻找内部变量的因果关系来进行政策仿真模拟，对未来较长时间的预测提供了帮助，例如，公共管理与政策制定以及预知风险变化情况和发展趋势。

（3）数据不充足的研究。在面对参考数据较少，搜集数据较难的情况下，系统动力学对于数据的要求较低，系统动力学可以根据要素间的因果关系进行推演，即使缺乏个别数据也能得到较准确的结果。

（4）优化控制研究。对系统进行优化与控制是系统动力学方法最重要的作用之一，也是应用系统动力学研究的最终目的。影响系统运行和发展的因素众多，也很复杂，而且时常发生变化。系统动力学从动态的角度出发，构建系统模型，展示和把握系统变化发展的规律，进而对系统进行优化和控制。

系统动力学在信息资源管理领域的研究主要集中在分析信息资源的流动、分布以及使用，以及探索信息资源管理过程中的系统性问题。研究内容包括以下五个方面：①认知环境下的信息资源管理，着重分析信息资源管理的不确定性和复杂性，探讨信息资源管理模式及其适应能力；②管理信息资源的可持续性，着重分析信息资源管理过程中的可持续发展机制；③信息资源共享机制，着重探讨信息资源共享的经济、技术、法律等方面的问题；④信息资源管理的决策支持，着重分析信息资源管理过程中的决策支持机制；⑤信息资源管理的社会建构，着重研究信息资源管理过程中的社会建构机制。

二、系统动力学法的典型范例

为便于初学者更直观地理解该方法的应用场景和实施方法，从近年来发表于信息资源管理学科核心期刊的相关论文中选择了一些典型范例，如下所示。

［1］黄鑫昊，冯馨瑶．大学生移动短视频主动发布意愿的动力机制研究［J］．情报科学，2021，39（11）：83-89+95.

［2］宋京坤，王克平，沈莹，等．大数据环境下战略性新兴企业竞争对手研究体系动力学模型研究［J］．现代情报，2021，41（5）：112-120.

［3］朱泽，段尧清，何丹．面向政府数据治理的数据资产价值系统仿真评估［J］．图书馆论坛，2021，41（6）：100-105.

［4］李川，朱学芳，方志耕．竞争情报动态干扰因素系统动力学仿真模型研究［J］．情报理论与实践，2021，44（6）：132-137.

［5］张一文，齐佳音，马君，等．网络舆情与非常规突发事件作用机制——基于系统动力学建模分析［J］．情报杂志，2010，29（9）：1-6.

［6］陈福集，游丹丹．基于系统动力学的网络舆情事件传播研究［J］．情报杂志，2015，34（9）：118-122.

第九章 相关理论模型

第一节 KANO 模型

一、KANO 模型的内涵

KANO 模型由东京理工大学的质量管理教授狩野纪昭博士于 1984 年提出。他在研究提升用户满意度和忠诚度因素的时候创建了这个模型。KANO 模型是对用户需求分类和需求优先级排序的高效工具，主要用于分析产品功能（或用户需求）对用户满意度的影响，展现了产品功能与用户满意度之间的非线性关系，是一个典型的定性分析模型。KANO 模型主要适用于对产品和服务等对象进行分析，下面统一将分析对象简称为产品。

KANO 模型根据不同的产品功能与用户满意度之间的关系，将影响满意度的产品功能或用户需求划分为五个类型：基本型需求、期望型需求、兴奋型需求、无差异型需求、反向型需求。KANO 模型如图 9-1 所示。下面对 KANO 模型中的各类需求进行详细的介绍。

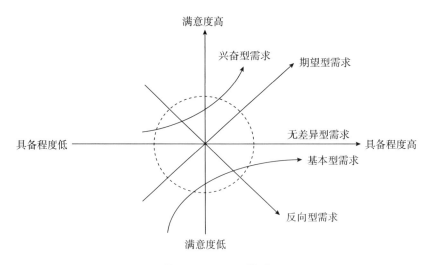

图 9-1 KANO 模型

二、KANO 模型的需求分类

（一）基本型需求

基本型需求，也可以称为必备型需求，是产品必不可少的功能。基本型需求是用户认为产品必须具备的功能。当产品功能/性能不足或缺失时，用户会极度不满；当产品功能/性能充足时，用户会觉得这是理所当然的，满意度并不会有所提升。

（二）期望型需求

期望型需求，也可以称为意愿型需求，它是和用户的满意度密切相关的需求。当产品功能/性能达到用户期望或超出用户期望时，用户的满意度会显著提升；当产品功能/性能未能满足用户期望时，用户的满意度会显著下降。产品满足了期望型需求，就保证了用户的满意度。

（三）兴奋型需求

兴奋型需求，也可以称为魅力型需求，它和用户满意度的关系比较有趣。当兴奋型需求被满足时，用户的满意度会急剧上升。即使兴奋型需求没有被完全满足或没有被满足时，用户的满意度也不会明显下降。兴奋型需求往往不在用户期望之内，是用户没提出的潜在需求。

（四）无差异型需求

无差异型需求与用户满意度基本无关。无论产品是否具备这类功能，用户的满意度都不会因此改变。

（五）反向型需求

反向型需求，也可以称为逆向型需求，它只会使用户满意度下降而不会使用户满意度提升。反向型需求是会引起用户不满的需求，用户往往没有此类需求。产品增加这类功能，可能会妨碍用户正常使用产品，引起用户的抵触情绪。

此外，KANO需求的分类可以基于不同的需求类别对需求进行排序，如图9-2所示。

基本型　　　　　期望型　　　　兴奋型　　　无差异型

图9-2　KANO模型中的需求优先级排序

三、KANO模型的注意事项

在运用KANO模型时，应注意以下五点：

（1）需求的类型因人而异，对于用户A来说是期望型的需求，对于用户B可能是基本型需求。这可能是由用户对此类产品的熟悉程度决定的。

（2）需求的类型会随着时间而发生变化，目前对于用户A来说是期望型的需求，可能在一段时间后，就变成了基本型需求。这可能是因为科技进步了，或者用户对产品越来越熟悉了。

（3）基本型需求的缺失是产品面临的最严峻问题，但如果产品只具备基本型需求，在市场上是不会具备任何竞争力的，满意度也会较低。

（4）产品无法通过期望型需求和兴奋型需求来弥补基本型需求的缺失。期望型需求和兴奋型需求能提升用户满意度的前提是，基本型需求都已经完全满足。

（5）KANO模型可视化，将现有或计划中的产品功能以图表的方式展示。

四、KANO模型的实施步骤

（一）针对产品功能向用户提问

对于每一个需要进行优先级排序的产品功能，需要向符合主要用户画像的用户询问两类问题。一类问题是积极型问题，例如：如果产品具备了此功能，你觉得怎么样？另一类问题是消极型问题，例如：如果产品不具备此功能你觉得怎么样？供选择的答案选项是很喜欢、还不错、无所谓、不太好、不喜欢。被提问的用户数量控制在 15~20 名即可。

值得注意的是，要清楚地描述产品功能，确保用户可以理解。问题的表达形式应尽量从用户利益出发，而不是从产品角度出发。

答案的选项也应有充分说明，保证用户对各个选项的理解都是一致的，以便其准确地回答问题。例如：①很喜欢（Like），让你觉得满意、兴奋、惊喜的功能；②还不错（Must Be），你觉得是理所当然的、必备的功能；③无所谓（Neutral），你没什么感觉的、可有可无的功能；④不太好（Live With），你不喜欢，但可以勉强接受的功能；⑤不喜欢（Dislike），你无法接受的，感到不满意的功能。

此外，针对每一个产品功能，还可以向用户提出一个问题：这个功能对您来说有多重要？用户可用 1~9 的数字来为功能的重要性评分，1 表示不重要，9 表示特别重要。一个 KANO 调查问卷如表 9-1 所示。

表 9-1　KANO 调查问卷

积极型问题	消极型问题
如果产品具备×××功能，您觉得怎么样	如果产品没有×××功能，您觉得怎么样
（1）很喜欢，觉得满意 （2）还不错，应该如此 （3）无所谓，没什么感觉 （4）不太好，但勉强能接受 （5）不喜欢，无法接受	（1）很喜欢，觉得满意 （2）还不错，应该如此 （3）无所谓，没什么感觉 （4）不太好，但勉强能接受 （5）不喜欢，无法接受

（二）使用 KANO 需求分类矩阵分析用户的答案

当收集到用户的答案之后，可以通过表 9-2 的 KANO 需求分类矩阵对产品功能进行分类。例如，如果产品具备 A 功能，用户觉得很喜欢；如果产品不具备 A 功能，用户觉得不太好。通过表格，可以知道哪些需求是无关紧要、可有可无的，哪些需求是必不可少的，哪些需求是用户期望有的，哪些需求是超出用户预期的。

表 9-2　KANO 需求分类矩阵

产品需求		消费型问题				
		很喜欢	还不错	无所谓	不太好	不喜欢
积极型问题	很喜欢	Q	A	A	A	O
	还不错	R	I	I	I	M
	无所谓	R	I	I	I	M
	不太好	R	I	I	I	M
	不喜欢	R	R	R	R	Q

在表 9-2 中：①M 表示 Must-be，是基本型需求；②O 表示 One Dimensional，是期望型需求；③A 表示 Attractive，是兴奋型需求；④R 表示 Reverse，是反向型需求；⑤Q 表示 Questionable，是可疑的结果；⑥I 表示 Indifferent，是无差异需求。

除此之外，KANO 需求分类矩阵还能显示出哪些需求是用户自己都不确定、自相矛盾的。当用户对两个类型问题的答案相同时，根据 KANO 矩阵会得出一个可疑的答案。这就好比用户说他既喜欢产品具备功能 A，又喜欢产品不具备功能 A，这样的答案是前后矛盾的。遇到这种情况时应对该用户的所有答案保持怀疑态度。但如果多数用户都出现可疑的答案那么可能是问题的描述存在问题。

（三）整理分析结果，确认需求的类型

对所有用户的答案进行分类之后，开始对结果进行整理。KANO 需求类型确认如表 9-3 所示。针对各个产品功能，选择最多用户认定的需求类型作为其最终类型。例如，有 10 名用户的答案显示产品功能 A 是兴奋型需求，有 20 名用户的答案显示产品功能 A 是期望型需求，那么就将产品功能 A 视为期望型需求。

表 9-3　KANO 需求类型确认

类型	M	O	A	I	R	Q	类别
功能 A	54	35	8	3	0	0	M
功能 B	63	20	2	14	1	0	M
功能 C	25	20	48	7	0	0	A
功能 D	13	55	20	10	1	1	O
功能 E	14	28	15	43	0	0	I

（四）计算 Better-Worse 系数，使需求可视化

可视化的第一步是基于上述第三步的统计数据，计算每个需求的 Better 系数和 Worse 系数。

1. Better 系数及其公式

Better 系数代表产品增加某个功能后用户的满意系数。Better 系数的值通常为正，表示产品如果提供某个功能，用户的满意度就会提升。Better 系数的绝对值越大，表示该功能对用户满意度的影响越大。其计算公式如下：

$$Better = (A+O) / (A+O+M+I) \tag{9-1}$$

2. Worse 系数及其公式

Worse 系数代表产品删除某个功能后用户的不满意系数。Worse 系数的值通常为负，表示产品如果不提供某个功能，用户的满意度就会降低。Worse 系数的绝对值越大，表示该功能对用户满意度的影响越大。其计算公式如下：

$$Worse = -(O+M) / (A+O+M+I) \tag{9-2}$$

3. 计算

计算表 9-2 中每个需求的 Better 系数和 Worse 系数：

・功能 A 的 Better 系数 = （A+O）/（A+O+M+I）=（8+35）/（8+35+54+3）= 43%

・功能 A 的 Worse 系数 =-（O+M）/（A+O+M+I）=-（35+54）/（8+35+54+3）= -89%

然后，以 Better 系数的绝对值为纵轴，Worse 系数的绝对值为横轴，建立坐标系，并按图 9-3 所示将坐标系分为四个象限。

（1）第一象限中 Better 系数值高，Worse 系数的绝对值也高。这个象限的需求属于期望型需求。如果产品提供这类功能，用户的满意度会提高；如果产品不提供这类功能，用户的满意度会随之下降。

（2）第二象限中 Better 系数值高，Worse 系数的绝对值低。这个象限的需求属于兴奋

型需求。如果产品提供这类功能，用户的满意度会显著提高；如果产品不提供这类功能，用户的满意度也不会有明显变化。

（3）第三象限中 Better 系数值低，Worse 系数的绝对值也低。这个象限的需求属于无差异型需求。无论产品是否提供这类功能，用户的满意度都不会发生变化。

（4）第四象限中 Better 系数值低，Worse 系数的绝对值高。这个象限的需求属于基本型需求。如果产品提供这类功能，用户的满意度不会有明显变化；如果产品不提供这类功能，用户的满意度会大幅降低。

对于每个产品功能，以 Better 系数值为纵坐标，以 Worse 系数值为横坐标，放置在坐标系中。表 9-3 中所有的功能及其坐标为：功能 A（89%，43%）、功能 B（83%，22%）、功能 C（45%，68%）、功能 D（68%，75%）、功能 E（42%，43%）。然后，在坐标系中标注每个功能的位置，如图 9-4 所示。

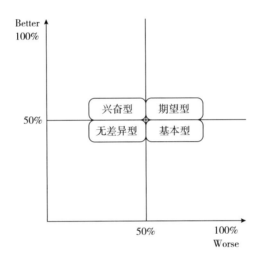

图 9-3　建立 Better-Worse 坐标系

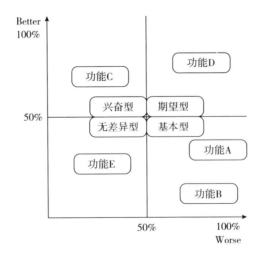

图 9-4　在 Better-Worse 坐标系标注产品功能位置

最后，根据用户对每个功能重要性的评分，将坐标系中的产品功能气泡进行放大或缩小，即用可视化的气泡大小来表示产品功能的重要程度，这样就可以直观地看到需求的分类和优先级的排布。需求优先级为：基本型需求>期望型需求>兴奋型需求>无差异型需求。位于同一象限内的需求优先级排布为：气泡大的需求>气泡小的需求，因此，图9-5中的需求优先级为：功能 A>功能 B>功能 D>功能 C>功能 E。

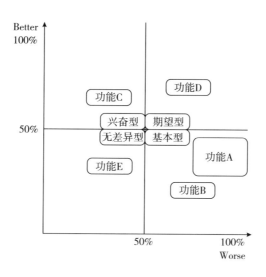

图 9-5 在 Better-Worse 坐标系中调整产品功能气泡大小

第二节 SIR 传染病传播模型

一、基本概念

传染病模型（Susceptible Infected Removed，SIR）是 Kermack 和 McKendrick 在 1927 年根据微分动力学方法建立的传染病模型，是传染病模型中最经典的模型，依据病毒在内部传播规律及相关社会因素等，建立能反映传染病动力学特性的 SIR 传染病模型。SIR 模型作为一种传播模型，是信息传播过程的抽象描述，通过定性和定量分析及仿真模拟，获得传染病的传播过程，从而揭示传染病的传播规律，有效预测未来的发展趋势，分析传染病在系统内部流行的原因。因为不能在内部进行实际传染病实验，所以利用传染病动力学方法建立传播模型，通过仿真模拟对传染病的传播规律进行理论研究非常重要。

SIR 模型将传染病传播过程的所有个体 N 分为三类。其中：

（1）易感者 S（Susceptibles）：是指系统内部中未得病且不具有免疫能力，能够与感染者接触且较易被传染的个体；

（2）感染者 I（Infectives）：是指系统内部中已经被感染，且具有一定的传染能力，能够将传染病传播给易感者的个体；

（3）免疫者 R（Removals）：也可称为恢复者，是指在系统内部被感染后痊愈，且具有一定的传染病免疫能力，不再被感染的个体。

二、模型机制

SIR 模型的建立基于以下三个假设：

（1）假设总人口保持恒定为 N，由于传染病持续时间较短，不考虑人群的迁入和迁出，忽略人口的自然出生与死亡对总人数的影响，即：

$$S(t) +I(t) +R(t) = N \tag{9-3}$$

（2）在 t 时刻的单位时间内，每个感染者所能感染的人数和易感者的数量成正比。不考虑疾病的潜伏期，即每个个体被感染后立即具有感染他人的能力。设感染系数为 β，也可称为感染概率，则在 t 时刻的单位时间内，每个感染者引发的感染者人数的增加为 $\beta S(t)$，即：

$$S(t) \xrightarrow{\beta S(t)I(t)} I(t) \tag{9-4}$$

（3）在 t 时刻的单位时间内，免疫者人数的增加和感染者人数成正比，每个免疫者发展永久性免疫并且不会再次感染该疾病。设免疫系数为 γ，也可以称为恢复概率，则在 t 时刻的单位时间内，新增加的免疫者人数为 $\gamma I(t)$，即：

$$I(t) \xrightarrow{\gamma I(t)} R(t) \tag{9-5}$$

综上所述，可将 SIR 模型的传播过程表示为：

$$S(t) \xrightarrow{\beta S(t)I(t)} I(t) \xrightarrow{\gamma I(t)} R(t) \tag{9-6}$$

在以上三个基本假设条件下，可知：将易感者和感染者充分混合时，易感者数量的降低率为 $\beta S(t)I(t)$，感染者数量的增长率为 $\beta S(t)I(t) -\gamma I(t)$，免疫者数量的增长率为 $\gamma I(t)$。易感者从被感染到免疫的过程可以用微分方程表示如下：

$$\begin{cases} \dfrac{dS(t)}{dt} = -\beta S(t)I(t) \\[2mm] \dfrac{dI(t)}{dt} = \beta S(t)I(t) -\gamma I(t) \\[2mm] \dfrac{dR(t)}{dt} = \gamma I(t) \end{cases} \tag{9-7}$$

三、其他传染病传播模型

除 SIR 模型外，SI 模型和 SIS 模型也是较为经典的传染病模型。此外，近年来大量传染病传播模型相继被提出，如 SIRS 模型、SEIR 模型、SIVR 模型等，这些模型极大地促进了传染病传播以及具有传染病传播特征的研究，本节选择五种常见的传染病模型类型介绍如下：

（一）SI 模型

SI 模型中的节点包含两种状态，分别是易感态 S 和感染态 I。网络中所有未被感染的节点所处的状态都是 S 态，表明该类节点是健康的节点，但有被感染的可能。相反，已被感染的节点则处在 I 态，该类节点可以以一定的概率感染其他健康的节点。由于该模型只包含了 S 和 I 两种状态，因此其也是最简单的传播模型。SI 模型可以用微分方程表示如下：

$$
\begin{cases}
\dfrac{dS\ (t)}{dt}=-\beta S\ (t)\ I\ (t)\\[2mm]
\dfrac{dI\ (t)}{dt}=\beta S\ (t)\ I\ (t)\ -\gamma I\ (t)
\end{cases}
\qquad (9\text{-}8)
$$

（二）SIS 模型

SIS 模型在 SI 模型的基础上增加了新的状态 S，也就是说，节点被感染为 I 态后可以恢复，该模型与 SIR 模型的不同点在于 SIR 模型中恢复的节点具有免疫能力，不会被再次感染，而 SIS 模型中被感染后恢复的节点仍然可能会被再次感染。SIS 模型可以用微分方程表示如下：

$$
\begin{cases}
\dfrac{dS\ (t)}{dt}=\gamma I\ (t)\ -\beta S\ (t)\ I\ (t)\\[2mm]
\dfrac{dI\ (t)}{dt}=\beta S\ (t)\ I\ (t)\ -\gamma I\ (t)
\end{cases}
\qquad (9\text{-}9)
$$

（三）SIRS 模型

针对社交网络的复杂性，有学者提出了符合社交网络中信息传播的 SIRS 模型。在被治愈后，没有获得免疫能力，又以 α 的概率再次成为易感染者，无法最终免疫，新的易感染者出现，新的一轮传染开始，α 为丧失免疫率。其微分方程为：

$$
\begin{cases}
\dfrac{dS\ (t)}{dt}=-\beta S\ (t)\ I\ (t)\ -\alpha R\ (t)\\[2mm]
\dfrac{dI\ (t)}{dt}=\beta S\ (t)\ I\ (t)\ -\gamma I\ (t)\\[2mm]
\dfrac{dR\ (t)}{dt}=\gamma I\ (t)\ -\alpha R\ (t)
\end{cases}
\qquad (9\text{-}10)
$$

（四）SEIR 模型

SEIR 模型是以 SIR 模型为基础，加入潜伏节点 $E\ (t)$。$E\ (t)$ 表示在 t 时刻潜伏者在网络中的比例。在易感者中，一部分以概率 β 直接被感染，成为感染者；另一部分以 δ 的感染率变成潜伏者，潜伏者以 θ 的概率转化为感染者，感染者则以 γ 的免疫率被治愈，获得抗体，不会被再次感染也不会改变状态。其微分方程为：

$$
\begin{cases}
\dfrac{dS\ (t)}{dt}=-\delta S\ (t)\ E\ (t)\ -\beta S\ (t)\ I\ (t)\\[2mm]
\dfrac{dE\ (t)}{dt}=\delta S\ (t)\ E\ (t)\ -\theta E\ (t)\\[2mm]
\dfrac{dI\ (t)}{dt}=\theta E\ (t)\ +\beta S\ (t)\ I\ (t)\ -\gamma I\ (t)\\[2mm]
\dfrac{dR\ (t)}{dt}=\gamma I\ (t)
\end{cases}
\qquad (9\text{-}11)
$$

（五）SIVR 模型

实际上，病毒传播过程中不是所有的感染者都能够恢复，处于感染状态没有抵抗力，新的病毒很大机会在此时入侵。Elena 等建立了 SIVR（Susceptible Infective Variant Recovery）模型，其中 V 表示变异者，易感者以 β 概率转变为感染者后，感染者有三种转化形式：感染者以 γ 概率直接变成免疫者；感染者内部变异，以概率 λ 从 I 状态变成变异者；感染者接触到新病毒，以 φ 概率转变成变异者。即 λ 为内部变异率，φ 为接触变异率。其微分方程为：

$$\begin{cases} \dfrac{dS\ (t)}{dt} = -\beta S\ (t)\ I\ (t) \\[2mm] \dfrac{dE\ (t)}{dt} = \beta S\ (t)\ I\ (t)\ -\varphi I\ (t)\ V\ (t)\ -\lambda I\ (t)\ +\gamma I\ (t) \\[2mm] \dfrac{dI\ (t)}{dt} = \varphi I\ (t)\ +\lambda I\ (t) \\[2mm] \dfrac{dR\ (t)}{dt} = \gamma I\ (t) \end{cases} \qquad (9-12)$$

第三节　S-O-R 理论

一、S-O-R 理论内涵

S-O-R 理论作为分析外界刺激对个体心理及行为反应作用的重要理论框架，是基于 Waston 在 Psychology from the Standpoint of a Behaviorist 中刺激-反应理论（Stimulus-Response Theory，S-R 理论）发展而来的。S-R 理论作为行为主义的重要理论，其将人类复杂行为抽象为"刺激"与"反应"两个部分，如图 9-6 所示，该理论被广泛应用于教育学、市场营销学等领域。然而，S-R 理论忽略了对刺激接受者内心状态及内在意识作用的探索，尚停留在外显刺激及行为层面研究。

图 9-6　刺激-反应（S-R）理论模型

1926 年，美国心理学家 Woodworth 在 S-R 理论基础上首次提出 S-O-R 模型，他认为心理学的研究对象应包含意识与行为两个方面，并意识到处于刺激与反应之间的机体内部心理因素的作用，认为来自外界环境中的刺激会影响到人类个体的情感，进而影响个体随后的行为反应。1951 年，Tolman 针对 S-R 理论的不足之处提出了 S-O-R 理论，认为用户处于中心位置，刺激与反应间的联系是间接的、灵活的，并且机体的内部感知发挥着中介作用。由此，理论探索从早年的 S-R 理论向 S-O-R 模式以及 S-O-R 理论演变，形成了初步的架构。

基于前人提出的相关模型及理论，Mehrabian 和 Russell 于 1974 年提出趋近（Approach）与规避（Avoidance）两种反应维度，进一步完善了 S-O-R 理论。较之 Woodworth 的 S-R 理论及 Tolman 的 S-O-R 理论，Mehrabian 和 Russell 的 S-O-R 理论解构了人们受到刺激后行为产生的完整过程，可为个体受到刺激后内在状态变化的深入分析提供理论支撑，如图9-7所示。

图9-7 刺激-机体-反应（S-O-R）理论模型

S-O-R理论模型由三个部分组成，分别是刺激（Stimulus，S）、机体（Organism，O）和反应（Response，R）。其中：

（1）刺激（S）是影响因素，指个体所处的外部环境的刺激，如政治、文化、经济等不可控因素。

（2）机体（O）是介于外部刺激和最终反应之间的一个内部处理过程，在这个过程中，机体将外界刺激转化为有效信息，作为后续行为的依据，它可以是感觉、知觉和情感等因素。

（3）反应（R）是刺激对象的态度或行为的结果变量，包括心理反应和行为反应。来自外界环境的刺激分为正向刺激与反向刺激，若个体受到的刺激为正向，则会产生趋近行为，如探寻、逗留等；若个体受到的刺激为反向，则会产生规避行为，如离开、放弃等。

二、S-O-R 的应用方法选择及其流程

（一）S-O-R 理论应用模式框架

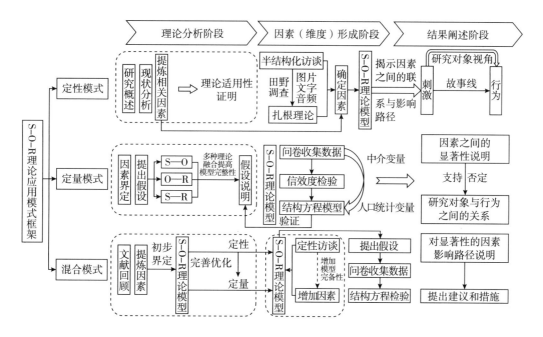

图9-8 S-O-R 理论应用模式框架

（二）定性研究流程

（1）理论分析阶段，以辩证 S-O-R 理论的适用性为主。首先介绍研究对象及问题，分析已有学者在研究该问题时使用的理论、方法等，证明此类问题可从行为心理学角度进行阐释；其他进而将行为过程划分为刺激-机体-反应，同时提炼与研究对象可能相关的因素。

（2）研究因素/维度形成阶段，研究思路为利用田野调查方法分析信息行为内在机理。一般采用半结构化访谈方法收集研究对象在某一特定环境下的图片、文字、音频等资料；进而利用扎根理论对资料进行编码处理，提炼影响因素填充至 S-O-R 理论框架中，分析影响因素之间的联系和作用路径。

（3）结果阐述阶段，侧重在 S-O-R 框架下将外界刺激与行为表现通过"故事线"连接在一起，以当事人的视角理解现象的意义或对事物的看法，由此建立假设和理论，但不对研究结果做普适性的推演。

（三）定量研究流程

（1）理论分析阶段，对文献回顾的同时进行因素界定并提出假设，以期通过已有文献提炼因素，并对 S、O、R 层面因素之间的关系与影响路径进行假设说明，关系和假设上学者多研究刺激维度对机体维度、刺激维度对反应维度以及机体维度对反应维度的作用关系。此外，S-O-R 框架融入多种理论，如 TAM 模型及动机理论等。

（2）研究实证阶段，普遍采用问卷调研进行数据收集，采用结构方程进行模型拟合，涉及信效度、中介变量、调节变量等。

（3）结果阐述阶段，主要分析两个或多个因素之间影响路径的显著性并解释原因，从而支持或否定前文的假设。

（四）混合研究框架

（1）理论分析阶段，遵循从定量流程出发，对历史文献进行回顾，进而提炼出相关因素初步界定 S-O-R 理论框架内容。

（2）研究因素/维度形成阶段，以上一阶段框架作为基础，通过定性访谈的方式增加访谈中提炼的但现有文献中尚未关注的要素，从而保证要素的完备性；进而对 S-O、O-R、S-R 间关系进行梳理提出整合模型及研究假设，并进行数据收集及检验。

（3）结果阐述阶段，从定量角度出发，对因素影响路径的结论进行分析，并提出建议和策略。不难发现，S-O-R 理论的混合流程，其科学性、严谨性以及实验结果的可靠性相较于单一的研究方法更好。

第四节　技术接受模型

一、技术接受模型的理论源泉

（一）理性行为理论

许多学者在围绕具体情境研究用户态度、意向与行为之间关系的基础上，建立了一些理论模型，其中以 1975 年 Fishbein 和 Ajzen 提出的理性行为理论为代表。理性行为理论

（Theory of Reasoned Action，TRA）源于社会心理学学科，该理论的基本前提是认为人是有理性的个体，个体在各种行为发生前要进行信息加工、分析和合理的思考，并能根据所获取的信息理性地进行决策。可以看出，该理论研究的是有意识行为的决定性因素，学者发现该理论能很好地预测和解释个体行为，从而成为研究人类行为最基础、最有影响力的理论之一。

在理性行为理论中，行为意图（Behavioral Intention，BI）直接影响个体的实际行为（Actual Behavior，AB），而个体对采取该行为的态度（Attitude Toward Behavior，ATB）和主观规范（Subjective Norm，SN）共同影响行为意图，即个体首先根据对特定事物的理性态度作内部的判断，然后依据社会的准则进行权衡，在判断和权衡后才会形成后续行为。此外，个体对行为结果的信念（即个人对某种行为结果发生的可能性的主观判断）和个体对行为结果的评价（即个人感受到的对于其重要的人或团体对他/她的期待）和依从动机（即个人愿意顺从上述期待的动机）则共同影响着其主观规范。理性行为理论的基本理论框架如图9-9所示。

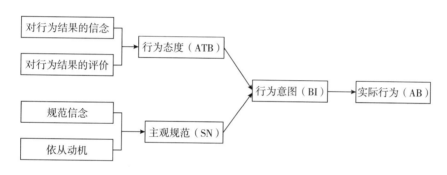

图9-9　理性行为理论的基本理论框架

（二）计划行为理论

许多学者发现，在某些情况下，人们所研究的个体行为并不能完全由个体控制，这时如果还利用理性行为理论进行预测，可能会出现问题。事实上，理性行为理论的设计是对在人们意志控制下的实际行为的预测，适应于使用者不受任何外部资源和个人能力的限制的情况。当一些行为不完全在意志的控制下时，该模型的解释力就会出现不足。

1985年，Ajzen提出了计划行为理论（Theory of Planned Behavior，TPB），这是对理性行为理论的扩展。该理论增加了行为控制认知（Perceived Behavior Control，PBC）作为行为意图的一个直接影响因素，由行为态度、主观规范和行为控制认知共同决定行为意向，其模型如图9-10所示。

计划行为理论从三个阶段分析了个体行为的形成过程：①行为取决于个体的行为意图；②行为意图受行为态度、行为的主观规范或行为控制认知三者或其中一部分的影响；③行为态度、主观规范及行为控制认知取决于人口变量、人格特质、对事物的信念和倾向态度、工作特性、情境等外部变量。

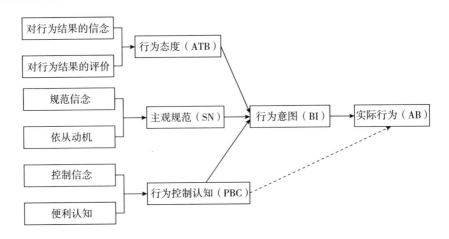

图 9-10　计划行为理论

行为控制认知是指个体感知完成某一行为的难易程度（Ajzen，1991），它反映个体某一行为过去的经验和预期的困难，受到控制信念和便利认知（Perceived Facilitation）这两个变量的影响。控制信念指个人对于自己所拥有的采取行为所需的能力、资源和机会的认知；便利认知则指个人对这些能力、资源和机会对其行为影响重要性的评估。所以，行为控制认知受控制信念和便利认知的影响可用式（9-13）表示，即：

$$PBC = \sum_{i=1}^{n} cb_k \cdot pf_k \tag{9-13}$$

式中：cb_k 是指个体采取行为所需的资源与机会；pf_k 是指资源与机会对所采取行为的重要程度。

一般而言，行为态度和主观规范越正向且行为控制认知越强时，行为意图越强。整个模型可以用式（9-14）和式（9-15）表示，即：

$$BI = w_1ATB + w_2SN + w_3PBC \tag{9-14}$$

$$AB = w_4BI + w_5PBC \tag{9-15}$$

式中：w_1、w_2、w_3、w_4、w_5 为相对的权重系数。

根据计划行为理论，当行为主体为了执行心中想要从事的行为，却又不能完全控制其行为时，必须具备一些必不可少的资源和条件，而对自己是否具备这些资源和条件的认知，将影响个体的行为意图和实际行为。

理性行为理论和计划行为理论在社会心理学中，被广泛地用来解释和预测信念、态度、意向和行为之间的认知和影响因素。

二、技术接受模型理论

技术接受模型理论是信息系统采纳研究领域广泛使用的、对用户技术接受行为具备很好解释力的基础理论，是近二十年来对 IS/IT（信息系统/信息技术）接受行为的解释最有影响力和引用最多的理论模型之一。目前，技术接受模型理论经历了从 TAM、TAM2、UTAUT 到 TAM3 的演进。技术接受模型是一个较为精简的模型，它为后续研究提供一条主线，即用户对新技术的使用行为取决于用户的行为意向。TAM2 模型扩展了 TAM 模型，对感知有用性的决定性因素进一步细化，并将经验考虑在内，它为 UTAUT 和 TAM3 模型提供了重要支撑，但缺乏对 TAM 模型中感知易用性的研究。UTAUT 主要是将其他理论模型引入技术接受模型中，将这些模型中对行为意向和使用行为起到决定性的因素进行整合，并探索了调节变量（性别、年龄、使用经验、自愿性）对技术接受模型的影响。而 TAM3 融入了其他模型的因素，是对 TAM2 的进步扩充和延伸，对于信息技术接受提出了使用决定因素的综合模型，其主要在于 TAM3 既能够全面衡量用户行为，又能够在实际检验过程中得到验证。

（一）技术接受模型 TAM

技术接受模型（Technology Acceptance Model，TAM）是由美国阿肯色州立大学 Davis 教授于 1989 年在理性行为理论（Theory of Reasoned Action，TRA）基本假设的基础上吸收期望理论、自我效能理论等相关理论，提出的用于解释用户信息技术接受行为的模型，如图 9-11 所示。

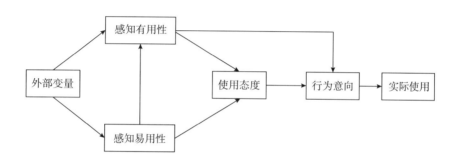

图 9-11 技术接受模型 TAM

TAM 模型能解释、预测用户面对 IT/IS 时的态度与行为表现，体现了用户使用信息技术的行为特征：信念→意向→行为。在 TAM 模型中，两个重要结构变量分别是使用态度（Attitude，AT）和行为意向（Behavior Intention，BI）；而影响这两个变量的关键因素是个体对技术的感知有用性（Perceived Usefulness，PU）和感知易用性（Perceived Ease of Use，PEOU）。另外，TAM 模型还包括间接影响用户使用行为意向的外部变量（External Variables），具体分析如下：

（1）感知有用性。感知有用性是指在组织相应环境中，用户对于利用信息系统或技术将提高他们的学习表现以及工作绩效的期望主观机率。Davis 认为感知有用性是影响使用态度和行为的重要因素。用户认为某信息系统或技术有用程度很高，可以帮助其提高工作效率，则使用该系统或技术的行为意向较高。即：感知有用性与使用态度、使用行为均呈正向相关。

（2）感知易用性。感知易用性是指用户认为使用某信息系统或技术的难易程度。Davis 认为感知易用性是影响用户使用行为和态度的另一个重要因素。如果用户感受使用或学习该信息系统或信息技术较容易，那么在采用态度上更倾向于采用该信息系统或技术，从而节省更多的人力资源和时间去完成工作。总之，某个信息系统是否简便易学，会对用户对该系统的接受态度产生影响，从而影响用户的使用行为。

（3）外部变量。TAM 作为一种理论模型，可适用于各种信息系统或科技创新技术，但是不能对用户在科技创新技术方面的认知提供足够的信息。外部变量是为了增强模型对新系统、新技术接受程度和使用意向的预测能力而增加的附属变量。在实现过程中，主要通过感知有用性和感知易用性对用户行为和态度产生影响，进而影响用户的使用行为。其相互影响关系如公式：

$$BI = AT + PU \tag{9-16}$$

$$AT = PU + PEOU \tag{9-17}$$

$$PU = PEOU + EV \tag{9-18}$$

$$PEOU = EV \tag{9-19}$$

式（9-16）表示：用户行为意向、行为态度、感知有用性三者之间的关系。行为态度是行为意向在心理上的一种体现，但不是行为意向的全部决定因素。感知有用性也是影响行为意向的一个重要因素，直接对行为意向产生作用。

式（9-17）表示：感知有用性利用技术获得绩效的情感对行为态度产生影响，与行为态度正相关；感知易用性则直接或间接影响行为态度。

式（9-18）表示：感知有用性同时受到感知易用性和外部变量的影响。

式（9-19）表示：感知易用性受到外部变量的影响。许多系统为了便于用户操作，对系统界面导航、图标、触摸屏等进行设计，可以增强信息系统或技术的易用性。许多实证研究证明了系统特征、界面特征等因素对感知易用性有影响。

TAM 模型通过了解使用者与信息系统交互后的使用情况，试图研究人们为何接受或者拒绝使用信息系统，较好地诠释用户使用信息系统的感知有用性、感知易用性、态度行为意向与实际使用行为之间的相互关系和影响，是衡量用户接受新技术的重要工具。自从 TAM 提出以后，经过长期的理论研究和实证检验，对信息系统的用户接受研究产生了重大影响，形成了大量建立在该理论框架下的创新研究。

（二）扩展技术接受模型 TAM2

TAM 模型是一个具备高度概括性和简洁性的、用于解释和预测信息技术使用的普适模型。但该模型比较模糊的解释外部变量通过感知有用性和感知易用性这两大变量影响用户行为意向，没有明确指出影响感知有用性和感知易用性的变量是什么，进而就无法确定影响用户的行为意图的具体变量。大量关于 TAM 的实证研究证明，行为意向的重要决定因素始终是感知有用性，Venkatesh 和 Davis（2000）在 TAM 的基础上提出了 TAM2 模型，删去了使用态度这一变量，并细化和扩展了感知有用性的外部变量，增加了主观规范（Subjective Norm，SN）、产出质量（Output Quality，OQ）、形象（Image）、工作相关性（Job Relevance，JR）、结果展示性（Result Demonstrability，RD）等易于评估的外部变量和经验、自愿性两个调节变量，如图 9-12 所示。

Venkatesh 和 Davis 提出的 TAM2 模型首次通过实证明确得到感知有用性的决定因素主要包括三个部分的内容：感知过程、社会影响过程、调节变量。其中，社会影响过程主要涉及主观规范、形象、经验和自愿性。在他们的研究中，主观规范通过用户自我认同、内化等方式使用户对自我认知进行加固，且通过形象因素影响感知有用性。认知工具性过程主要包括工作相关性、产出质量、感知易用性、结果展示性，主要用于体现用户对技术与任务匹配的程度以及使用技术后的产出质量，在此基础上，才会考察结果的易用性与可理解性。调节变量主要是指自愿性因素和经验因素。TAM2 研究表明在组织环境中主观规范在强制使用技术的情境中会影响用户的行为意向。同时，主观规范对行为意向和感知有用性的影响还受到经验的影响，即随着用户经验的增加，在接受决策时对他人意见的依赖程度显著降低。

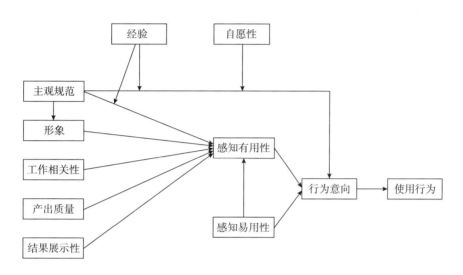

图 9-12　扩展技术模型 TAM2

TAM2 与 TAM 相比较，对 TAM 模型中的感知有用性进行了深化，如增加了用户对信息技术的认知态度和社会环境对用户行为的影响等；但 TAM2 对 TAM 模型中存在的诸如内部动机和控制因素等问题仍未能得到很好的解决。

（三）技术接受与利用整合理论 UTAUT

2003 年，Venkatesh、Davis 等再次对 TAM 理论进行了完善，他们分析了过去主要的八个理论模型：①技术接受模型（TAM）（Davis，1989）；②创新扩散理论（IDT）（Rogers，1995）；③理性行为理论（TRA）（Fishbein & Ajzen，1975）；④激励模型（MM）（Davis，Bagozzi & Warshaw，1992）；⑤计划行为理论（TPB）（Ajzen，1991）；⑥整合技术接受和计划行为理论（Combined TAM and TPB）（Taylor & Todd，1995）；⑦个人计算机使用模型（MPCU）（Thompson，Higgins & Howell，1991；Triandis，1977）；⑧社会认知理论（SCT）（Bandura，1986；Compeau & Higgins，1995；ComPeau，Higgins & Huff，1999）。Venkatesh 等对信息技术接受领域这八个理论进行整合，进而提出了 UTAUT 模型（Unifed Theory of Acceptance and Use of Technology，技术接受与利用整合理论），如图 9-13 所示。

UTAUT 模型把上述八个模型中的影响变量集成为四个影响使用行为和使用意向的核心变量，分别是绩效期望（Performance Expectancy，PE）、努力期望（Effort Expectancy，EE）、社会影响（Social Influence，SI）和促成因素（Facilitating Conditions，FC），此外，还增加了性别、年龄、经验和自愿程度四个调节变量。实际上，UTAUT 模型仍以 TAM 模型为核心，但应用在不同的具体领域中时，该模型将不同的外部变量进行整合。

在大多数情况下绩效期望是行为意向的决定因素，而且它对年轻使用者和男性的影响程度更大；同时，性别和年龄的调节效应也会波及努力期望对行为意向的影响，对女性和老年人的影响更加显著。绩效期望主要从五个要素来解释：感知有用（即用户认为信息技术或信息系统可以提高或改善他们的工作），外部激励（用户认为通过某种激励从而采取某一行为的认知），认为适配（信息系统对于工作绩效提升的程度），相对优越性（采纳新技术可以获得更高的工作绩效和表现），输出期望（包括个人期望和工作期望）。努力期望主要是指用户学习信息技术所需付出的成本，由于用户的年龄、性别和使用经验有差异，用户对系统的努力期望也会不一样。社会影响主要是指用户认为重要的人或群体对其是否应该使用IT/IS的态度，正向影响使用意向，且受到性别、年龄、经验的调节控制。

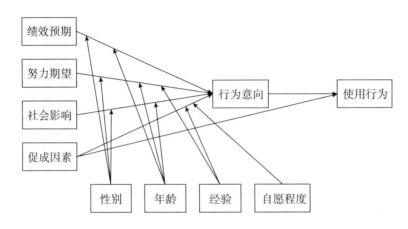

图9-13　技术接受和使用统一理论模型 UTAUT

（四）技术接受整合模型 TAM3

用户对IS/IT接受和使用研究从TAM到TAM2，再到UTAUT，其理论越来越成熟，预测和解释能力也不断增强。虽然很好地解释了信息系统对用户个体的感知易用性和感知有用性，但依然没有充分解释哪些因素影响感知易用性和感知有用性，更重要的是，信息系统没有得到大范围的接受使用，造成TAM对从业者缺乏可操作的实践指导。

2008年，Venkatesh等在已有研究的基础上提出了影响感知有用性和感知易用性的整合模型，即技术接受整合模型——TAM3模型，如图9-14所示。TAM3完全包含了TAM和TAM2两个模型的所有变量。TAM3解决了之前TAM、TAM2没有解决的问题，即确定了感知易用性的前因变量是否会影响感知有用性，感知有用性的前因变量与感知易用性之间是否存在关系。TAM3包括了影响用户的系统信念的社会因素、控制因素、内外部动机和情感，且考虑到了技术使用不同阶段易用性认知的影响因素的变化。

另外，TAM3在考虑如何对技术采纳施加干预的同时并没有过多地考虑调节变量的影响，在继承TAM2成果的基础上对于调节变量增加了新的调节关系：随着经验的增加，感知易用性有助于用户感知有用性的作用更强；计算机娱乐性对易用性认知的影响消失，而针对具体系统的愉悦性认知开始影响易用性认知；计算机自我效能和计算机焦虑转变为用户对系统客观可用性的评价；用户对使用技术所需的努力有了准确的认知，则计算机焦虑对易用性认知的影响消失；感知易用性对行为意向的影响将不再重要，因为用户熟悉技术并获得了实践经验之后已经获得了使用技术的相关知识。

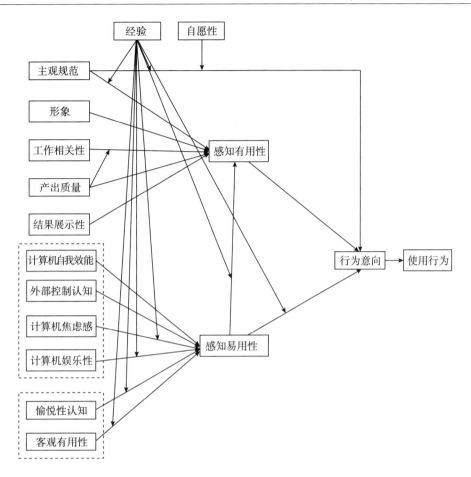

图 9-14 技术接受整合模型 TAM3

第五节 相关理论模型适用情景与典型范例

一、相关理论模型的适用情景

KANO 模型、S-O-R 理论、技术接受模型、传染病传播模型等外学科理论模型引入信息资源管理学科时，都进行了优化调整并逐渐形成了独特的适用情景，具体说明如下：

（1）KANO 模型主要适用于用户需求分析。最为典型和常见的是利用 KANO 模型进行信息服务或系统功能需求分析，如公共文化云平台、预印本平台、专利信息服务平台、虚拟学术社区、图书馆线上服务、学科服务等；此外，也有研究尝试将其应用到用户满意度分析、数字素养教育等新领域中。

（2）S-O-R 理论主要适用于用户意愿及信息行为研究。该理论兼具元理论-工具理论属性，可基于动态视角从刺激、机体到反应维度较为清晰地阐释外部环境、用户内心状态及后续行为变化的关系，为相关研究提供了一个简洁且结构化的框架。从行为发生的场景看，S-O-R 理论适用于虚拟知识社区、社交及商务平台、电子政务平台、图书馆服务平台、社会化媒体等多种类型的信息系统；从行为类型看，该理论适用于信息/知识交流行为、信息/知识共享行为、信息搜寻行为、信息中缀行为、信息偶遇行为、知识转移行为，以及用户流失、转移、规避等行为。

（3）技术接受模型适用于用户使用或不使用新技术的原因、使用意愿以及影响用户采纳或者使用信息技术的因素等方面的研究。从我国信息资源管理学科已有研究看，其适用范围非常广泛，移动应用、电子商务、企业信息系统、数据库网络信息资源、网站及 PC 软件等都可以作为研究中的接受对象；高校师生、企业职工、中小学生、农村居民、城市居民、网络用户等都可以作为研究中的接受者。

（4）传染病传播模型适用于信息传播及舆情控制研究。概括地说，具有口口相传特性信息的传播，以及各类舆情的预警、控制研究都可以作为该模型的应用场景。从我国信息资源管理学科研究实践来看，文本信息、图文信息、短视频等不同模态的信息都适用该模型；阅读推广信息、微信公众号内容、政府开放数据等正向信息，以及网络谣言、虚假信息、舆情信息、情绪信息等总体偏负向的信息，也都适用该模型；同时，除关注各类信息的传播预测外，还有不少研究基于该模型开展预警、控制等治理工作研究。

值得指出的是，S-O-R 理论和技术接受模型一般都不会单独使用，而是和实地调查、问卷调查、访谈、实验等数据收集方法，以及信度检验、效度检验、回归分析、方差检验、结构方程模型等数理统计分析方法结合使用。

二、相关理论模型的典型范例

为便于初学者更直观地理解这些理论模型的应用场景和实施方法，从近年来发表于信息资源管理学科核心期刊的相关论文中选择了一些典型范例，如下所示。

（一）KANO 模型典型范例

［1］初彦伯，王萍，李佳恒，等．专利信息服务平台功能的 KANO 模型分析［J］．情报资料工作，2022，43（5）：71-80.

［2］王雪，董庆兴，张斌．面向在线评论的用户需求分析框架与实证研究——基于 KANO 模型［J］．情报理论与实践，2022，45（2）：160-167.

［3］王傲男，詹庆东．基于 KANO 模型的学科服务平台优化探究——以 FULink 学科服务平台为例［J］．图书情报工作，2021，65（15）：100-110.

［4］李贺，曹阳，沈旺，等．基于 LDA 主题识别与 KANO 模型分析的用户需求研究［J］．情报科学，2021，39（8）：3-11+36.

［5］赵宇翔，刘周颖，徐炜翰．基于 KANO 模型的公众科学平台游戏化要素研究［J］．图书与情报，2019，187（3）：38-49.

［6］韦景竹，曹树金，陈忆金．基于读者需求的城市公共图书馆服务质量评价模型研究——以广州图书馆为例［J］．图书情报知识，2015，168（6）：36-47+88.

（二）SIR 传染病模型典型范例

［1］万立军，郭爽，侯日冉．基于 SIRS 模型的微博社区舆情传播与预警研究［J］．情报科学，2021，39（2）：137-145.

［2］马文飞，赵欧荣，韩放．改进 SIR 模型在高校图书馆阅读推广信息传播中的应用

研究［J］．图书情报工作，2020，64（20）：74-80.

［3］张宝生，张庆普．重大突发公共事件中网络虚拟社群负面情绪传染规律及治理研究——来自新冠病毒疫情防控措施的启示［J］．情报杂志，2020，39（9）：121-128.

［4］张亚明，何旭，杜翠翠，等．负面情绪累积效应下网民群体情绪传播的IESR模型研究［J］．情报科学，2020，38（10）：29-34.

［5］王雨嘉，侯合银．小世界网络中基于一种改进模型的谣言传播研究［J］．情报杂志，2019，38（4）：138-147+167.

［6］朱晓霞，胡小雪．多层社交网络中节点影响力的识别［J］．情报理论与实践，2019，42（1）：105-111.

（三）S-O-R理论典型范例

［1］池毛毛，王俊晶，王伟军．突发重大疫情下基层政府信任对公民信息不披露意愿的影响机制研究［J］．情报学报，2021，40（6）：666-678.

［2］徐孝娟，赵宇翔，吴曼丽，等．S-O-R理论视角下的社交网站用户流失行为实证研究［J］．情报杂志，2017，36（7）：188-194.

［3］徐孝婷，朱庆华，杨梦晴，等．面向个人健康信息管理的量化自我持续参与动机研究［J］．情报学报，2022，41（3）：229-243.

［4］黄炜，沈欣芸，李伟卿．视频博客Vlog用户的持续使用行为影响因素研究——以Bilibili为例［J］．现代情报，2022，42（6）：69-79.

［5］胡敏，易明，刘继月．青年用户网络表情符号使用意愿影响因素研究［J］．图书情报知识，2022，39（2）：6-19.

［6］甘春梅，黄凯，许嘉仪，等．社会化商务持续意愿影响因素的实证研究：技术性因素与感知价值的影响［J］．数据分析与知识发现，2018，2（4）：29-37.

（四）技术接受模型典型范例

［1］黄鑫昊，冯馨瑶．大学生移动短视频主动发布意愿的动力机制研究［J］．情报科学，2021，39（11）：83-89+95.

［2］王军，程文婷．教育类移动应用技术接受模型构建［J］．图书情报工作，2017，61（16）：60-65.

［3］陈美，梁乙凯．面向用户的开放政府数据采纳模型研究——基于UTAUT理论［J］．现代情报，2021，41（8）：160-168.

［4］涂瑞德，操慧子，明均仁．虚拟学术社区用户采纳意愿的影响因素［J］．图书馆论坛，2020，40（20）：10-16.

［5］朱光，李凤景，沈雨萌，等．社交媒体隐私政策的阅读意愿研究——基于TAM模型与自我效能理论视角［J］．现代情报，2022，42（1）：150-166.

［6］徐绪堪，蓝姚瑶，王晓娇．面向突发事件的微博用户转发行为影响因素研究［J］．情报科学，2022，40（5）：11-18.

第十章 机器学习

机器学习算法是一类从数据中自动分析获得规律，并利用规律对未知数据进行预测的算法。学习能力是人类智能的根本特征，机器学习就是专门研究计算机怎样模拟人类的学习行为，以获取新的知识或技能，重新组织已有的知识结构使之不断改善自身的性能，实现自我完善。它是人工智能的核心，是使计算机具有智能的根本途径，其应用遍及人工智能的各个领域。

第一节 机器学习基本概念及发展历程

作为人工智能的一个重要研究领域，机器学习的研究工作主要围绕学习机理、学习方法、面向任务三个基本方面的研究。

一、机器学习的基本概念与任务

机器学习的核心是学习。关于学习，至今没有一个精确的、能被公认的定义。这不仅是因为进行这一研究的人们分别来自不同的学科，更重要的是学习是一种多侧面、综合性的心理活动，它与记忆、思维、知觉、感觉等多种心理行为都有着密切的联系，使人们难以把握学习的机理与实现。目前在机器学习研究领域影响较大的是美国卡耐基梅隆大学教授西蒙的观点：学习是系统中的任何改进，这种改进使系统在重复同样的工作或进行类似的工作时，能完成得更好。学习系统的基本模型就是基于这一观点建立起来的。为了使计算机系统具有某种程度的学习能力，使它能通过学习增长知识、改善性能、提高智能水平，需要为它建立相应的学习系统。一个学习系统必须具有适当的学习环境、一定的学习能力，并且能应用学到的知识求解问题。一个学习系统一般由环境、学习单元、知识库、执行与评价四个基本部分组成，如图 10-1 所示。

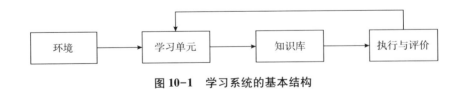

图 10-1 学习系统的基本结构

在图 10-1 中，箭头表示信息的流向。环境是指外部信息的来源，它可以是系统的工作对象，也可以包括外界条件，它将为系统的学习提供相关对象的素材和信息。学习单元对环境所提供的信息进行处理，相当于各种学习算法。它通过对环境的搜索取得外部信息，然后经过分析、综合、类比、归纳等思维过程获得知识，并将这些知识存入知识库中。知识库用于存储通过学习得到的知识，在存储时要进行适当的组织，使它既便于应用又便于维护。执行与评价是整个学习系统的核心，由执行和评价两个环节组成，执行环节用于处理系统面临的现实问题，即应用学习到的知识求解问题，如定理证明、智能控制、自然语言处理、机器人行动规划等；评价环节用于验证、评价执行环节的效果，如结论的正确性等。另外，根据执行的效果，要给学习环节一些反馈信息，学习单元将根据反馈信息决定是否要从环境中索取进一步的信息进行学习，以修改、完善知识库中的知识。各类机器学习算法主要为了解决三类典型任务。

第一类是无监督学习问题：给定数据，并从数据中发现信息。它输入的是没有维度标签的历史数据，要求输出的是聚类后的数据。其典型的应用场景是用户聚类、新闻聚类等。

第二类是监督学习问题：给定数据，并预测这些数据的标签。它输入的是带有维度标签的历史数据，要求输出的是依据模型所做出的预测。其典型的应用场景是推荐、预测。

第三类是强化学习问题：给定数据，并选择动作以最大化长期奖励。它输入的是历史的状态、动作和对应奖励，要求输出的是当前状态下的最佳动作。与前两类问题不同的是，强化学习是一个动态的学习过程，而且没有明确的学习目标，对结果也没有精确的衡量标准。强化学习作为一个序列决策问题，就是计算机连续选择一些行为，在没有任何维度标签的情况下，计算机先尝试做出一些行为，然后得到一个结果，通过判断这个结果是对还是错，用来对之前的行为进行反馈。

二、机器学习的发展历程

机器学习的研究对于发现人类学习的机理和揭示人脑的奥秘起到了至关重要的作用，因此在人工智能发展的早期，机器学习的研究处于非常重要的地位。纵观机器学习的发展历程，可以概括为以下四个阶段。

第一阶段为 20 世纪 50~60 年代，这个阶段属于机器学习的"萌芽期"，主要研究的是无知识学习。此时期诸多经典的算法被提出，但大多数都集中在人工神经网络方向，如美国康奈尔大学教授弗兰克（Frank Rosenblatt）提出的 Perceptron 理论、美国神经科学家休伯尔（Hubel）等提出的生物视觉模型等，但当时的模型局限性很大，其性能还达不到人们对机器学习系统的期望。机器学习萌芽期的代表性事件如图 10-2 所示。

第二阶段为 20 世纪 60~70 年代，这一阶段属于机器学习的"低谷期"，主要研究符号概念获取，并提出关于学习概念的各种假设。但是当时提出的各类机器学习算法，性能上存在缺陷，难以满足业务需求，学术界对机器学习的研究热情也由此陷入一个低谷期。机器学习低谷期的代表性事件如图 10-3 所示。

第三阶段为 20 世纪 80~90 年代，这一阶段属于机器学习的"复苏期"。标志事件是1980 年在美国召开的首届机器学习国际研讨会，其标志着业界对机器学习研究重新回到了正轨。更重要的是人们普遍认识到，一个系统在没有知识的条件下是不可能学到高级概念的，因此人们引入大量知识作为学习系统的背景知识，并且从学习单个概念扩展到学习多个概念，探索不同的学习策略和各种学习方法，尝试把学习系统与各种应用结合起来。这使机器学习理论研究出现了新的局面，促进了机器学习的发展。机器学习复苏期的代表性事件如图 10-4 所示。

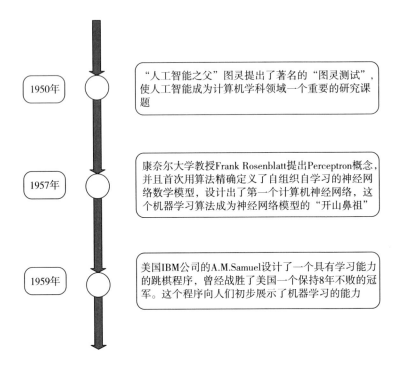

图10-2　机器学习萌芽期的代表性事件

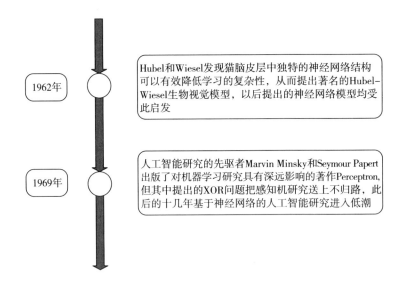

图10-3　机器学习低谷期的代表性事件

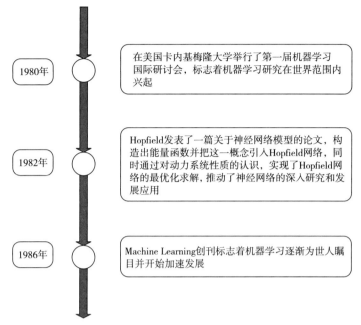

图 10-4　机器学习复苏期的代表性事件

第四阶段，也就是进入 21 世纪之后，属于机器学习的"成熟期"。这个阶段最重要的标志是深度学习模型的提出，它突破了对原浅层人工神经网络的限制，可以更好地应对复杂的学习任务，也是目前为止模拟人类学习能力最佳的智能学习方法。此外，人工智能技术和计算机技术的快速发展，也为机器学习提供了新的更强有力的研究手段和环境。机器学习成熟期的代表性事件如图 10-5 所示。

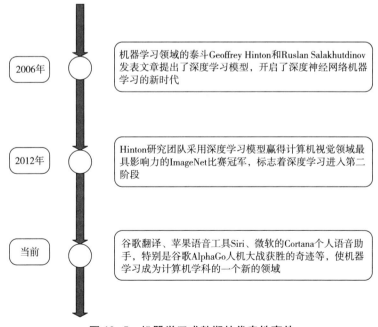

图 10-5　机器学习成熟期的代表性事件

第二节 面向分类任务的经典机器学习算法

在机器学习中，分类任务是一类常见的问题，它涉及将输入数据分为不同的类别或标签。以下是一些常用的机器学习算法，它们在处理分类任务时经常被采用。

一、逻辑回归算法

逻辑回归是一种经典的二分类算法，用于预测输入特征与输出标签之间的概率关系。尽管其名字中包含"回归"，但实际上，逻辑回归的任务是在输入特征的线性组合上应用一个S形曲线，通常是sigmoid函数，将结果映射到0~1的概率范围。这表示对于给定的输入，模型输出的是样本属于某一类的概率。

逻辑回归的训练过程旨在最小化预测概率与实际标签之间的差异，通常使用最大似然估计。学得的模型可以被解释为在给定特征下观察到某一类别的对数概率。通过设定一个阈值，通常是0.5，可以将这些概率转换为二元输出，进行实际的分类决策。

逻辑回归的优点包括模型简单、计算效率高，且对于线性可分或近似线性可分的问题表现出色。它也可以应用于多类别分类问题，通过采用一对多（One-vs-Rest）的方法来处理多个类别。

二、支持向量机算法

支持向量机（Support Vector Machine，SVM）是一种强大且广泛应用于分类和回归问题的机器学习算法。其主要思想是在特征空间中找到一个最优超平面，该超平面可以有效地将不同类别的数据分开。支持向量机在处理线性可分和非线性可分的数据时都表现出色。

支持向量机的优势包括在高维空间中的强大性能，对于样本维度大的问题效果良好，以及在处理非线性问题时的灵活性。然而，对于大规模数据集，支持向量机的训练时间可能较长。

三、决策树算法

决策树是一种用于解决分类和回归问题的算法，其工作原理类似于通过提出一系列问题，逐步划分数据集，最终生成一个树状结构，用于做出决策。在每个节点，算法选择一个特征并设定一个判定条件，根据这个条件将数据集分成不同的子集。这个过程在每个子集上递归进行，直到达到停止条件，比如树的深度达到设定值或子集的样本数低于某个阈值。

决策树的构建过程依赖于选择特征和判定条件的策略，这通常是基于某个评价准则，比如信息增益或基尼不纯度。决策树的生成过程强调通过选择最具区分性的特征，以达到在决策树的每个节点上实现最佳分类的目标。

决策树具有易解释性，生成的规则可以直观地表示为"如果……则……"形式，使模型的决策过程容易理解。在实际应用中，决策树广泛用于预测、分类和决策支持任务，因为它们能够处理非线性关系，对异常值不敏感，并且可以为用户提供清晰的决策路径。

四、随机森林算法

随机森林是一种机器学习算法，通过同时构建多个决策树并结合它们的预测结果来提高整体模型的性能。在创建每个决策树时，随机森林引入了两种随机性：首先，对于每个树，它从训练数据中随机抽取一部分样本，有放回地构建决策树；其次，在每个决策树的每个节点，算法随机选择一部分特征来进行评估。

这样的随机性有助于确保每个决策树都在略微不同的数据子集和特征子集上进行训练，增加了模型的多样性。最终的预测结果是通过对所有决策树的输出进行投票（对于分类问题）或取平均值（对于回归问题）来得到的。由于随机森林中包含多个决策树，它对过拟合具有很强的抵抗能力。同时随机森林适用于各种应用场景，特别是在面对高维数据、复杂特征关系和噪声较大的情况下表现优异。

五、朴素贝叶斯算法

朴素贝叶斯算法是一种基于统计学原理的分类方法，常用于文本分类、垃圾邮件过滤等应用。其核心思想是通过观察已知类别的训练数据，学习类别之间特征的联合概率分布。算法的"朴素"之处在于它假设每个特征与其他特征相互独立，这样简化了模型的计算。

在训练过程中，朴素贝叶斯通过计算每个类别的先验概率（类别出现的概率）和每个特征在给定类别下的条件概率（特征出现的概率），建立了一个用于预测的模型。在分类时，对于一个新的输入样本，算法计算其在每个类别下的概率，然后选择具有最高概率的类别作为预测结果。

尽管朴素贝叶斯算法在处理高维度数据和文本分类等任务中表现优异，但它的"朴素"假设可能在实际数据中不成立。尽管如此，由于其计算效率高、易于实现和对小规模数据集表现良好等特点，朴素贝叶斯仍然是许多应用场景中的重要选择。

第三节　面向无监督任务的经典机器学习算法

在机器学习中，聚类是一种无监督学习任务，其目标是将数据集中的样本划分为具有相似特征的组。以下是一些常用的聚类算法。

一、K 均值算法

K 均值聚类是一种迭代式聚类算法，通过将数据集划分为预定数量的簇，使同一簇内的样本相似度较高。该算法的核心思想包括初始化簇中心、将样本分配到最近的簇中、更新簇中心，并通过迭代优化这些步骤，直至达到收敛或预设的迭代次数。尽管 K 均值聚类简单直观，但对于初始簇中心的选择敏感，因此在应用时需要注意其对局部最小值的敏感性。

K 均值聚类在实际应用中被广泛使用，特别适用于中小规模的数据集。然而，由于其对于非凸簇形状和噪声敏感，以及初始质心选择的不确定性，研究人员在使用时常需谨慎选择初始条件，甚至多次运行算法以获取更稳定的聚类结果。

二、层次聚类法

层次聚类法是一种基于树状结构的聚类算法，它通过逐步合并或划分数据集中的样本，形成一个层次化的聚类结构。在凝聚层次聚类中，每个样本开始时被认为是一个簇，然后通过计算相邻簇之间的相似度，逐步合并最相似的簇，形成更大的簇，直到所有样本被合并成一个簇。而在分裂层次聚类中，所有样本一开始被认为是一个簇，然后通过递归划分簇，形成更小的簇，直到每个簇只包含一个样本。这一过程可以通过构建二叉树（树状图）表示，其中树的叶子节点是样本，内部节点是簇。

层次聚类法的优点包括可以自然地表示不同层次的聚类结构，并且不需要预先指定簇的数量。然而，它的计算复杂度相对较高，尤其是对于大规模数据集。在实际应用中，层次聚类经常被用于生物学分类、图像分割等领域，以及需要深入了解不同层次结构的问题。

三、DBSCAN 算法

DBSCAN（Density-Based Spatial Clustering of Applications with Noise）是一种无须预设簇数量、能够识别不同形状的簇，并对噪声数据具有鲁棒性的聚类算法。该算法通过识别核心对象，即在其邻域内包含足够数量的数据点的点，然后通过密度可达性和密度连接性原则将这些核心对象连接成簇。与传统的 K 均值等聚类算法不同，DBSCAN 不对簇的形状做出假设，因此对于具有不同密度的簇和噪声数据的处理效果较好。在 DBSCAN 中，不属于任何簇的点被视为噪声，而形成的簇可以是任意形状和大小。

四、潜在狄利克雷分配

潜在狄利克雷分配（Latent Dirichlet Allocation，LDA），作为基于贝叶斯学习的话题模型，是潜在语义分析、概率潜在语义分析的扩展，于 2002 年由 Blei 等提出。LDA 在文本数据挖掘、图像处理、生物信息处理等领域被广泛使用。

LDA 模型是文本集合的生成概率模型。假设每个文本由话题的一个多项分布表示，每个话题由单词的一个多项分布表示，特别假设文本的话题分布的先验分布是狄利克雷分布，话题的单词分布的先验分布也是狄利克雷分布。先验分布的导入使 LDA 能够更好地应对话题模型学习中的过拟合现象。

LDA 的文本集合的生成过程如下：先随机生成一个文本的话题分布，之后在该文本的每个位置，依据该文本的话题分布随机生成一个话题，然后在该位置依据该话题的单词分布随机生成一个单词，直至文本的最后一个位置，生成整个文本。重复以上过程生成所有文本。

LDA 模型是含有隐变量的概率图模型。模型中，每个话题的单词分布，每个文本的话题分布，文本的每个位置的话题是隐变量；文本的每个位置的单词是观测变量。LDA 模型的学习与推理无法直接求解，通常使用吉布斯抽样（Gibbs Sampling）和变分 EM 算法（Variational EM Algorithm），前者是蒙特卡罗法，而后者是近似算法。

第四节　面向序列标注任务经典机器学习算法

序列标注任务是一类涉及对输入序列中的每个元素进行标注或分类的任务，如命名实体识别、词性标注、语音识别等。以下是一些常用于序列标注任务的机器学习算法。

一、隐马尔可夫模型

隐马尔可夫模型（Hidden Markov Model，HMM）是一种概率图模型，用于建模时序数据的动态过程。HMM 的核心思想是将观测序列视为由一系列不可见的隐藏状态产生的，每个隐藏状态对应一个可见的观测。模型包括状态之间的转移概率，表示从一个状态转移到另一个状态的可能性以及观测概率，表示在给定状态下观测到某个值的概率。通过马尔可夫性质，HMM 能够捕捉序列数据中的动态关系。

在训练阶段，HMM 通过已知的观测序列来估计模型参数，通常使用期望最大化（Expectation-Maximization，EM）算法。在应用阶段，HMM 可以用于解码观测序列的隐藏状态，用于识别模型中的潜在结构。尽管 HMM 在许多领域取得了成功，但其对于长期依赖关系的建模能力相对有限，这在某些复杂任务中可能受到限制。

二、条件随机场

条件随机场（Conditional Random Field，CRF）是一种判别模型，用于对序列标注和结构化预测任务建模。CRF 关注的是在给定输入条件下，对输出序列进行建模的联合分布。它常用于自然语言处理领域，如命名实体识别、词性标注等任务，以及计算机视觉领域中的图像分割等问题。与隐马尔可夫模型（HMM）不同，CRF 没有对隐藏状态进行建模，而是直接对标签序列进行建模，考虑了观测序列和标签之间的关系。

CRF 的核心概念包括特征函数和权重，其中特征函数用于捕捉输入和输出之间的关系，而权重则表示这些关系的重要性。模型的训练过程涉及学习适应于给定任务的特征函数的权重，以最大化训练数据的似然性。在推理阶段，CRF 被用于预测最可能的标签序列，通常通过使用动态规划算法（如维特比算法）来实现高效的解码。

第五节　经典深度学习算法

深度学习是机器学习领域中的一个重要分支，其强大的表征学习能力使得模型能够自动学习多层次的数据表示，从而更好地捕捉复杂数据的抽象特征。相较于传统的机器学习方法，深度学习通过端到端学习的方式避免了手工设计特征的繁琐过程，同时对于大规模数据的处理表现出色，使其在互联网时代的大数据环境下更为适用。以下是一些经典深度学习算法。

一、卷积神经网络

卷积神经网络（Convolutional Neural Network，CNN）是一类深度学习模型，主要用于图像识别和计算机视觉任务。CNN 核心思想是通过卷积操作来提取图像中的特征，从而实现对复杂层次结构的抽象表示。模型包含卷积层、池化层和全连接层等组件，其中卷积层通过在输入图像上滑动卷积核来检测图像中的局部特征，而池化层则用于降采样，减少模型的参数数量。CNN 在图像处理领域取得了巨大成功，能够自动学习图像中的空间层次结构，广泛应用于物体识别、人脸识别、图像分类等任务。

卷积神经网络的创新之处在于其参数共享和局部感受野的设计，使模型能够有效地捕捉图像中的局部特征，并具有平移不变性。经典的 CNN 架构包括 LeNet、AlexNet、VGG、GoogLeNet（Inception）和 ResNet 等，它们通过不同的网络深度和结构对不同的视觉任务提供了强大的建模能力。

二、循环神经网络

循环神经网络（Recurrent Neural Network，RNN）是一类深度学习模型，专门用于处理序列数据，如自然语言、时间序列等。RNN 的独特之处在于其具备内部记忆机制，使模型能够在处理序列时考虑到之前的上下文信息。通过递归地应用相同的权重参数，RNN 在每个时间步都接受当前输入和前一时刻的隐藏状态，从而能够对序列中的长期依赖关系进行建模。RNN 在自然语言处理、语音识别、机器翻译等领域得到了广泛应用。它们能够捕捉序列中的时间依赖性，对于处理具有时序性质的数据任务具有独特的优势。然而，由于传统 RNN 长序列上的限制，近年来更先进的序列模型如 Transformer 逐渐成为处理长期依赖关系的选择。

三、长短时记忆网络

长短时记忆网络（Long Short-Term Memory，LSTM）是一种改进的循环神经网络（RNN）结构，专门设计用于解决传统 RNN 中的梯度消失和梯度爆炸问题，以更好地捕捉长序列中的依赖关系。LSTM 引入了记忆单元（Memory Cell）和门控机制，通过三个关键的门控：遗忘门（Forget Gate）、输入门（Input Gate）和输出门（Output Gate），LSTM 能够有效地控制记忆单元中的信息流动。遗忘门决定了哪些信息要从记忆单元中删除，输入门则决定了要存储哪些新的信息，而输出门决定了要输出哪些信息。这种设计使 LSTM 能够更好地处理长序列，对于自然语言处理、语音识别等任务表现出色。

LSTM 在深度学习领域取得了广泛的成功，成为处理时序数据的重要工具。其能力在于有效地捕捉输入序列中的长期依赖性，适用于需要对过去信息进行长期记忆的任务。虽然后来出现了其他改进的结构如门控循环单元（GRU）等，但 LSTM 仍然是深度学习中常用的序列模型之一。

四、双向长短时记忆网络

双向长短时记忆网络（Bidirectional Long Short-Term Memory，BiLSTM）是对长短时记忆网络（LSTM）的扩展，旨在更全面地捕捉序列数据中的上下文信息。相比于传统的单向 LSTM，BiLSTM 同时考虑了输入序列的过去和未来信息，通过在模型中引入两个独立的隐藏状态，一个用于正向传播，另一个用于反向传播。这使模型能够在每个时间步对输入序列进行双向学习，更好地理解序列中的依赖关系，从而提高了对序列任务的建模能力。

BiLSTM 广泛应用于自然语言处理领域，如命名实体识别、语义角色标注等任务，以及其他需要考虑上下文信息的序列学习任务。通过双向的信息流动，BiLSTM 能够更全面地捕捉序列中的长期和短期依赖关系，使其成为处理时序数据时的一种强大工具。虽然近年来出现了更复杂的结构和模型，但 BiLSTM 仍然是许多序列建模任务中的基础模块。

五、生成对抗网络

生成对抗网络（Generative Adversarial Network，GAN）是一种深度学习模型，由生成器（Generator）和判别器（Discriminator）组成，通过对抗学习的方式使生成器能够生成逼真的数据。生成器试图生成与真实数据相似的样本，而判别器则尝试区分生成器生成的样本和真实数据。这一过程形成了一个博弈，生成器和判别器相互竞争，逐渐提升生成器生成逼真数据的能力。GAN 被广泛应用于图像生成、风格转换、超分辨率、生成艺术等任务，展现出在生成领域的卓越潜力。

GAN 的创新之处在于其能够在无监督学习的背景下，从随机噪声中学习到数据的分布，而不需要显式地标注训练数据。这种对抗式训练的方式使得 GAN 能够生成高度逼真的图像，其应用领域逐渐扩展到文本生成、声音合成等多个领域。尽管 GAN 可能面临训练的不稳定性和模式崩溃等挑战，但在深度学习研究和应用中取得的突破性成果使其成为生成模型领域的关键技术之一。

六、注意力机制

注意力机制（Attention Mechanism）是一种用于深度学习模型的关键组件，旨在提高模型对输入序列中不同部分的关注程度。它通过对序列中的不同位置赋予不同的权重，模型能够更加灵活地处理长序列，同时更关注对当前任务有用的信息。在自然语言处理领域，注意力机制被广泛应用于机器翻译、文本摘要等任务，使模型能够根据输入序列的上下文动态地调整其注意力焦点，从而更好地捕捉序列中的重要信息。

注意力机制的基本原理是通过计算每个输入位置的权重，将其与对应位置的特征进行加权组合，以生成模型的输出。Transformer 模型中的自注意力机制（Self-Attention）是一个典型的例子，它允许模型在处理序列时同时考虑序列中的所有位置，而不仅仅是固定的局部窗口。注意力机制的引入在提高模型性能的同时，也提供了一种直观的方式来解释模型在不同输入位置上的决策依据，使模型更具可解释性。

第六节　机器学习的适用情境与典型范例

一、机器学习的适用情境

机器学习方法能够通过输入大量数据并采用特定的算法，得到数据驱动的分析结果。

主要体现在以下三个方面：一是能够自动化地、高效处理大量数据。大数据时代，支撑信息资源管理研究的基础数据规模不断增大，超出人工处理的范畴，而机器学习技术可以高效处理数百万、数亿规模的数据。二是模型泛化能力强。机器学习可以通过监督学习、非监督学习等方式，建立出能够泛化的模型，使得其不仅能够在训练数据集中表现良好，而且能够有效应用在新数据上，具有广泛适用价值。三是自学习能力强。机器学习算法能够不断从数据中学习，实现自我优化和改进，提升算法的性能。

同时，机器学习方法也有其自身的局限性。主要体现在以下三个方面：一是数据维度高、样本量不足。机器学习算法需要有效的数据样本来训练模型，更高维度的数据集需要更多的样本数据来进行训练，但是数据维度往往受到限制。此外，训练数据集样本量不足也会影响模型的精度和泛化能力。如果数据集有限或者数据质量有问题，模型容易出现过拟合或欠拟合的情况。二是模型复杂度高。机器学习模型的复杂度往往非常高，需要进行大量的计算和运算。对于一些任务，例如图像识别和语音识别等任务，计算量很大，而且需要高性能的计算机环境来支持。三是缺乏理解和解释。机器学习算法的内部机制非常复杂，人难以理解，特别是深度学习算法，由于其内部结构非常复杂，导致这种算法往往被当作一种黑盒子，也限制其难以应用到透明度要求较高的场景。

从机器学习算法原理来看，只要能将研究任务转化为分类、聚类或序列标注问题，就可能可以使用机器学习技术进行研究。从我国信息资源管理研究实践来看，机器学习一般应用于信息资源处理与组织、网络信息分析及网络信息服务等场景。

（1）信息资源处理与组织。在此类研究中，一般以机器学习技术作为核心研究方法开展。一是应用分类算法和深度学习算法开展信息资源的分类、标引工作，以及深入全文的处理工作，如学术文本结构功能自动识别等；二是应用 LDA 等算法进行信息资源主题的提取；三是应用序列标注与深度学习算法进行信息资源中的实体识别、关系抽取，如科技文献研究方法自动抽取、科技文献中新兴技术识别。

（2）信息分析与预测。在此类研究中，往往采用机器学习技术与其他方法相结合的研究思路。一是应用聚类技术，辅助开展计量分析、揭示数据的分组分类聚集特征，如新闻话题检测、热门主题识别、研究前沿识别等；二是应用相关机器学习算法开展文本情感分析、网络舆情分析与预测、疾病预测、专利分析等；三是将部分预测任务转化成分类任务，应用相关分类算法或深度学习算法进行研究。

（3）信息服务实现。与信息分析与预测中的应用相似，此类场景下一般也是将机器学习技术作为研究中的一种方法，典型信息服务包括信息推荐、知识问答、智慧医疗服务等。如将深度学习算法与传统信息推荐算法相结合，以提高信息推荐算法的性能；运用机器学习方法，识别在线问答社区中的优质答题者；利用机器学习方法构建患者术后感染风险预测模型，进行患者术后感染风险预测等。

二、机器学习典型范例

为便于初学者更直观地理解这些技术方法的应用场景和实施方法，从近年来发表于信息资源管理学科核心期刊的相关论文中选择了一些典型范例，如下所示。

[1] 孟凡思，钟寒，施水才，等．基于 SVM 和 CRF 的三孩政策舆情省份差异分析[J]．数据分析与知识发现，2022，6（10）：142-150.

［2］谭春辉，刁斐，李玥澎，等．融合决策树模型的跨机构科研合作影响因素研究［J］．情报资料工作，2023，44（5）：61-70.

［3］丁浩，胡广伟，齐江蕾，等．基于随机森林和关键词查询扩展的医学文献推荐方法［J］．数据分析与知识发现，2022，6（7）：32-43.

［4］孙瑞英，陈宜泓．基于 LDA 主题模型的国内智慧阅读研究热点及发展导向研判［J］．图书馆建设，2023（3）：82-93+103.

［5］朱凡，王印琪．基于 k-means 与神经网络机器学习算法的用户信息聚类及预测研究［J］．情报科学，2021，39（7）：83-90.

［6］刘伟江，魏海，运天鹤．基于卷积神经网络的客户信用评估模型研究［J］．数据分析与知识发现，2020，4（6）：80-90.

［7］张云中，秦艺源．社会化标注系统标签质量影响因素研究：基于随机森林算法［J］．图书情报工作，2019，63（24）：119-126.

［8］余传明，王峰，胡莎莎，等．基于生成对抗网络的跨语言文本情感分析［J］．情报理论与实践，2019，42（11）：135-141.

［9］李纲，潘荣清，毛进，等．整合 BiLSTM-CRF 网络和词典资源的中文电子病历实体识别［J］．现代情报，2020，40（4）：3-12+58.

［10］王东波，何琳，黄水清．基于支持向量机的先秦诸子典籍自动分类研究［J］．图书情报工作，2017（12）：71-76.

第十一章　自然语言处理技术

自然语言处理（Natural Language Processing，NLP），又称为自然语言理解，是利用计算机等工具对人类自然语言进行各种类型的处理和加工的技术。自然语言处理是计算机科学领域与人工智能领域中的一个重要方向，是以一种智能与高效的方式，对文本数据进行系统化分析、理解与信息提取的过程，主要研究人与计算机之间用自然语言进行有效通信的各种理论和方法。自然语言处理融语言学、数学及计算机科学于一体，是人工智能中重要的应用领域。

第一节　自然语言处理的发展历程

自然语言处理的历史几乎跟计算机和人工智能一样长，计算机出现后就有了人工智能的研究。人工智能的早期研究已经涉及机器翻译以及自然语言理解，基本分为三个阶段：

第一阶段（20世纪60~80年代）：基于规则来建立词语、句法语义分析、问答、聊天和机器翻译系统。好处是规则可以利用人类的内省知识，不依赖数据，可以快速起步；问题是覆盖面不足，像个玩具系统，规则管理和可扩展问题一直没有解决。

第二阶段（20世纪90年代开始）：基于统计的机器学习开始流行，很多NLP开始用基于统计的方法来做。主要思路是利用带标注的数据，基于人工定义的特征建立机器学习系统，并利用数据经过学习确定机器学习系统的参数。运行时利用这些学习得到的参数，对输入数据进行解码，得到输出。机器翻译、搜索引擎都是利用统计方法获得了成功。

第三阶段（2008年之后）：深度学习开始在语音和图像发挥威力。随之，NLP研究者开始把目光转向深度学习。先是把深度学习用于特征计算或者建立一个新的特征，然后在原有的统计学习框架下提升效果。例如，搜索引擎加入了深度学习的检索词和文档的相似度计算，以提升搜索的相关度。自2014年以来，人们尝试直接通过深度学习建模，进行端对端的训练。目前已在机器翻译、问答、阅读理解等领域取得了进展，出现了深度学习的热潮。

深度学习技术根本地改变了自然语言处理技术，使之进入崭新的发展阶段，总结一下主要体现在以下六个方面：①神经网络的端对端训练使自然语言处理技术不需要人工进行特征抽取，只要准备好足够的标注数据（如机器翻译的双语对照语料），利用神经网络就可以得到一个现阶段最好的模型；②词嵌入的思想使词语、语、句子乃至篇章的表达可以在大规模语料上进行训练，得到一个在多维语义空间上的表达，使词语之间、短语之间、句子之间乃至篇章之间的语义距离可以计算；③基于神经网络训练的语言模型可以更加精准地预测下一个词或一个句子的出现概率；④循环神经网络可以对一个不定长的句子进行编码，描述句子的信息；⑤编码-解码技术可以实现一个句子到另一个句子的变换，这个技术是神经机器翻译、对话生成、问答、转述的核心技术；⑥强化学习技术使自然语言系统可以通过用户或者环境的反馈调整神经网络各级的参数，从而改进系统性能。

随着大数据、深度学习、计算能力、场景等的推动，预计在未来 10 年，NLP 会进入爆发式的发展阶段，从 NLP 基础技术到核心技术再到 NLP+的应用都会取得巨大进步。例如，口语翻译会完全普及，拿起手机→口语识别→翻译→语音合成实现一气呵成的体验；自然语言会话（包括聊天、问答、对话）在典型的场景下完全达到实用；自动写诗、新闻、小说、歌曲开始流行。自然语言尤其是会话的发展会大大推动语音助手、物联网、智能硬件和智能家居的实用化，这些基本能力的提升一定会带动各行各业如教育、医疗、法律等垂直领域的生产流程。人类的生活发生重大的变化，NLP 也会惠及更多的人。

第二节　文本表示技术

自然语言处理中的文本表示技术是指将文本转化为计算机可以理解和处理的向量或矩阵形式的方法。这些方法旨在捕捉文本中的语义和语法信息，以便进行各种 NLP 任务，如文本分类、命名实体识别、机器翻译等。以下是一些常见的文本表示技术。

一、词袋模型

词袋模型（Bag of Words，BoW）是一种简单而有效的文本表示方法，将文本看作是词汇集合的无序组合。在该模型中，文本被表示为一个固定长度的向量，其中每个维度对应于词汇表中的一个单词。这个向量是稀疏的，其中每个维度的值表示对应单词在文本中的出现次数。忽略了词汇的顺序和语法结构，词袋模型主要关注文本中包含的词汇及其频率。

虽然词袋模型简化了文本的复杂结构，但它在捕捉词汇信息、建立文本特征上具有直观性和可解释性。其在大规模文本数据上的计算效率也使它成为早期自然语言处理任务中广泛采用的方法。然而，由于忽略了词汇的顺序和语境信息，词袋模型在处理更复杂的语义关系时存在局限性，因此在某些应用场景中可能需要更高级的文本表示方法。

二、TF-IDF

TF-IDF（Term Frequency-Inverse Document Frequency）是一种用于文本表示和信息检索的统计方法。TF-IDF 考虑了一个词在文本中的重要性，通过计算该词在文本中的词频（Term Frequency，TF）和在整个文档集合中的逆文档频率（Inverse Document Frequency，IDF）。TF 表示一个词在当前文本中出现的频率，而 IDF 则考虑了该词在整个文档集合中的普遍程度。具体而言，一个词在一个文本中的 TF-IDF 值越高，意味着它在该文本中越重要，同时在整个文档集合中越独特。

TF-IDF 广泛用于信息检索、文本挖掘和文本分类等任务。在信息检索中，TF-IDF 用于评估查询词与文档之间的关联程度，从而排序和检索相关文档。对于文本挖掘和分类，TF-IDF 可用于建立文本特征向量，反映每个词对文本的贡献。尽管 TF-IDF 在捕捉词汇的重要性方面取得了良好的效果，但它仍然受限于忽略词汇的顺序和语义信息，因此在处理更复杂的自然语言理解任务时，更先进的文本表示方法可能更为适用。

三、词嵌入

词嵌入（Word Embeddings）是一种将单词映射到高维向量空间的技术，旨在捕捉词汇之间的语义关系。通过训练神经网络模型，词嵌入能够将每个单词表示为具有连续值的向量，使得语义相近的单词在向量空间中距离较近。这种连续表示的优势在于它能够更好地捕捉词汇的语义信息，同时具备一定的上下文感知能力。Word2Vec、GloVe 和 FastText 是常用的词嵌入模型，它们通过大规模语料库的训练，使单词的分布式表示能够反映词汇间的语义相似性，例如，"king" 和 "queen" 在向量空间中的关联。

词嵌入在自然语言处理任务中取得了显著的成功，它不仅能够提高词汇表示的效果，还可以作为其他深度学习模型的输入。预训练的词嵌入模型通常在大规模语料上进行训练，因此具有丰富的语义信息，为各种 NLP 任务提供了强大的基础特征。这使词嵌入技术成为自然语言处理领域的重要组成部分。

四、预训练模型

近年来预训练模型是在自然语言处理领域取得巨大成功的一类模型。这类模型通过在大规模文本数据上进行无监督预训练，学习到深层次的语义表示。其中，BERT（Bidirectional Encoder Representations from Transformers）和 GPT（Generative Pre-trained Transformer）是两个代表性的模型。BERT 通过使用 Transformer 架构进行双向上下文建模，使模型能够理解词汇的上下文关系，从而在多种下游任务上取得了优异的性能，如文本分类、命名实体识别等。GPT 则采用了生成式的预训练方式，通过自回归生成文本，进一步提升了模型对上下文的理解能力。

这些预训练文本表示模型在训练阶段通过大量数据学到的深层语义表示，可以在特定任务的微调中获得良好的性能。它们的优势在于能够捕捉语境信息、建模句法和语义关系，使模型对文本理解更为全面深入。预训练文本表示模型的出现改变了自然语言处理领域的传统范式，成为许多 NLP 任务中的重要基石，推动了该领域的发展。

第三节　文本理解技术

一、词法分析

词法分析（Lexical Analysis）包括分词和词性标注两部分。

（一）分词

词是汉语中最基本的理解单位，与如英语等其他种类语言词间是有空隔符分开的不同，在汉语中词间是无任何标识符区分的，因此词是需要切分的。故而，一个汉字串在自然语言理解中的第一步是将它顺序切分成若干个词。这样就是将汉字串经切分后成为词串。

词的定义是非常灵活的，它不仅和词法、语义相关，也和应用场景、使用频率等因素相关。

中文分词的方法有很多，常用的有以下三种：

（1）基于词典的分词方法。这是一种最原始的分词方法，首先要建立一个词典，然后按照词典逐个匹配机械切分，此种方法适用涉及专业领域小、汉字串简单情况下的切分。

（2）基于字序列标注的方法。对句子中的每个字进行标记，如四符号标记 $\{B, I, E, S\}$，分别表示当前字是一个词的开始、中间、结尾以及独立成词。

（3）基于深度学习的分词方法。深度学习方法为分词技术带来了新的思路，直接以最基本的向量化原子特征作为输入，经过多层非线性变换，输出层就可以很好地预测当前字的标记或下一个动作。在深度学习的框架下，仍然可以采用基于字序列标注的方式。深度学习主要优势是可以通过优化最终目标，有效学习原子特征和上下文的表示，同时深度学习可以更有效地刻画长距离句子信息。

（二）词性标注

对切分后的每个词作词性标注。词性标注是为每个词赋予一个类别，这个类别称为词性标记，如名词、动词、形容词等。一般来说，属于相同词性的词，在句法中承担类似的角色。词性标注极为重要，它为后续的句法分析及语义分析提供必要的信息。

中文词性标注难度较大，主要是词缺乏形态变化，不能直接从词的形态变化上来判别词的类别，并且大多数词具有多义、兼类现象。中文词性标注要更多的依赖语义，相同词在表达不同义项时，其词性往往是不一致的。因此通过查词典等简单的词性标注方法效果较差。

目前，有效的中文词性标注方法可以分为基于规则的方法和基于统计学习的方法两大类。

（1）基于规则的方法。通过建立规则库以规则推理方式实现的一种方法。此方法需要大量的专家知识和很高的人工成本，因此仅适用于简单情况。

（2）基于统计学习的方法。词性标注是一个非常典型的序列标注问题，由于人们可以通过较低成本获得高质量的数据集，因此，基于统计学习的词性标注方法取得了较好的效果，并成为主流方法。常用的学习算法有隐马尔可夫模型、最大熵模型、条件随机场等。

随着深度学习技术的发展，出现了基于深层神经网络的词性标注方法。传统词性标注方法的特征抽取过程主要是将固定上下文窗口的词进行人工组合，而深度学习方法能够自动利用非线性激活函数完成这一目标。

二、句法分析

句法分析是自然语言处理中的关键任务，旨在分析句子中单词之间的语法结构和依存关系，以揭示其层次结构和语法规则。该过程有助于深入理解句子的组织方式，为词汇间的语法关系提供形式化表示，为后续的语义分析和信息提取提供基础，以下为句法分析常用方法。

（一）上下文无关文法

上下文无关文法（Context-Free Grammar，CFG）是句法分析中常用的形式化表示方法，它基于产生式规则描述了自然语言中单词之间的句法结构。CFG 假定一个句子的结构可以由一组上下文无关的产生式规则生成，每个规则表示一种句法结构的构建方式。这些规则通常包括文法的起始符号、非终结符号（表示语法类别）和终结符号（实际的词汇单元）。通过应用产生式规则，CFG 能够生成句子的语法树，揭示了句子中各个单词之间的句法关系。尽管 CFG 在描述一些语法结构上有一定的局限性，但它仍然是理解语法基础和进行句法分析的重要工具之一。

在句法分析中，研究者们使用 CFG 进行语法建模，通过定义产生式规则来捕捉句子的结构。这种基于规则的方法在早期句法分析研究中起到了关键作用，为理解语法结构提供了框架。然而，CFG 在处理自然语言中的一些复杂结构和歧义性时存在限制，随着深度学习技术的发展，更复杂的句法分析模型逐渐成为主流，能够更好地捕捉语言的复杂性。

（二）依存句法分析

依存句法分析目标是揭示句子中单词之间的依存关系，即词与词之间的语法连接和从属关系。这种分析通过构建依存树来表示这些关系，其中树的节点表示单词，边表示依存关系。在依存树中，树的根节点通常对应于句子的核心词，而其他单词则与核心词建立依存关系。依存句法分析通过考察句子中词汇之间的语法依存关系，能够更全面地理解句子的结构，包括主谓关系、修饰关系等，为深层次的语义分析提供基础。

依存句法分析的应用广泛涉及自然语言处理的各个领域，如机器翻译、问答系统、信息检索等。有效的依存句法分析不仅提供了句子中各个成分之间的关系，还为其他自然语言处理任务提供了关键信息。近年来，基于深度学习的方法，尤其是基于神经网络的模型，已经在依存句法分析中取得了显著的进展，提高了对于复杂句法结构的建模能力。

（三）短语结构句法分析

短语结构句法分析旨在揭示句子的层次性结构，将句子划分为各种语法短语和子短语。这种分析通过构建短语结构树来表示句子中不同语法成分的嵌套关系，其中树的节点对应于短语，而边表示了短语之间的包含关系。短语结构句法分析可以有效地捕捉诸如名词短语、动词短语等语法结构，为深入理解句子的语法组织提供了形式化的表示。

在短语结构树中，树的根节点对应于整个句子，而叶子节点则对应于句子中的词汇单元。通过递归地应用短语结构规则，可以得到具有层次性结构的句法表示。短语结构句法分析在自然语言处理的多个应用中发挥着重要作用，包括语法解析、信息提取、语义分析等。虽然短语结构句法分析方法在处理一些语法结构相对简单的语言上表现良好，但在面对语义层面和复杂结构的挑战时，一些基于深度学习的句法分析模型逐渐受到关注，因为它们能够更好地捕获语境信息和语义关系。

三、篇章分析

篇章分析（Discourse Analysis）是自然语言处理中的一项任务，旨在理解和分析文本中的更大范围的语言结构和关系，如段落之间的连接、指代关系、逻辑推理等。

（一）共指分析

共指分析是自然语言处理领域中的一项关键任务，旨在解决文本中不同部分之间的指代关系，即确定代词或名词短语指向文中的哪个实体。这涉及理解文本中的语境和上下文，以确定不同表达方式是否指向同一实体。共指分析对于准确理解篇章结构、建立实体链和确保语义连贯性非常重要。这个任务在解决代词消解、语篇中的指代关系和实体链的建模等方面发挥着关键作用。

在共指分析中，系统需要识别并链接文本中的代词、名词短语等引用表达到其对应的实体，形成一条实体链。该任务面临着上下文歧义、指代消解等挑战，因此常采用语义角色标注、上下文信息等方法来提高准确性。共指分析的成功应用有助于提升文本理解和语义推理的水平，对于机器阅读理解、信息提取和对话系统等应用具有重要意义。

（二）篇章结构分析

篇章结构分析的目标是理解文本的组织结构、段落之间的关系以及逻辑推理。该任务着眼于揭示文本的整体架构，包括主题的发展、段落的连接和篇章的层次结构。篇章结构分析有助于深入理解文本的主旨、脉络和论证逻辑，为全文的综合理解提供重要支持。

在篇章结构分析中，系统需要识别文本中的关键段落、主题句、转折点等，并理解它们之间的逻辑关系。这包括识别段落的起始、分辨主次信息、捕捉因果关系等。篇章结构分析不仅有助于提高机器对于长文本的理解能力，还对于自动文摘、信息检索以及生成性任务如文章摘要生成等都具有重要价值。近年来，随着深度学习技术的发展，一些基于神经网络的模型在篇章结构分析任务中取得了显著的成果，为更全面、深入地理解文本结构提供了新的方法。

（三）话语分割

话语分割的目标是将连续文本划分成独立的语义单位，通常以句子为基本单元。这个任务的重要性在于，正确识别话语边界有助于提供更准确的语法和语义信息，为进一步的文本理解和处理奠定基础。话语分割需要克服文本中的标点符号、复杂的语言结构和多样的语境，因此涉及对上下文信息、句法结构和语义关系的深入理解。

在话语分割中，系统的任务是自动检测和划定文本中不同话语之间的边界，使每个话语单元都包含一组相互关联、语义完整的句子。方法包括基于规则的模型、统计机器学习方法以及近年来更强调上下文语境的深度学习模型。准确的话语分割有助于提高机器翻译、语音处理、信息检索等任务的性能，同时也为文本的结构化表示和全局语境理解提供了关键信息。

第四节　文本生成技术

文本生成是自然语言处理领域中的重要任务，涉及从给定的输入信息中生成自然语言文本。主要的文本生成技术如下：

一、基于规则的文本生成方法

基于规则的文本生成是一种传统方法，依赖于手动设计的语法规则和模板，通过填充或组合规则中的元素来生成文本。这种方法通常用于特定领域的信息提取和自动文书撰写。通过定义预先规定的语法结构和模板，系统可以生成符合特定格式和语法要求的文本，从而实现自动化生成报告、合同、邮件等文档的目的。尽管这种方法灵活性有限，但在一些结构化和规则明确的场景中仍然具有一定的适用性，特别是在需要确保文本符合特定格式或遵循特定规定的业务应用中。

在基于规则的文本生成中，关键在于定义清晰的规则集和模板，以确保生成的文本满足预期的语法和语义要求。这种方法的优势在于易于理解和调整，但在处理更复杂的自然语言生成任务时，其局限性变得更为明显，因为它可能无法很好地捕捉语境的复杂性和多样性。

二、N-gram 模型

N-gram 模型是一种基于统计的语言模型，用于建模文本中词语之间的概率关系。在 N-gram 模型中，文本被看作是由相邻的 N 个词组成的序列，模型通过计算这些 N 个词的联合概率来估计整个文本的生成概率。这一模型的核心思想是基于先前出现的 $N-1$ 个词语来预测下一个词语的出现概率。例如，在二元（Bigram）模型中，每个词的出现仅依赖于前一个词，而在三元（Trigram）模型中，每个词的出现则依赖于前两个词。N-gram 模型的参数是由训练数据中相邻 N 个词的频率统计得到的。

尽管 N-gram 模型简单且易于实现，但由于它仅考虑了局部的词语上下文，因此无法捕捉长距离的语境信息和全局的语义关系。这导致 N-gram 模型在处理复杂文本生成任务时存在限制，但在一些简单的语言模型和文本生成任务中仍然具有一定的应用，如在机器翻译、拼写校正和简单的自动文本生成中。

三、句法生成模型

句法生成模型专注于利用句法结构信息来生成语法正确、结构清晰的文本。这些模型通常基于语法规则和结构树，以确保生成的文本符合特定的语法结构。句法生成模型首先依赖于形式化的语法规则，这些规则描述了句子中各个成分（如主语、谓语、宾语等）之间的语法关系。这些规则可以基于上下文无关文法（CFG）等形式化语法体系。在模型训练过程中，句法生成模型学习如何根据输入的语法规则和结构信息生成符合语法约束的文本。这可能涉及从树结构或其他形式的句法表示中提取关键信息，并将其映射到自然语言文本。在生成过程中，模型会考虑已生成部分的句法结构，确保新生成的部分与之前的部分保持语法一致。这有助于生成更加自然且符合语法规则的文本。

句法生成模型在自然语言生成任务中可以用于确保生成的文本在语法上是合理的，尤其在需要遵循特定语法结构的应用中，如自动摘要、句法纠错等。然而，句法生成模型的挑战在于处理复杂的语法结构和灵活应对语境变化。近年来，随着深度学习的发展，一些基于神经网络的句法生成方法也取得了一定的进展。

四、Transformer 模型

Transformer 模型是一种基于自注意力机制（Self-Attention Mechanism）的深度学习架构，首次由 Vaswani 等在 2017 年提出，其设计旨在应对传统循环神经网络在处理长距离依赖关系时的困难。这个模型在自然语言处理领域取得了革命性的进展，尤其是在语言建模、翻译、文本生成等任务中广泛应用。

Transformer 模型的核心思想是使用自注意力机制来捕捉输入序列中各个位置之间的关系，而不受序列长度的影响。自注意力机制允许模型在处理每个位置的输入时，根据输入序列的其他部分调整注意力的分配，从而实现对全局信息的有效捕捉。Transformer 通过堆叠多个这样的自注意力层，同时引入了前馈神经网络层和层归一化，形成了一个高度可并行化、强大且灵活的模型架构。

Transformer 模型的成功启发了许多后续工作，如 BERT（Bidirectional Encoder Representations from Transformers）、GPT（Generative Pre-trained Transformer）等，它们分别通过双向编码和无监督预训练等策略，进一步提高了自然语言处理任务的性能。这个模型的突破性设计成为深度学习领域的一项重要贡献，对于推动自然语言处理和其他序列学习任务的发展产生了深远的影响。

第五节　自然语言处理技术的适用情境与典型范例

一、自然语言处理技术的适用情境

在信息资源管理研究中，文献、网络信息、政策文件等各类对象本身就是以自然语言文本形态存在，因此作为一项以自然语言理解、生成为目标的基础技术，其具有非常广泛的应用场景。概括地说，涉及大规模非结构化文本自动分析、处理的信息资源管理研究任务，都可以将自然语言处理技术作为基础工具。

其一，应用自然语言理解技术实现各类文本型信息资源语言的理解，为相关研究提供基础支撑。应用文本表示技术实现对信息资源文本的特征表示，应用分词、句法分析、篇章分析技术实现对不同粒度信息资源文本的理解，进而以其为基础开展抽取型自动摘要、文本分类、相似度计算、语义聚类、信息推荐、挖掘分析、语义检索等研究工作。

其二，应用自然语言生成技术开展信息服务实现研究，较具有代表性的此类场景包括生成式的自动文摘、自动综述、自动问答等。随着自然语言生成能力的提升，此类应用场景将日趋丰富，从而不断提升自动化知识服务的水平。

二、自然语言处理技术典型范例

为便于初学者更直观地理解这些技术方法的应用场景和实施方法，从近年来发表于信息资源管理学科核心期刊的相关论文中选择了一些典型范例，如下所示。

［1］苏传东，黄孝喜，王荣波，等．基于词嵌入融合和循环神经网络的中英文隐喻识别［J］．数据分析与知识发现，2020，4（4）：91-99.

［2］睢国钦，那日萨，彭振．基于深度学习和 CRFs 的产品评论观点抽取方法［J］．情报杂志，2019，38（5）：177-185.

［3］牛海波，赵丹群，郭倩影．基于 BERT 和引文上下文的文献表征与检索方法研究［J］．情报理论与实践，2020，43（9）：125-131.

［4］胡吉明，郑翔，程齐凯，等．基于 BiLSTM-CRF 的政府微博舆论观点抽取与焦点呈现［J］．情报理论与实践，2021，44（1）：174-179+137.

［5］黄孝喜，张华，陆蓓，等．一种基于词语抽象度的汉语隐喻识别方法［J］．现代图书情报技术，2015（4）：34-40.

［6］张卫，王昊，陈玥彤，等．融合迁移学习与文本增强的中文成语隐喻知识识别与

关联研究［J］．数据分析与知识发现，2022，6（2）：167-183．

　　［7］刘巍，王思丽，祝忠明，等．基于自然语言处理技术的定题监测功能实现研究［J］．图书与情报，2018（3）：135-140．

　　［8］刘江峰，冯钰童，王东波，等．数字人文视域下SikuBERT增强的史籍实体识别研究［J］．图书馆论坛，2022，42（10）：61-72．

　　［9］王一钒，李博，史话，等．古汉语实体关系联合抽取的标注方法［J］．数据分析与知识发现，2021，5（9）：63-74．

　　［10］胡佳慧，方安，赵琬清，等．面向知识发现的中文电子病历标注方法研究［J］．数据分析与知识发现，2019，3（7）：123-132．

第十二章　个性化推荐技术

个性化推荐技术通过建构用户和物品之间的关系，利用已有的选择过程或相似性关系挖掘每个用户潜在的感兴趣的物品，进而进行个性化推荐。推荐问题从根本上就是帮助用户评估其没有看过的物品，并将其推荐给用户，是一个从未知到已知的过程。

第一节　推荐系统的原理与组成

一、推荐系统的原理

互联网的出现和普及使用户无论在什么地方都可以通过网络方便地获取信息，满足了用户对各种信息的需求。但是伴随着网络信息量的大幅增长，人们的信息利用效率反而降低了，因为用户在面对繁杂的海量信息时往往很难发现最适合或最需要的信息，特别是在类似电子商务这样的海量交易数据中，如何从中挖掘和发现有用的知识使得交易更加高效，成为越来越迫切需要解决的问题，这就是所谓的"信息过载"问题。目前，解决信息过载问题的办法之一是搜索引擎，例如，Google、Baidu、搜狗、360搜索等，它们在解决"信息过载"问题方面取得了极大的成就。搜索引擎以用户提供的查询关键字为依据，为用户匹配需要的内容。这种搜索信息的方式需要用户对要寻找的信息有较为清晰的寻找方向和背景知识，能够通过变换检索词实现检索目的。一方面，由于不同搜索引擎采用的技术手段以及掌握的信息资源存在差异，搜索的结果有很大的差别；另一方面，由于网络上的信息是多样化的，用户需要的信息也是多种多样的，可能是图书、音乐、电影等，搜索引擎难以得知用户真正需求的是什么，因此"信息过载"仍然需要更高效的方式来解决。

推荐系统是解决"信息过载"的另一个方式，与搜索引擎不同，推荐系统是主动式的服务方式，系统根据用户的历史行为对用户兴趣进行有效的分析，从而推荐给用户喜欢的信息或物品。虽然推荐系统已经具有较长的研究历史，并且大量的数据挖掘专家对推荐算法都热衷有加，在不同的领域不同的时代也都提出了相应的内涵，但总的来说推荐系统的定义并没有定论，如1997年雷斯尼克和瓦里安给推荐系统定义："它是利用电子商务网站向客户提供商品信息和建议，帮助用户决定应该购买什么产品，模拟销售人员帮助客户完成购买过程。"也有一些学者认为，推荐系统是根据用户的历史行为数据，为用户建立兴趣模型，并通过选定的推荐算法为用户推荐可能感兴趣的项目和信息的系统。

二、推荐系统的组成

虽然应用场景不同，但是抽象后的推荐系统形式化定义和设计是相同或相似的。推荐系统的目标是高效连接用户和项目，发现并推荐长尾项目，以获取长尾流量，为用户和项目生产者提供高质量的服务，从而实现平台目标。一个典型的推荐系统构成模块如图12-1所示。

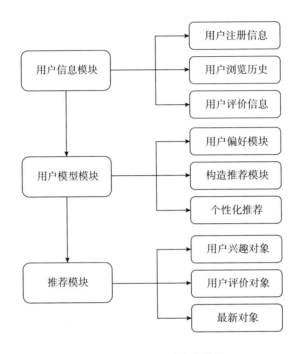

图 12-1　推荐系统构成模块

从图12-1中可以看出，一个完整的推荐系统需要解决三个技术问题，分别是用户信息的提取和存储、用户兴趣模型的建立、推荐算法的选择。下面对这三种技术问题进行介绍。

（一）用户信息模块

用户信息模块作为整个系统的输入端，用户信息模块主要用于收集用户信息，如用户注册信息、用户浏览信息、用户评价信息等。并将这些信息存储起来，以便供用户模型模块进行处理分析。

（二）用户模型模块

用户模型模块通过对用户模块提供的信息进行处理分析，应用建模技术建立用户兴趣偏好模型，以便推荐模块应用用户的兴趣模型匹配到最符合用户需要的信息。对于一个推荐系统而言，想要更好地向用户进行推荐，必须先对用户的基本特征，如年龄、性别、受教育程度等进行一个初步的了解，这样才能对用户的兴趣进行分析，而用户模型正是用来分析处理用户的特征信息、对用户进行初步了解的系统。一个推荐系统不能只通过用户的基本特征对其进行推荐，这样的推荐效果很差，不能满足用户的个性化需求。因此还需要对用户模型进行进一步分析，以确定用户真正的兴趣偏好，这时就需要更多的信息来确认（如浏览记录、购买记录、评价记录等）。想要设计一个能够为用户提供高效、准确、个性化服务的推荐系统，用户模型应该能够对用户进行多方面、多维度的兴趣行为分析。由于人们的兴趣不是固定不变的，可能今天喜欢这个明天喜欢那个，这时原有的用户兴趣模型信息可能失效，因此用户模型还需要能够实时地对用户的兴趣进行分析。而用户模型就是用来获取、存储用户信息，并对其进行有效分析，帮助推荐系统理解用户的兴趣偏好。推荐系统想要对用户进行有针对性的个性化推荐，那么设计一个好的用户模型就显得十分重要了。

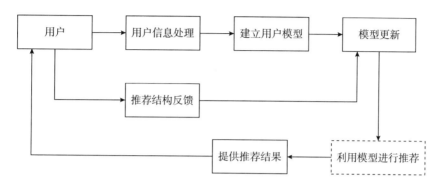

图 12-2 用户模型的主要功能

图 12-2 表示用户模型的主要功能，其中用户是整个推荐系统的输入源，并将相关信息输入给用户信息处理模块。用户信息大概分为以下四类：

（1）用户的基本信息由用户在注册时输入，包括用户的姓名、性别、出生日期、职业、收入、学历、国籍等，这些信息可以使系统对用户的基本特征有一定的了解，从而形成最基本的用户模型。

（2）用户的行为信息包括用户查找时输入关键字、用户的浏览行为信息、商品评价信息等。用户在网络中活动会产生各种各样的信息，这些信息的数量很庞大，但是这部分信息是用户的行为习惯所决定的，例如，用户最近在搜索生日蛋糕，这说明用户在这个时间需要购买生日蛋糕，这样系统就可以为用户推荐生日蛋糕，这样的推荐是最符合用户需求的。同时还可以利用用户的浏览行为信息，这部分信息可以用来分析用户的行为习惯，例如，什么时间会上网、上网都做了些什么、经常浏览什么网站，通过这些可以确定用户的兴趣爱好、生活习惯，从而可以对用户的兴趣给出更加准确的分析。

（3）用户的反馈信息包括用户对产品的反馈信息和对系统的反馈信息，产品反馈信息可以有效地评估用户的兴趣，系统的反馈信息可以帮助系统设计人员对系统进行优化，这些对推荐系统的设计与维护都有很大的帮助。

（4）推荐对象的特征想要进行对象的推荐，仅仅知道用户的信息是不够的，还需要知道对象的信息，这样对象在系统中才能被识别。推荐对象一般分为信息类对象和产品类对象，信息类对象主要指的是书籍、电影等的评论信息（豆瓣影评、书评等）。产品类的主要指产品的类别、价格、品牌等。因此，对象特征也应该作为推荐系统输入的信息。

（三）推荐模块

推荐模块是整个推荐系统的核心模块，它通过对推荐对象的分析，合理地选择推荐算法，并通过模型处理模块提供的用户行为偏好，为用户提供其感兴趣的个性化的推荐。由于推荐模块可以采用的个性化推荐技术纷繁多样，也是影响推荐效果的关键之一，因此在下文章节重点介绍一些常用的个性化推荐技术。

三、推荐系统的要求

由于不同应用程序有不同需求，系统设计者必须确定对特定应用的哪些要求进行评估。在权衡这些要求时，可能需要做出一些折中，例如，在提高多样性的同时准确率可能降低。了解和评估这些折中及其对整体效果的影响至关重要，本节则对推荐系统的要求展开介绍。

（1）用户偏好，是指用户对特定物品或内容的个人倾向和喜好。这些偏好是通过系统分析用户的历史行为、点击、购买、评分等数据来了解的。用户偏好在推荐系统中起着关键作用，因为系统的目标是提供个性化、符合用户兴趣的推荐内容，以提高用户满意度和体验。

（2）预测准确度，是指系统对用户偏好或行为的预测与实际观察结果的一致性和准确程度。在推荐系统中，预测准确度是一个关键的性能指标，反映了系统对用户兴趣的理解和对物品推荐的准确性。

（3）覆盖率，是指系统能够推荐到的物品集合与整体物品集合的比例。它衡量了推荐系统在为用户提供推荐时涵盖了多少不同的物品，从而反映了系统的推荐多样性和广度。

（4）置信度，是指系统对于某一推荐结果的信心或确信度水平。它反映了系统对推荐结果的可信程度，使系统能够更有效地处理不确定性和提供更准确的个性化推荐。

（5）信任度，是指用户对系统推荐结果的评分。它反映了用户对于系统推荐结果的认可程度，能够保证系统为用户提供可靠的推荐结果。

（6）新颖度，是指系统生成的推荐内容与用户过去的交互历史相比较新鲜、不同或具有创新性的程度。在评估推荐系统时，新颖度是一个重要的指标，因为它能够提供更富有趣味性和多样性的推荐体验。

（7）精细度，是指系统生成的推荐列表中，有多少物品是用户实际感兴趣的比例。高精确度表示系统能够准确地预测用户感兴趣的物品，避免了向用户推荐他们并不感兴趣的物品。精确度是推荐系统评估中常用的一个重要指标之一。

（8）多样性，是指推荐列表中物品之间的差异性。一个具有高多样性的推荐系统会提供各种类型和主题的物品，而不是过于集中在某一类或主题上。多样性的计算可以使用各种方法，如覆盖率、信息熵等。

（9）效用，是一个综合性的概念，表示推荐系统对用户需求的满足程度。效用不仅考虑了推荐物品的准确性（精细度）和推荐列表的多样性，还可以包括其他因素，如推荐速度、个性化程度等。效用可以在不同上下文中有不同的定义，具体取决于系统设计的目标和用户需求。

（10）风险，是指系统对于推荐错误的潜在风险或负面影响。这可能包括向用户推荐他们并不感兴趣的物品，导致用户对系统失去信任。

（11）健壮性，表示系统在面对异常情况、噪声或攻击时的稳定性和鲁棒性。一个健壮的推荐系统应该能够适应变化、处理缺失数据、抵御攻击等。

（12）隐私，推荐系统的隐私指的是用户个人信息和行为数据的保护程度。隐私问题涉及推荐系统如何收集、存储和使用用户数据以及在提供个性化推荐的同时如何保护用户的隐私权。

（13）适应性，是指系统能够根据用户的行为、兴趣变化或者环境变化，实时地调整推荐策略以提供更符合用户当前需求和兴趣的个性化推荐。适应性强的系统能够灵活地应对用户的变化，确保推荐的及时性和准确性。

（14）可拓展性，系统能够有效地处理大规模的用户和物品数据，而不影响系统的性能。随着用户数量和物品数量的增加，系统应该能够保持高效、稳定，并保证推荐服务的质量。

第二节　常用个性化推荐技术

在个性化推荐中，推荐技术是最核心和关键的部分，它在很大程度上决定了推荐系统的类型和性能的优劣。目前，根据推荐方式的不同，个性化推荐主要可以分为基于内容过滤的推荐（Content-Based Filtering，CBF）、协同过滤推荐模型（Collaborative Filtering Recommendation，CFR）以及混合推荐（Hybrid Recommendation，HR）技术等。

一、基于内容过滤的推荐

个性化资源推荐早期的研究集中于基于内容的过滤，它的主要思想是依据用户已选择的项目资源的内容信息，为用户推荐与其过去喜欢的项目相似的资源。这种推荐方式利用信息检索领域的相关技术，从信息内容的角度来挖掘用户需求与资源对象的关系，主要根据用户历史记录来判断用户的兴趣所在，将其与资源内容的特征匹配度作为推荐的标准，如图 12-3 所示为基于内容过滤的推荐的主要思想。由于基于内容过滤的推荐关键在于项目资源信息的获取与过滤，这种资源推荐方式特别适合应用于文本类的搜索中，如新闻和电子书籍等。

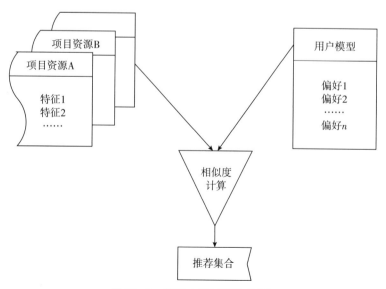

图 12-3　基于内容过滤的推荐

目前基于内容过滤的推荐系统大都基于信息获取技术来进行推荐，通常使用关键词、向量空间模型等矢量模型来表征用户模型和项目资源。在基于内容过滤的推荐系统中，用户对项目资源的评分函数常被定义为：

$$R_{u,s} = Score\ (UserProfile\ (u),\ Content\ (s)) \tag{12-1}$$

在式（12-1）中，$UserProfile\ (u)$ 和 $Content\ (s)$ 分别采用特征向量 $f_u = (w_{u1},\ w_{u2},\ \cdots,\ w_{un})$ 和 $f_s = (w_{s1},\ w_{s2},\ \cdots,\ w_{sn})$ 来表示用户模型和项目资源信息，可采用余弦相似度来衡量用户兴趣和项目内容的匹配程度：

$$R_{u,\ s} = \cos(f_u,\ f_s) = \frac{f_u \cdot f_s}{\|f_u\| \times \|f_s\|} = \frac{\sum\limits_{i=1}^{n} w_{ui}w_{si}}{\sqrt{\sum\limits_{i=1}^{n} w_{ui}^2}\ \sqrt{\sum\limits_{i=1}^{n} w_{si}^2}} \tag{12-2}$$

除了传统的基于信息获取的技术之外，基于内容过滤的推荐还采用聚类分析、贝叶斯分类和神经网络等统计和机器学习的技术来进行评分预测。然而，由于多媒体资源总是缺乏对其内容的描述，并且推荐系统只能根据用户提供的兴趣进行推荐，并不能为用户发掘新的兴趣点，这就使得推荐结果显得非常单一。这种推荐就显得相对不足。

总体来看，由于基于内容过滤的推荐方法主要通过衡量资源特征和用户之间的相似度为依据来为用户推荐资源，因此它不存在新项目的冷启动问题；此外，该推荐方式所产生的推荐结果比较直观且便于用户理解。然而，由于这种推荐方式是基于用户过去偏好所产生的推荐，并且需要对资源内容进行分析，因此该方法在新用户问题，以及非文本资源内容的特征抽取和相似度匹配上存在一定的局限性。

二、协同过滤推荐模型

为弥补内容过滤的不足，Goldberg 等于 1992 年提出协同过滤推荐算法，它主要从用户行为的角度出发，基于用户历史偏好的相似性，根据该用户或其他用户过去的行为或观点来预测目标用户最可能喜欢的物品，从而产生推荐列表。顾名思义，协同过滤就是指用户之间"齐心协力"通过不断地与个性化推荐系统进行互动，进而使系统能够不断地从推荐列表中过滤掉用户不感兴趣的项目资源，从而使推荐列表越来越能满足用户的需求。协同过滤推荐已经成为目前电子商务领域应用最多、最成功的推荐方式。根据个性化推荐实现策略的不同，传统的协同过滤主要分为基于内存的方法和基于模型的方法两类。

（一）基于内存的协同过滤

基于内存的协同过滤方法主要根据用户已有的历史评分，采用一定的启发式方法对未知项目进行评分预测。按实现角度的不同，主要包含基于项目的协同过滤（Item-Based Collaborative Filtering，IBCF）和基于用户的协同过滤（User-Based Collaborative Filtering，UBCF）两种方式。无论采用哪种方式，基于内存的协同过滤推荐过程都由以下两个步骤构成。

步骤 1：寻找最近邻居，即通过计算项目（或用户）之间的相似性来确定最近邻居集合。

步骤 2：利用最近邻居产生推荐，即根据最近邻居对项目的评分来预测目标用户对未评分项目的评分值，进而选择预测评分最高的前若干项作为推荐结果反馈给用户。

基于内存的协同过滤主要依赖于用户对项目资源的评价，而不依赖于项目资源的内容信息，图 12-4 所示为用户-项目评分矩阵，其中 $Y_{u,i}$ 为用户 u 对项目 i 的评分。上述两种协同过滤技术在其相似度计算过程中所不同的是，基于项目的协同过滤选取评分矩阵中的列构成向量来计算项目之间的相似性（图 12-4 中的①），而基于用户的协同过滤需要选取评分矩阵中的行构成向量来计算用户之间的相似性（图 12-4 中的②）。

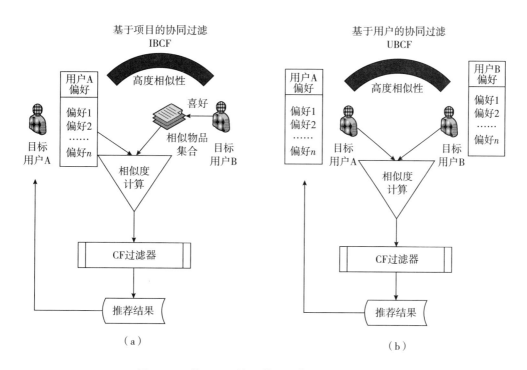

图 12-4　用户-项目评分矩阵

（1）基于项目的协同过滤，主要根据项目资源的共性进行协同过滤推荐［见图 12-5（a）］。基于项目的协同过滤方法给目标用户推荐与他之前喜欢的物品相似的物品，这里项目之间相似性的比较不以项目内容为依据，而是通过分析用户的行为记录来衡量项目之间的相似度。也就是说，两个项目之间产生很大的相似性是因为它们共同被许多用户喜欢。

图 12-5　基于项目的和基于用户的协同过滤方法

目前协同过滤推荐中已有很多方法来计算项目之间的相似度，最常用的是夹角余弦方法和 Pearson 相关性。假设用户 u 对项目 i 的评分为 $r_{u,i}$，而对项目 i 和 j 都进行过评分的用户集合为 $U_{ij}=U_i \cap U_j$，则采用 Pearson 相关性方法计算项目 i 和 j 的相似度为：

$$Sim(i, j) = \frac{\sum_{u \in U_y}(r_{u,i}-\overline{r_i})(r_{u,j}-\overline{r_j})}{\sqrt{\sum_{u \in U_{ij}}(r_{u,i}-\overline{r_i})^2 \sum_{u \in U_{ij}}(r_{u,j}-\overline{r_j})^2}} \tag{12-3}$$

式中：$\overline{r_i}$ 和 $\overline{r_j}$ 分别为所有对项目 i 和 j 进行过测评的用户的平均评分。

此外，当用户 u 在 n 维项目空间上对项目 i 和项目 j 的评分分别表示为向量 i 和 j 时，两个项目之间的相似性计算采用余弦夹角方法为：

$$Sim(i, j) = \cos(i, j) = \frac{i \cdot j}{\|i\| \times \|j\|} = \frac{\sum_{u \in U_{ij}}r_{u,i}r_{u,j}}{\sqrt{\sum_{u \in U_{ij}}r_{u,i}^2 \sum_{u \in U_{ij}}r_{u,j}^2}} \tag{12-4}$$

在上述余弦相似性计算方法中，由于没有考虑到用户评分尺度的差异性问题，可通过将用户评分向量中的每个元素减去该用户对所有项目的平均评分的方法来对计算结果进行修正，因此采用修正的余弦相似性方法来计算项目 i 和项目 j 之间的相似性为：

$$Sim(i, j) = = \frac{\sum_{u \in U_{ij}}(r_{u,i}-\overline{r_u})(r_{u,j}-\overline{r_u})}{\sqrt{\sum_{u \in U_{ij}}(r_{u,i}-\overline{r_u})^2 \sum_{u \in U_{ij}}(r_{u,j}-\overline{r_u})^2}} \tag{12-5}$$

式中：$\overline{r_u}$ 为用户 u 对所有项目评分的平均值。

根据上述三种相似性计算方法得到目标用户的最近邻居，以此作为目标用户对未评分项目评分的重要依据。假设项目 t 的最近邻集合表示为 S_t，那么目标用户 u 对未评分项目 t 的预测评分可以从 t 的近邻中被 u 评价过的项目评分中获取：

$$r_{u,t} = \overline{r_t} + \frac{\sum_{i \in S_t}Sim(t, i)(r_{u,t}-\overline{r_i})}{\sum_{i \in S_t}|Sim(t, i)|} \tag{12-6}$$

式中：$\overline{r_t}$ 为所有用户对项目 t 的评分均值。

（2）基于用户的协同过滤。与基于项目的协同过滤不同，如图 12-5 中（b）显示，基于用户的协同过滤算法从用户的角度出发，主要根据用户的兴趣进行推荐，即给用户推荐和他兴趣相似的其他用户喜欢的物品，这里用户之间产生高度的相似性是因为他们的历史兴趣评分比较接近。

基于用户的协同过滤推荐中采用了与基于项目的协同过滤推荐类似的相似度计算方法，不同的是它主要以不同用户之间共同的评分项目集合作为推荐依据。假设被用户 u 和 v 共同评价过的项目集合为 $S_{uv}=S_u \cap S_v$，那么用户 u 和 v 之间的 Pearson 相关性可定义为：

$$Sim(u, v) = \frac{\sum_{i \in S_{uv}}(r_{u,i}-\overline{r_u})(r_{v,i}-\overline{r_v})}{\sqrt{\sum_{i \in S_{uv}}(r_{u,i}-\overline{r_u})^2 \sum_{i \in S_{uv}}(r_{v,i}-\overline{r_v})^2}} \tag{12-7}$$

式中： $\bar{r}_u$ 和 $\bar{r}_v$ 分别为用户 u 和 v 对项目的评分均值。

在确定了目标用户 u 的最近邻居之后，可以根据目标用户的邻居对项目的评分信息来预测目标用户对未评分项目的评分值：

$$r_{u,t} = \bar{r}_u + \frac{\sum\limits_{v \in U_t} Sim(u,v)(r_{v,t} - \bar{r}_t)}{\sum\limits_{v \in U_t} |Sim(u,v)|} \tag{12-8}$$

式中： U_t 为用户 u 的最近邻居集合， $\bar{r}_t$ 表示项目 t 所具有的所有用户评分的平均值。

由于用户通常只对一小部分项目进行评价，因此无论是基于项目还是基于用户的协同过滤推荐，很多时候由于评分数据的稀疏性及扩展性等问题，都在一定程度上降低了计算最近邻居的准确性，进而影响了推荐系统的效果。为此，许多研究都将两种方法相结合，首先采用其中一种方法预填充评分矩阵中的缺失值，然后再采用另一种方法对目标用户进行推荐。

（二）基于模型的协同过滤

基于模型的协同过滤推荐方法主要将聚类、潜语义分析，以及贝叶斯分类器等引入到协同过滤中。虽然也是利用用户对项目的兴趣偏好，但是与基于内存的协同过滤相比，更侧重兴趣偏好本身，将用户的评分、评论、点击、浏览、购买等历史行为记录，用户的年龄、性别、地域等基础相关信息，价格等项目相关属性信息以及上下文信息等数据集作为用户兴趣偏好模型的输入，通过训练用户和项目特征信息，获得用户对项目的偏好模型，预测对其他项目的偏好，进而形成推荐。典型的基于模型的协同过滤推荐算法有矩阵分解技术、基于贝叶斯概率语言模型以及融合深度学习技术的推荐算法等。

相对于其他推荐技术，基于模型的协同过滤技术，由于结合了机器学习技术、深度学习技术等技术的强大数据分析处理能力，在推荐效率和扩展性方面得到了跃升，也是目前实践中应用较为成熟的推荐技术之一。除了计算效率优越之外，基于模型的协同过滤技术还因为可以捕获数据的深层模式和趋势，能有效降低数据稀疏性对协同过滤推荐的影响，使推荐具有更高的鲁棒性，在推荐的新异性方面也具有明显优势。但是也存在新项目、新物品的冷启动问题、推荐质量依赖于用户–项目交互行为记录的密度和准确性以及项目长尾分布等问题。

总体来说，协同过滤方法能够处理复杂的非结构化推荐对象，善于挖掘用户新的偏好，并且不需要其他领域知识即可进行推荐；然而，由于无法获取新用户的偏好信息，或者新的推荐项目没有用户评价，使协同过滤推荐方法存在数据稀疏性和冷启动问题。

三、混合推荐模型

前面介绍的各种基础推荐算法尝试利用不同的信息源、从不同角度来解决个性化推荐问题。这些算法虽各有利弊，但是相互之间存在互补关系。如果能有效地将各种算法进行组合或是混合，充分发挥各自的优势，则可以达到更好的推荐效果，这也是各种混合推荐算法的设计动机。现有的各种商用推荐平台中，很少只用一种推荐算法，一般都是对多种不同的推荐算法进行混合或组合。常见的组合方式有以下七种：

（1）加权（Weight），加权多种推荐方法形成的混合方法。

（2）变换（Switch），根据问题背景和实际情况或要求变换采用不同的推荐方法。

（3）多样（Diversity），同时采用多种推荐方法给出多种推荐结果供用户选择的方法。

（4）特征组合（Feature Combination），组合来自不同推荐数据源的特征并被另一种推荐方法所采用。

（5）层叠（Cascade），先用一种推荐方法产生一个粗糙的推荐结果，然后用第二种推荐方法在此推荐结果的基础上进一步做出更精确的推荐。

（6）特征扩充（Feature Augmentation），将一种推荐方法产生的附加的特征信息嵌入另一种推荐方法的特征输入。

（7）元级别（Meta-Level），把一种推荐方法产生的模型作为另一种推荐方法的输入。

第三节　个性化推荐技术的适用情境与典型范例

一、个性化推荐技术的适用情境

信息资源管理研究中关注的一个重要主题就是信息过载问题，个性化推荐技术在解决信息过载方面有其独特优势，因此，信息资源管理视角下的个性化推荐受到了普遍关注。其一，关注特定对象的个性化推荐问题，如论文、新闻、网络信息、专家、好友、潜在合作者、医生、引文、音乐、电影等对象的推荐；其二，关注特定场景下的个性化推荐问题，如会话推荐、面向校企合作的专利推荐、重复消费场景下的个性化推荐、考虑内容安全风险的个性化推荐、跨领域推荐等；其三，关注特定要求下的个性化推荐问题，如具有可解释性的个性化推荐、满足多样化要求的个性化推荐、满足公平性要求的个性化推荐等。

二、个性化推荐技术典型范例

为便于初学者更直观地理解这些技术方法的应用场景和实施方法，从近年来发表于信息资源管理学科核心期刊的相关论文中选择了一些典型范例，如下所示。

［1］胡昌平，查梦娟，石宇．融合个体兴趣与群体认知的音乐个性化推荐模型［J］．信息资源管理学报，2018（2）：97-103.

［2］郑淞尹，谈国新，史中超．基于分段用户群与时间上下文的旅游景点推荐模型研究［J］．数据分析与知识发现，2020，4（5）：92-104.

［3］丁浩，艾文华，胡广伟，等．融合用户兴趣波动时序的个性化推荐模型［J］．数据分析与知识发现，2021，5（11）：45-58.

［4］叶佳鑫，熊回香，易明，等．融合影响力传播的社交网络群推荐方法［J］．情报学报，2022，41（4）：364-374.

［5］吴彦文，蔡秋亭，刘智，等．融合多源数据和场景相似度计算的数字资源推荐研究［J］．数据分析与知识发现，2021，5（11）：114-123.

［6］王代琳，刘丽娜，刘美玲，等．基于图书目录注意力机制的读者偏好分析与推荐模型研究［J］．数据分析与知识发现，2022，6（9）：138-152.

［7］高虎明，赵凤跃．一种融合协同过滤和内容过滤的混合推荐方法［J］．现代图书情报技术，2015（6）：20-26.

［8］宋梅青．面向协同过滤推荐的多粒度用户偏好挖掘研究［J］．现代图书情报技术，2015（12）：28-33.

［9］林鑫，桑运鑫，龙存钰．基于用户决策机理的个性化推荐［J］．图书情报工作，2019，63（2）：99-106.

［10］侯银秀，李伟卿，王伟军，等．基于用户偏好与商品属性情感匹配的图书个性化推荐研究［J］．数据分析与知识发现，2017，1（8）：9-17.

第十三章 内容分析法

第一节 内容分析法的概述

一、内容分析法的产生与发展

内容分析法最早产生于传播学领域。20世纪初，人们开始采用半定量的统计方法对文献的内容进行深入分析和解释。在第二次世界大战中，美国传播学家拉斯韦尔等在进行战时军事情报研究中，组织了一项名为"战时通讯研究"的工作，以德国公开出版的报纸为分析对象，获取了许多军政机密情报，不仅使内容分析法显示出明显的实际效果，而且在方法上取得一套模式。战后，新闻传播学、政治学、图书馆学、社会学等领域的专家学者与军事情报机构一起，对内容分析法进行了多学科研究，使其应用范围大为拓展。

20世纪50年代，美国学者贝雷尔森出版了《传播研究的内容分析》一书，确立了内容分析法的地位。而真正使内容分析法系统化的是未来学家约翰·奈斯比特，他主持出版的《趋势报告》就是运用了内容分析法，享誉全球的《大趋势：改变我们生活的十个新方向》一书就是以这一系列报告为基础写成的。2005年，美国中央情报局成立了"公开信息中心"，每天在全球各个网站、论坛里收集各种各样的军事信息，发现其他国家的最新军事动向。

随着内容分析法应用领域的不断拓展，各界专家学者也对内容分析法做出了不同的诠释和解读。1952年，美国传播学家伯纳德·贝雷尔森（Bernard Berelson）将内容分析法定义为"一种对具有明确特性的传播内容进行的客观、系统和定量描述的研究方法"。霍尔斯蒂（Holsti）在对包括书面和口头的所有交流方式进行深入研究后指出"内容分析法是系统地、客观地描述信息的特征"，它有三个主要目标：描述传播信息的特征、推测传播者的意图及传播效果。克里本道夫（Krippendorf）则将内容分析定义为：系统、客观和定量地研究传播信息并对信息及其环境之间的关系作出推断。

二、内容分析法的概念与特点

内容分析法是指对明显的传播内容做客观而系统的量化分析，并对量化结果加以描述的一种研究方法。内容分析法的目的是弄清测度样本中本质性的事实或趋势。内容分析法的实质是对传播内容所含信息量及其变化的分析，即由表征有意义的词句推断出准确意义的过程。

图书情报领域的内容分析法则是一种对文献内容做客观、系统的定量分析的专门方法，其目的是弄清或测验文献中本质性的事实和趋势，揭示文献所含有的隐性情报内容，在此基础上对事物发展趋势做情报预测。它实际上是一种半定量的研究方法，其基本做法是把媒介上的文字、非量化有交流价值的信息转化为定量的数据，建立有意义的类目分解交流内容，并以此来分析信息的某些特征。本书对内容分析法的诠释将更多集中于图书情报领域。

内容分析法具有七个鲜明的特点：

（1）系统性。系统性是指对信息内容或类型的取舍应有一致的标准，以避免只有支持研究者假设前提的资料才能被纳入研究对象的情况。首先，被分析的内容必须按照明确无误、前后一致的规则来选择。样本的选择要符合一定的标准，总体中的每一个样本都必须有均等的中选机会。其次，评价过程也必须是系统的，即所有被评价的内容都要以同样的方法进行处理。最后，系统评价意味着研究自始至终的评价规则只有一套，在研究中使用不同规则会导致结论混淆不清。

（2）定量性。定量性是指研究中运用统计学方法对类目和分析单元出现的频次进行计量，用数字或图表的方式表述内容分析的结果，其目的是精确地描述信息整体，使研究结果简明扼要，且有助于结论的解释和分析。

（3）客观性。客观性是指分析必须基于明确指定的规则执行，从而确保不同的人可以从不同的文献中得出同样的结果。首先，分析的结果应依据客观事实，不能凭个人情感进行相关研究，即分析的结果不能带任何个人的主观色彩和偏见。其次，变量分类的操作定义和规则必须非常明确和便于理解，这样其他研究人员在重复同一程序时，也会做出同样的判断。这就需要建立起一套明确的标准和程序，充分解释抽样和分类方法，否则，研究结果就不能达到客观的要求。

（4）结构化研究。内容分析法的目标明确，对分析过程高度控制，所有的参与者按照事先安排的程序操作执行。结构化的最大优点是结果便于量化与统计分析，便于用计算机模拟与处理相关数据。

（5）非接触研究。内容分析不以人为对象而以事物为对象，研究者与被研究事物之间没有任何互动，被研究的事物也不会对研究者做出反应，研究者主观态度不易干扰研究对象，这种非接触性研究较接触性研究的效果更好。

（6）定量与定性结合。这是内容分析法最根本的优点，它以定性研究为前提，找出能反映文献的内容，并将它转化为数据。这一优点能够对文献内容所反映的"质"形成更深刻、更精确、更全面的认识，从而得出科学、完整、符合事实的结论，获得从一般定性分析中难以找到的联系和规律。

（7）揭示文献的隐性内容。首先，内容分析可以揭示文献内容的本质，查明几年来某专题的客观事实和变化趋势，追溯学术发展的轨迹，描述学术发展的历程，并依据标准鉴别文献内容的优劣。其次，揭示宣传的技巧、策略，衡量文献内容的可读性，发现作者的个人风格，分辨不同时期的文献体裁类型特征，反映个人与团体的态度、兴趣，获取政治、军事和经济情报等。

综上所述，内容分析法的特点具体体现在三个层面：

（1）研究对象是"具有明确特性的传播内容"。"明确"意味所要计量的传播内容必须是明白、显而易见的，而不能是隐晦的、含混不清或含有没有明确表达出来的意思。如果对传播内容的理解在研究者之间、研究者与受众之间很难达成共识，则不宜作为内容分析的对象，因为对这类内容进行计量非常困难。

（2）分析方法是"客观""系统"和"定量"的。客观是指分析必须基于明确制定的规则执行，以确保不同的人可以从相同的文献中得出同样的结果。系统是指内容或类目的取舍应依据一致的标准，以避免只有支持研究者假设前提的资料才被纳入研究对象，整个研究的过程只有一套程序或方针。定量是指研究中运用统计学方法对类目和分析单元出现的频数进行计量，用数字或图表的方式表述内容分析的结果。

（3）结果表述是"描述性的"。内容分析的结果常常表现为大量的数据表格、数字及其分析，这是"客观""系统"和"定量"研究的必然结果。

第二节　内容分析法的类型与实施

一、内容分析法的类型

内容分析法主要有三种类型：

（一）解读式内容分析法

解读式内容分析法是一种通过精读、理解并阐释文本内容来传达意图的方法。"解读"的含义不只停留在对事实进行简单解说的层面上，而是从整体和更高的层次上把握文本内容的复杂背景和思想结构，从而发掘文本内容的真正意义。这种高层次的理解不是线性的，而具有循环结构；单项内容只有在整体的背景环境下才能被理解，而对整体内容的理解反过来则是对各个单项内容理解的综合结果。

这种方法强调真实、客观、全面地反映文本内容的本来意义，具有一定的深度，适用于以描述事实为目的的个案研究。但因其解读过程中不可避免的主观性和研究对象的单一性，其分析结果往往被认为是随机的、难以证实的，因而缺乏普遍性。

（二）实验式内容分析法

实验式内容分析法是定量内容分析和定性内容分析相结合的方法。20 世纪 20 年代末，新闻界首次运用了定量内容分析法，将文本内容划分为特定类目，计算每类内容元素出现的频率，描述明显的内容特征。该方法具有三个基本要素：客观、系统、定量。

定量内容分析法用来作为计数单元的文本内容可以是单词、符号、主题、句子、段落或其他语法单元，也可以是一个笼统的"项目"或"时空"的概念。这些计数单元在文本中客观存在，其出现频率也是明显可查的，但这并不能保证分析结果的有效性和可靠性。一方面，是因为统计变量的制定和对内容的评价分类仍由分析人员主观判定，难以制定标准，操作难度较大；另一方面，计数对象也仅限于文本中明显的内容特征，而不能对潜在含义、写作动机、背景环境、对读者的影响等方面展开来进行推导，这无疑限制了该方法的应用价值。

定性内容分析法主要是对文本中各概念要素之间的联系及组织结构进行描述和推理性分析。与定量方法直观的数据化不同的是，定性方法强调通过全面深刻的理解和严密的逻辑推理，来传达文本内容。

（三）计算机辅助内容分析法

计算机技术的应用极大地推进了内容分析法的发展。无论是在定性内容分析法中出现的半自动内容分析，还是在定量内容分析法中出现的计算机辅助内容分析，都只存在术语名称上的差别，而实质上，正是计算机技术将各种定性定量研究方法有效地结合起来，博采众长，使内容分析法取得了迅速推广和飞跃发展。互联网上也已出现众多内容分析法的专门研究网站，还提供了不少可免费下载的内容分析软件，相关论坛在这方面的讨论也是热火朝天，甚至出现了"网络内容分析"一词。

二、内容分析法的实施步骤

内容分析法的实施流程一般有九个步骤，如图 13-1 所示。

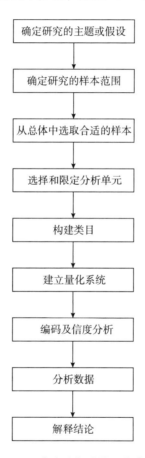

图 13-1　内容分析法的实施步骤

（一）确定研究的主题或假设

内容分析要避免"为统计而统计"的弊端，避免毫无目的地收集与研究内容没有多大关系的数据，这样做既浪费时间和精力，也会给研究者带来很大的困惑。为解决这个问题，在做一项研究之前，就要严格地确认研究的主题和假设。内容分析法可以根据先前研究的结果、现存的理论、实际的问题或对变化中现实情况的反应等，来确定研究的课题。明确而具体的研究问题、主题能够清晰地指示后续的数据收集工作。

（二）确定研究的样本范围

选择样本即抽样，选取内容分析的样本。抽样的前提是确定研究总体，包括所研究的主题和时间跨度，这往往直接从研究问题中就能推导出来。抽样主要是从来源、日期（样本覆盖的时间范围）和单元（样本的统计分析单位）等方面选取内容分析对象，且选择的样本信息量要足够大、有连续性且便于统计分析。来源抽样主要有三大类：

（1）纸质媒体：教育期刊、杂志、报纸；论文、专著、教材、研究报告；教学文件、法令法规、会议记录；教学计划、教学大纲、教学方案；练习作业、试题试卷、学习日记；照片、挂图等。

（2）音像媒体：教学电影、电视节目、课堂实录、录音带、投影片、幻灯片、微缩胶卷等。

（3）计算机媒体：多媒体素材、多媒体教学软件、网络课程、网站等。

（三）从总体中选取合适的样本

在做任何一项调查研究时，不可能穷尽所有相关的资料，也不可能分析整个文献信息的总体。因为这样做既不可能也没有必要，因此常常借助统计学中的抽样方法。样本选择应能从样本的性质中推断出与总体性质有关的结论。在这一步骤中，可能经常会遇到两种情况：一种是收集到与研究相关的资料比较少，这样就不需要抽样了，可以直接对总体进行分析；另一种是在这个信息爆炸的时代，研究人员面对大量的相关信息，湮没到信息的海洋中，以至于研究人员根本不可能全部登记和统计，这时就必须借助随机抽样的方法选取样本。

进行内容分析时常采取多级抽样的方法，一般分为两个阶段（有时也分为三个阶段）：第一阶段对内容来源进行抽样，即从哪几种期刊、杂志或哪几家电台、电视台中选取分析的内容；第二阶段是进一步确定具体的样本和选取样本的时间段，如果样本的来源是期刊，选取具体样本时，可按特定时间段的自然顺序来进行简单的随机抽样。具体的操作流程是：先随机选取一个起点，然后以某个确定的时间段选取一本期刊作为样本。时间段的选择一般取决于该项目的研究目的。

选取样本的另一种方法，是按固定的某个时间选择（如按月选周或按周选日）。在一个月的每周中抽取不超过两天的样本，就能均衡反映这个月有关内容分析的状况。还有一种方法，就是在样本的每个月里建立一个"组合周"。例如，一个月有四个或五个星期一，可以从中随意选取一个星期为样本，再用同样的方法选取一个星期二、星期三等。以此类推，直到选择的天数组成一个完整的周为止。

此外，研究的主题决定样本的数量，一般的规律是：选取的样本应该是所研究的现象发生的函数。这就是说发生率越低，选取的样本数就越多；发生率越高，选取的样本数就越少。

（四）选择和限定分析单元

确定分析单元即发掘研究所需考察的各项因素，这些因素和研究的主题有种必然的联系，且便于抽取操作。分析单元是实际需要统计的东西，它是内容分析的最小单位，同时也是最重要的单位之一，简单地讲，就是指在一定的研究题目中，究竟要选择词语、句子、段落还是整篇文章作为分析的对象。选择分析单元应与研究题材和目的紧密相关。对于报纸和杂志的内容来说，分析单元可能是一个单词、一个符号、一个专题、一篇完整的文章或报道。对电视和电影的分析来说，分析单元可能是任务、场次或整场节目。

（五）构建类目

在内容分析中，构建类目是所有研究步骤中比较困难的一步。类目和问卷问题一样，必须能反映研究问题或研究假设，即类目必须与研究目的相关，除此之外，所构建的类目必须实用，类目系统易于操作。其实以上三点是相互关联的，其中任何一点不符合要求都会使构建的类目有所欠缺。

除此之外，类目构建要符合互斥、穷尽及可信三个原则。

（1）互斥。互斥是指如果某个分析单元只能放在一个类目系统中，那么这个类目系统就是互相排斥的；如果某个分析单元可以同时放在两个不同的类目里，那么这个系统就不是互相排斥的，就必须修订这两个类目的定义。

（2）穷尽。穷尽就是构建的类目系统必须是完整的、无所遗漏的。也就是说，在编码的时候，所有的分析单元都能归入预先确定的类目中。如果某一个分析单元不能合乎逻辑地放入预先确定的类目里，那么这个类目系统便不符合穷尽的原则。要做到包容无遗通常并不是很困难，研究人员要么增加类目，要么将所有的无法归类的内容归入"其他"类。采用后一种方法时，一定要注意"其他"类所占的比率不宜超过所有类目比例的10%，否则，研究者应该重新分析"其他"类，从中分出一至两个类目，避免遗漏重要类目。

（3）可信。可信就是不同的编码者确定每一分析单元的归属类目时，应该最大限度地取得一致。类目系统的可信与否，会影响编码者编码时的相互同意度。一般地，所构建的类目系统越精确可靠，编码者间的相互同意度就越高，研究的结果也就更加可靠。

常用的构建类目的方法有两种：

第一种方法是依据理论或过去的研究成果来构建类目，常被采用于一般的内容分析，对一般建立在过去研究理论或结果上的分析，通常用一套惯用的构建方法。

第二种方法是由研究人员根据个人的经验、习惯建立类目。是在无理论或以过去的研究为依据构建类目时使用的，这时需要根据常识、经验与研究目的谨慎分类，这是一种比较复杂也很少使用的方法。

（六）建立量化系统

内容分析中的定量分析，一般只使用定类、定距和定比变量。

在使用定类变量时，研究人员只要计算出每类中分析单元出现的额数就行了。

定距测量是指测量等距数据时，由编码者用特殊的尺度记录人物或事件的某些特征。这样的度量方法在内容分析中有助于增加分析深度，提高对结构特征的认识水平，比起一般性的表面数据或许更为有趣。但是，使用尺度比率记录可能会给分析注入主观成分。如果不对编码者进行专业的培训，在使用定距变量时，就有可能降低分析结果的信度。

定比变量一般用于对空间和时间的计算。印刷媒介通过专栏的长度测量来计算每篇文章的篇幅比率，以此对社论、广告和报道中的特殊事件或现象进行分析。

（七）编码及信度分析

编码表即根据研究假设对内容进行分类编码。编码是指用数字或字母等符号记录研究样本在每个测量指标上的所属类别。编码表是内容分析的测量工具，它记录了有关分析单位的信息。一个测量指标对应着一个分类系统，每个测量指标的某种结果都可以归入某个类别之中，这是衡量编码表质量的最重要因素。依据某种规则对媒介内容进行分类，且将结果用定量数字的形式表现出来是内容分析的核心过程。

内容分析法的信度是指两个或两个以上的研究者按照相同的分析维度，对同一材料的评判结果取得一致性的程度，它是保证内容分析结果的可靠性、客观性的重要指标。内容分析法的信度分析的基本过程是：①对评判者进行培训；②由两个或两个以上的评判者，按照相同的分析维度，对同材料独立进行评判分析；③对他们各自的评判结果使用信度公式进行信度系数计算；④根据评判与计算结果修订分析维度（即评判系统）或对评判者进行培训；⑤重复评判过程，直到取得可接受的信度为止。

（八）分析数据

分析数据是把分析单元归入相关类目系统中，为了能够把这项工作做好，一般使用标准化表格，编码者在给数据分类时，只需在预先留好的空白处简单地做个记号。

在分析数据时，常用百分比、平均数、众数、中位数等描述性的统计方法，如果打算进行假设检验，用一般的推理统计手段将结果推广到总体是可以接受的。卡方检验是最经常使用的方法，因为内容分析数据就形式而言，往往是定类的，如果数据是定量的或定比的，则可用 t 检验、方差分析或皮尔逊相关分析。

（九）解释结论

研究结论应该依据数据分析结果来回答研究问题，解释以数字形式呈现的内容分析结果，包括解释数字的含义及其重要性。在综合统计结果和定性分析的基础上，得出某些结论性的看法，同时指出所做内容分析的适用范围或边界。

三、内容分析的方法

内容分析法常见的方法有三种：比较方法、推断性分析和基于网络的内容分析。

（一）比较方法

内容分析不是对单一文献的分析，它往往是对一定时间内各种文献中的有关信息分析，故推理的过程也是比较的过程，是对文献内容中的有关信息单元所作的各种比较。在西方国家运用比较普遍的比较方法主要有以下四种。

（1）不同内容群的比较（Comparison of Different Bodies of Content）：针对一个主题，比较来自不同的信息源的内容，从而得出结论。这种比较是共时性的，说明同一事件在同一时期，不同的信息源对它的反应。

（2）趋势比较（Trend Comparison）：强调同一事件在不同时期的变化，从表征事件的有关信息的时序变化中把握事件的发展规律。趋势比较要确定时间段，如 5 年、10 年等。时间段的长短往往视需要而定，但一般是以年为基本单位的，至少要 5 年才有比较意义。

（3）内容内比较（Intra Content Comparison）：是对同文献中不同的主题的比较，旨在揭示它们的相关性和内在联系，说明同一信息源对不同事件的反应。

（4）有标准的内容比较（Comparison of Content with a Standard）：是以一定的标准作为尺度，对同类的文献进行相应的内容比较。标准可以是抽象的，也可以是具体的。

值得一提的是，上述比较类型不是彼此孤立的，相反，在具体运用中，很多研究和分析过程要综合运用多种方式。

（二）推断性分析

推论是内容分析中最核心的环节。没有出色的推论，编码和统计分析的大量工作即使做得再好也不能迅速变成决策所需要的情报，对于推论的解释，内容分析中有两大学派：①将推论当作一个统计学术语，认为推论应立足于数理统计的原理，用计算方法从统计数据计算出结论，并用概率论来估计或分析推论的误差；②将推论当作社会科学研究的一个必不可少的步骤，认为推论是任何系统化研究的核心，自然也是内容分析的核心，内容分析的任何前期工作，都是服务于推论的，只有做出推论后，研究才有了结果。

在内容分析过程中，推论工作不像编码一样要花费大量的人力物力，也不像统计分析一样要进行大量计算，而是经常要面对一大堆数据或图表冥思苦想。因此，在一般人看来，它更像一种学究味很浓的科学研究。有的学者认为，内容分析就是根据数据对内容进行可再现的、有效的推断，分析过程就是层层推理的过程。

陈维军（2010）将推理的种类分为三种：①趋势推理。这是种纵向推理，或叫贯时性推理，是分析某一特定信息的数量、重要性、强度等指标在不同时序里的变化和差异。②其变推理。根据表征两个以上事件的信息同时出现的状况进行推断，得出其间的相关性结论。③因果推理。从表示特定时间的符号语词的变化来推断事件的发展变化，这类推理要在明确共变关系、排除不相关因素和理顺时序的前提下，才能保证结果的正确可靠。

（三）基于网络的内容分析

在互联网高速发展的今天，网络作为重要信息来源之一，对网络信息的内容分析显得尤为重要。可以了解到竞争对手的近期营销动向和重点。内容分析法在网络中的应用主要有五个方面：描述网络传播的信息；推论网络传播主题的倾向和意图；描述传播内容的变化趋势；比较、鉴别、评价网络信息资源；网络传播效果的研究。

基于网络的内容分析，可以按以下进行分类：①按分析要素分类，有词频分析、网页分析、网站分析和网络结构单元分析；②按媒体形式分类，可以分为文本分析、图像分析、声音分析和视频分析等多种形式；③按网络信息活动主体分类，可以分为网络信息分析、传播者分析和网络使用者分析。网络内容分析要以大量且无序的网络信息作为分析的基础，要分析大量的相关信息。在分析的过程中要尽量借助一些相应的技术和工具。同时，在做实证研究时应着眼于实际，既要结合多种媒体信息，又要有所侧重，以真实反映网络的内容为基础原则。

基于网络的内容分析的应用主要有两个重点：对网络内容的挖掘和对网络使用记录的挖掘。网络内容挖掘主要通过选择某领域的若干具有代表性的网站作为数据来源和起点，获取大量网络信息数据和链接情况，然后对其进行内容分析；网络使用记录挖掘通常是对网络服务器日志和Cookie等结论文件进行分析，发现用户访问行为、频度和内容等信息，从而找出一定的模式和规则，主要包括统计分析、路径分析、关联分析、序列模式分析、分类规则及聚类分析等。

第三节　内容分析法的适用情境和典型范例

一、内容分析法的适用情境

就研究材料的性质而言，内容分析法可适用于任何形态的材料，既适用于文字记录形态类型的材料，又可以适用于非文字记录形态类型的材料；就研究材料的来源而言，内容分析法既可用于对现有材料进行分析，也可用于为某一特定研究目的而专门收集有关材料，然后再进行评判分析；就分析的侧重点来讲，内容分析法既可以着重于材料的内容，也可以着重于材料的结构，或对两者都予以分析。

在信息管理领域研究实践中，内容分析法广泛应用在学科发展、人才培养、用户研究、政策文本等研究中。体现在以下四个方面：一是在学科发展研究方面，大都以期刊、会议论文为分析对象，分析单元包括研究主题、作者、研究类型、研究对象等，根据分析单元的不同构建内容类别，进而从学科整体、特定学科分支和具体研究问题等多个层次分析进展情况。二是在人才培养研究方面，主要从课程设置、市场需求两个方面进行考察，前者大都应用内容分析法调研特定专业的课程目录，从学位教育的课程大纲、特定课程的教学内容、不同类型课程的开设比例等角度分析专业教育的培养目标与现行核心课程、选修课程设置的关系，考察学位教育在树立、强化专业特色的知识结构设计上的特点，分析复合型人才培养的课程设置；后者则往往以招聘启事为对象，从岗位职责、岗位任职基本要求、用人单位类型等角度进行内容编码和分析，洞察各类组织的信息机构与部门对信息人才的要求。三是在用户研究中，研究者借助内容分析方法，常以系统日志、用户生成内容等为主要数据源，从信息需求及表达、信息标注与检索、信息评论行为等角度进行研究，揭示用户与信息交互过程中用户的需求动机、对检索或标注资源的标注方式、检索过程中的提问与调整模式等特点。四是在政策文本研究中，采用该方法开展政策比较研究、政策演变分析、政策制定的问题及对策研究等，揭示政策内容的特点，发现政策供给中的问题。

二、内容分析法的典型范例

为便于初学者更直观地理解该方法的应用场景和实施方法，从近年来发表于信息资源管理学科核心期刊的相关论文中选择了一些典型范例，如下所示。

［1］聂卉．基于内容分析的用户评论质量的评价与预测［J］．图书情报工作，2014，58（13）：83-89.

［2］周格非，周庆山．我国数字内容产业政策的内容分析与完善策略［J］．图书情报工作，2014，58（10）：11-18.

［3］王芳，史海燕，纪雪梅．我国情报学研究中理论的应用：基于《情报学报》的内容分析［J］．情报学报，2015，34（6）：581-591.

［4］李宗琦．基于内容分析法的中国高校图书馆用户信息行为的文献研究［J］．农业图书情报学刊，2016，28（5）：43-46.

［5］仝冲，赵宇翔．基于内容分析法的弹幕视频网站用户使用动机和行为研究［J］．图书馆论坛，2019，39（6）：80-89.

［6］位志广，陈思，朱庆华．基于内容分析法的产业竞争情报服务模式构建［J］．情报理论与实践，2020，43（5）：24-30.

［7］郭宇，郭勇，刘文晴，等．国内互联网知识付费研究现状与发展趋势［J］．图书情报工作，2021，65（24）：100-108.

［8］张娜，马续补，张玉振，等．基于文本内容分析法的我国公共信息资源开放政策

协同分析 [J] . 情报理论与实践, 2020, 43 (4) : 115-122.

[9] 黄如花, 温芳芳 . 我国政府数据开放共享的政策框架与内容: 国家层面政策文本的内容分析 [J] . 图书情报工作, 2017, 61 (20) : 12-25.

[10] 王国华, 闵晨, 钟声扬, 等 . 议程设置理论视域下热点事件网民舆论 "反转" 现象研究——基于 "成都女司机变道遭殴打" 事件的内容分析 [J] . 情报杂志, 2015, 34 (9) : 111-117.

第十四章　社会网络分析法

社会网络分析法（Social Network Analysis，SNA），也称为结构分析法（Structural A-nalysis），是用于研究社会行动者之间关系的定量研究方法，是对社会关系结构及其属性加以分析的一套规范和方法。这种分析方法对个体、群体或组织等不同社会行动者所构成的关系、结构以及属性进行分析，并以可视化图谱形式生动直观地展示出来。从社会网络的角度出发，人在社会环境中的相互作用可以表达为基于关系的一种模式或规则，而基于这种关系的有规律模式反映了社会结构，这种结构的量化分析是社会网络分析的出发点。因此，社会网络分析关注的焦点是关系和关系的模式，采用的方式和方法从概念上有别于传统的统计分析和数据处理方法。

第一节　社会网络分析的内涵与发展

一、社会网络分析的内涵

"社会网络"（Social Network）是指作为节点的社会行动者（Social Actor）及其之间的关系的集合。也可以说，一个社会网络是由多个节点（社会行动者）和各节点之间的连线（社会行动者之间的关系）组成的集合。社会网络一般包含行动者（Actors）、关系（Rela-tionship）两个基本概念。行动者在社会网络中常常表现为节点，可以是个人、群体或组织，它们构成关系的联结点。关系的内容可能是引用、共现等，其关系可以是单向或双方，且存在关系强度的差异，关系不同构成不同的网络。社会网络分析关心的正是点与边之间，也就是社会行动者之间依存的社会关系。随着个体数量的增加以及个体间社会关系的复杂化，最后形成的整个社会网络结构可能会非常复杂。

社会网络分析是一种定量分析的方法论，也是一种全新的社会科学研究范式。它提供一系列研究方法，通过分析特定网络中心度、中间度等关系特性及网络密度、中心势等网络统计量，揭示网络的整体结构，以及隐藏于其中的其他网络属性。社会网络分析理论及方法，在关系数据的处理及分析上有着其他方法所不能比拟的优势，可以灵活运用以达到分析者所期望的目的，使社会网络整体结构达到最优。

二、社会网络分析的发展

当代社会网络分析的发展历经数十载，受益于多种多样的学科学派，在近几十年才得以广泛地应用和壮大，如图 14-1 所示。其发展历程主要包括三个部分：

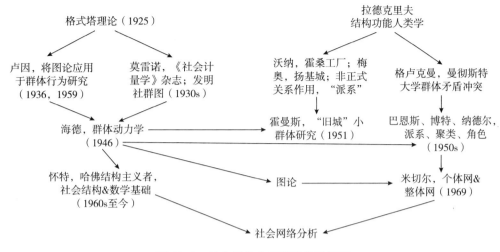

图 14-1 社会网络分析模型体系发展

（一）图论和社会计量学（1930~1960 年）

社会网络分析最初于 20 世纪 30 年代起源于图论和社会计量学。一群移民美国的德国学者通过小群体的分析，在图论的基础上推进了社会网络分析方法的建立。这期间，形成了"社群图"概念，并且从图论及社会计量学的角度推进了群体动力学的研究。

（二）网络派系、子群研究（1930~1940 年）

20 世纪三四十年代，哈佛大学及曼彻斯特大学学者在社会计量学传统理论的基础之上对网络系统中的凝聚子群，又称"派系""聚类"或者"块"，进行了深入的研究。其中最经典的是梅奥有关于霍桑工厂工人工作效率的一系列研究，以及沃纳关于扬基城的研究。研究者开始用社群图来表示群体的结构，并且揭示了社会网络结构如何影响个体的行动者。在这个阶段，研究者将社会理论与一系列数学方法结合起来，为 SNA 方法论夯实了基础，并有重大的推进。

（三）社会网络分析框架的建立（1960 年至今）

直到 20 世纪 60 年代，哈佛大学学者哈里森·怀特（Harrison White）扩展了社会结构的数学基础研究。他对"块模型"的持续探讨及对多维量表的研究，加之其后一系列基于此的研究，牢固地确立了社会网络分析的地位，使之真正成为一种网络结构分析的方法论体系。

第二节 社会网络分析法的操作程序

社会网络分析是作为一系列分析社会网络结构的方法出现的，而这些方法的应用取决于关系数据的获得。因此接下来将从社会网络关系数据获取与预处理、社会网络分析视角及操作两个方面介绍社会网络分析法的操作程序。

一、关系数据的获取与预处理

（一）确定网络边界

社会网络分析首先要做的是确定研究对象以及调查社会网的网络边界。在社会网络分析中，边界被定义为参与或者隶属于网络的成员界定，在这个界限外的成员不会被纳入网络分析的过程中。确定网络边界的同时意味着整个网络的样本规模也随之确定，样本的数量和划分的完整性牵涉整个网络本身的分析效度。若切分的网络边界不完整，会使得该网络所代表的行动体系完全失去意义。

（二）收集数据

确定好研究对象及网络边界后，就可以进行数据的收集工作。与其他社会科学研究方法一样，社会网络分析的数据收集方式包括进入现场、问卷调查、访谈法、观察法、文献记录法等。对于不能全部包括的网络来说，可以把观测到的网络视为从更大的网络中所提取的一个抽样，常用的抽样方法有两种：①滚雪球法，即调查样本由少到多逐渐扩展的方法，这一方法适用于总体界限不明确、考察特定关系的研究；②概率抽样法，即对较大规模的总体进行概率抽样。

在确定样本后，要对样本中包含的数据进行识别和测量。社会科学数据主要分为"属性数据"和"关系数据"两类。"属性数据"（Attribute Data）是关于行动者的自然状况、观点和行为等方面的数据，一般被视为个体或者群体所具有的财产、性质、特点等。"关系数据"（Relational Data）是关于联系、接触、联络等方面的数据，这类数据把一个行动者与另一个行动者联系在一起，形成一个更大的关系系统。

由于识别的是行动者或关系及其相关的数据，因此识别工作应根据行动者类型有层次的进行，即根据行动者类型的不同，分别测量不同的关系数据。关系数据的测量又主要分为三个方面：①二分性：行动者关系的"有"或"无"。②方向性：行动者之间的关系是单向还是双向的。③数值性：如果关系存在，那么关系是属于二分性的"有""无"，还是需要用一定的数值等级进行测量。如果需要使用数值等级测量，那么关系强度的范围、等级、划分方法都需要研究者根据研究对象及研究目的进行设计。

（三）存储数据

一旦收集到全部社会研究数据，就需要将这些数据加以保存。社会网络分析已发展出多种存储与分析网络数据的专门技术和方法，最常用的社会网络的形式化描述可分为社会关系网络图及社会关系矩阵。接下来我们将分别介绍这两种表达方式。

在图论中，网络可以分为有向网络和无向网络。因此，社会关系网络也可以分为有向和无向两种。社会关系网络图由一组节点 $N = \{n_1, n_2, \cdots, n_k\}$ 及节点间的连线 $L = \{l_1, l_2, \cdots, l_m\}$ 所组成。在无向网络中，节点之间的连线是没有方向的，用直线表示，如图 14-2 所示。

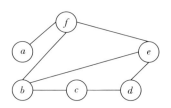

图 14-2　社会关系网络（无向）

在有向网络中，节点之间的连线是有方向的，用带箭头的直线表示，图 14-3 是一个简单的有向网络图。

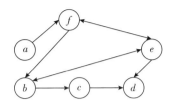

图 14-3　社会关系网络（有向）

用网络图的方式表现社会关系比较直观，可以很清晰地观察社会网络的成员及他们之间的关系。但是当所研究的社会网络规模比较大时，社会关系网络图将变得十分复杂。同时，这种表达方式也不利于对社会关系进行定量分析，而社会关系矩阵则可以避免这种弊端。社会关系矩阵是由社会关系网络图转换而来的，矩阵元素表示行为者之间的关系。社会关系矩阵的表达形式比较规范，利于计算机进行处理，是计算机存储及进行定量分析的基础。

为了简单明了地说明问题，下面就以无向网络为例。假设在该无向社会网络关系中，仅考虑行动者之间有无关系，而不考虑关系的强度，因此用 1 表示两者之间存在某种关系，而 0 表示两者之间不存在某种关系。表 14-1 是由图 14-2 转换而来的简单的社会关系矩阵，从中可以看出，用二值表示的无向网络关系的矩阵是对称矩阵。同样，对于有向网络来说，根据网络图中的带有方向的关系，也可以得出相应的社会关系矩阵。

表 14-1　社会关系矩阵

	a	b	c	d	e	f
a	0	0	0	0	0	1
b	0	0	1	0	1	1
c	0	1	0	1	0	0
d	0	0	1	0	1	0
e	0	1	0	1	0	1
f	1	1	0	0	1	0

大多数情况下，我们采用社会网络矩阵来进行数据的存储。针对相对小的数据集合，我们进行直接的矩阵分析就可以获得一些结论。然而，如果网络规模扩大，我们必须依赖计算机的帮助。目前，用来存储、整理社会网络分析数据的方法和软件很多，常见的社会网络分析软件有 UCINET、Pajek、Netminer 和 Gephi 等，其中 UCINET 软件是最常用的一种。

（四）数据预处理

利用社会网络分析软件，我们可以对收集到的数据矩阵做一些预处理工作。主要包括以下八个方面：

（1）数据抽取：是从一个数据矩阵中抽取出部分数据。假设数据矩阵比较大，我们可能仅对其中的某些行动者之间的关系感兴趣，这时就需要将这些行动者之间的关系网从总的关系网中"抽取"出来。

（2）数据移除：是指将与其他点没有联系或联系很少的孤立点从网络中移除出去，从而得到关联图。

（3）数据排序、置换、转置、匹配：数据排序是按照一定标准对网络中各点进行排序；数据置换是指将数据按照研究人员自己制定的顺序对行和列同时进行置换；数据转置是对数据矩阵进行转置处理；数据匹配是将网络关系数据和属性数据进行匹配处理。

（4）数据模转换：将 2-模网络（发生阵）转换为 1-模网络（邻接阵），分别根据行和列可转换生成 2 个 1-模网络。其中，1-模网络指的是由单一的一组行动者两两之间的关系所构成的网络。2-模网络指的是由两组或更多组不同的行动者之间的关系所构成的网络。

（5）数据二值化：按照一定的截距，将多值数据进行二值化处理，得到只有 0 和 1 元素的数据矩阵。

（6）数据对称化：按照一定标准，将数据矩阵对称化处理成为对称矩阵。

（7）数据标准化：按照一定标准，将矩阵行、列或者整个矩阵进行标准化处理。

（8）空值处理：将矩阵中为空的部分填上研究者所规定的数值，一般为 0。

二、社会网络分析视角

（一）一些重要概念

（1）度数。在社会网络图中，如果两个点由一条线相连，那么称这两个点为"相邻的"。与某点相邻的那些点称为该点的"邻点"，一个点 n_i 的邻点的个数称为该点的"度数"（Nodal Degree），记做 $d(n_i)$，也叫关联度。在无向网络中，一个点的度数就是与该点相连的线的条数。在有向网络中，点的度数分为点入度和点出度。一个点的点出度是网络中以该点为起点的有向边的数目，点入度是网络中以该点为终点的有向边的数目。如果一个节点的度数为 0，那么成为"孤立点"。

（2）规模。规模（Size）是指社会网络中包含的节点的数量。网络规模大意味着构成网路的成员数量多。网络规模大小会影响节点之间的关系。

（3）密度。密度（Density）是网络中实际存在的关系数目与可能存在的最大关系数目之比。如果一个网络的密度为 1，那么意味着该网络中的每个点都和其他点相连；反之，如果该网络的密度为 0，那么意味着该网络中任何点都不相连。密度表达的是网络中节点之间关系的紧密程度。对一个规模确定的网络来说，点之间的连线越多，则该图的密度越大，网络成员之间的关系越密切。

（4）路径。连接点与点的点线交替的序列称作线路。如果一条线路中的所有节点均不相同，那么称该线路为路径，一条路径中连线的数目称作该路径的长度。如果两个节点之间存在一条路径，那么就是称这两个节点是相互可达的。

（5）捷径。捷径（Geodesics），也译为测地线，即两点之间最短的途径。在图 14-2 中，a-f-b，a-f-e-b，a-f-e-d-c-b 都是途径。a-f-b 经过了 2 条线，a-f-e-b 经过了 3 条线，而 a-f-e-d-c-b 则经过了 5 条线，因此 a-f-b 为从 a 到 b 的捷径。

（6）距离。两点之间的捷径的长度叫作两点之间的距离（Distance）。因此，图 14-2 中 a 和 b 之间的距离为 2。如果两点之间不存在途径，即两点之间不存在直接关系，也不能通过其他点建立其联系，则称两者之间的距离是无限的。

（二）社会网络分析视角

1. 中心性分析

"中心性"是社会网络分析的重点之一。个人或组织在其社会网络中具有怎样的权力，或者说居于怎样的中心地位，这一思想是社会网络分析者最早探讨的内容之一。个体的中心度测量个体处于网络中心的程度，反映了该点在网络中的重要性程度。因此，一个网络中有多少个行动者/节点，就有多少个个体的中心度。除了计算网络中个体的中心度外，还可以计算整个网络的集中趋势（可简称中心势）。与个体中心度刻画的是个体特性不同，中心势刻画的是整个网络中各个点的差异性程度，因此一个网络只有一个中心势。根据计算方法的不同，中心度和中心势都可以分为三种：点度中心度（Degree Centrality）及点度中心势，中间中心度（Betweenness Centrality）及中间中心势，接近中心度（Closeness Centrality）及接近中心势。

（1）点度中心度及点度中心势。在一个社会网络中，如果一个行动者与其他行动者之间存在直接联系，那么该行动者就居于中心地位，在该网络中拥有较大的"权力"。在这种思路的指导下，网络中一个点的点度中心度，就可以网络中与该点之间有联系的点的数目来衡量，这就是点度中心度。

点度中心势指的是网络中点的集中趋势，它是根据以下思想进行计算的：首先找到图中的最大中心度数值；然后计算该值与任何其他点的中心度的差，从而得出多个"差值"；再计算这些"差值"的总和；最后用这个总和除以各个"差值"总和的最大可能值。点度中心势衡量了网络中的点度中心度最高的节点的点度中心度与其他节点的点度中心度的差距。该节点与其他节点的差距越大，则该网络的点度中心势越高。

（2）中间中心度及中间中心势。在网络中，如果一个行动者处于许多其他两点之间的路径上，可以认为该行动者居于重要地位，因为它具有控制其他两个行动者之间交往的能力。根据这种思想来刻画行动者个体中心度的指标是中间中心度，它测量的是行动者对资源控制的程度。一个行动者在网络中占据这样的位置越多，就越代表它具有很高的中间中心性，就有越多的行动者需要通过它才能发生联系。

中间中心势也是分析网络整体结构的一个指数，可由网络中最高的中间中心度和其他节点的中间中心度之差的总和，除以该网络中节点的中间中心度理论上的最大差异值得出。中间中心势描述的是网络中中间中心度最高的节点的中间中心度与其他节点的中间中心度的差距。该节点与别的节点的差距越大，则网络的中间中心势越高，表示该网络中的节点可能分为多个小团体而且过于依赖某一个节点传递关系，该节点在网络中处于极其重要的地位。

（3）接近中心度及接近中心势。点度中心度刻画的是局部的中心指数，衡量的是网络中行动者与他人联系的多少，没有考虑到行动者能否控制他人。而中间中心度测量的是一个行动者"控制"他人行动的能力。有时还要研究网络中的行动者不受他人"控制"的能力，这种能力就用接近中心度来描述。在计算接近中心度时，我们关注的是捷径，而不是直接关系。它是通过网络中某一节点和所有其他节点的最短路径长度总和的倒数得到的。如果一个点通过比较短的路径与许多其他点相连，我们就说该点具有较高的接近中心度。

对一个社会网络来说，接近中心势越高，表明网络中节点的差异性越大；反之，则表明网络中节点间的差异越小。

2. 凝聚子群分析

当网络中某些行动者之间的关系特别紧密，以至于结合成一个次级团体时，这样的团体在社会网络分析中被称为凝聚子群。分析网络中存在多少个这样的子群，子群内部成员之间关系的特点，子群之间关系特点，一个子群的成员与另一个子群成员之间的关系特点等就是凝聚子群分析。由于凝聚子群成员之间的关系十分紧密，因此有的学者也将凝聚子群分析形象地称为"小团体分析"。

计算凝聚子群的方法有两类：一类是以"距离"来计算，通过网络中可达的节点之间的"距离"而得到不同的凝聚子群；另一类是以"度数"来计算，通过网络中的每个节点的邻接节点的个数而得到不同的凝聚子群。

基于距离的凝聚子群分析包括n-派系和n-宗派。我们需要先知道什么是派系：在一个无向网络图中，"派系"指的是至少包含三个点的最大完备子图。这个概念包含三层含义：一个派系至少包含三个点；派系是完备的，即派系中任何两点之间都存在直接联系；派系是"最大"的，即向这个子图中增加任何一点，将改变其"完备"的性质。在此基础上，我们来介绍n-派系和n-宗派。

（1）n-派系（n-cliques）。对于一个总图来说，如果其中的一个子图满足如下条件，就称为n-派系：在该子图中，任何两点之间在总图中的距离或路径长度最大不超过 n。从形式化角度说，令 $d(i, j)$ 代表两点 Ni 和 Nj 在总图中的距离，那么一个n-派系的形式化定义就是一个满足如下条件的拥有点集 Ns 的子图，即：$d(i, j) \leqslant n$，对于所有的 Ni，$Nj \in \mathbf{N}s$ 来说，在总图中不存在与子图中的任何点的距离不超过 n 的点。

（2）n-宗派（n-clan）。所谓n-宗派是指满足以下条件的n-派系，即其中任何两点之间的捷径的距离都不超过 n。可见，所有的n-宗派都是n-派系，而n-派系不一定是n-宗派。

基于度数的凝聚子群分析包括k-丛和k-核。

1）k-丛（k-plex）。一个k-丛就是满足下列条件的一个凝聚子群，即在这样一个子群中，每个点都至少与除了 k 个点之外的其他点直接相连。也就是说，当这个凝聚子群的规模为 n 时，其中每个点至少都与该凝聚子群中 n-k 个点有直接联系，即每个点的度数都至少为 n-k。

2）k-核（k-core）。k-核的定义是，对于一个规模为 n 的凝聚子群，每个节点都至少与该子群中的其他节点之间有 k 条连线，也就是说，一个k-核中的每个节点的度数都至少为 k。k-核和k-丛的主要差别在于，k-核要求每个节点至少与其他 k 个节点邻接，而k-丛要求每个节点至少与除 k 个节点以外的其他节点邻接。通过调整 k 值的大小能够得到一系列的k-核，可以从中发现一些有意义的凝聚子群。

3. 核心-边缘结构分析

核心-边缘（Core-Periphery）结构分析的目的是研究社会网络中哪些节点处于核心地位，哪些节点处于边缘地位。网络中的节点可以划分为两组，其中一组中的节点之间联系紧密，并可看成是一个凝聚子群，我们称这些节点为核心节点。另一组中的节点之间没有联系，我们称这些节点为边缘节点。核心边缘结构分析具有较广的应用性，可用于分析科学引文关系网络等多种社会现象中的核心-边缘结构。

根据关系数据的类型，核心-边缘结构有不同的形式。关系数据可以划分成定类数据和定比数据。一般来说，定类数据是用类别来表示的，通常用数字表示这些类别，但是这些数值不能用来进行数学计算；而定比数据是用数值来表示的，可以用来进行数学计算。如果数据是定类数据，可以构建离散的核心-边缘模型；如果数据是定比数据，可以构建连续的核心-边缘模型。

而离散的核心-边缘模型根据核心成员和边缘成员之间关系的有无，可以分为核心-边缘关联模型和核心-边缘缺失模型。核心-边缘关联模型还可以继续划分为核心-边缘全关联模型、核心-边缘局部关联模型以及核心-边缘无关模型。这里介绍适用于定类数据的四种离散的核心-边缘模型。

（1）核心-边缘全关联模型。如果任何核心节点都与边缘节点之间存在联系，则称这类模型为核心-边缘全关联模型。

（2）核心-边缘局部关联模型。如果核心节点和边缘节点之间存在一定数目的关系，则称这类模型为核心-边缘局部关联模型。

（3）核心-边缘无关模型。如果所有的关系仅存在于核心节点之间，核心节点之外的其他节点都是孤立节点，核心节点和边缘节点之间不存在任何关系，则称这类模型为核心-边缘无关模型。

（4）核心-边缘关系缺失模型。如果把核心和边缘之间的关系看成是缺失值，就构成了核心-边缘关系缺失模型。在该模型中，核心节点之间的密度达到最大值，边缘节点成员之间的密度达到最小值，但是并不考虑核心节点和边缘节点之间关系密度，而是把它看作缺失值。

4. 结构洞分析

从关系缺失角度来看，如果网络中的一个行动者所连结的另外两个行动者之间没有直接联系时，该行动者所处的位置就是结构洞。结构洞代表由至少三个行动者之间的关系构成的一种特殊结构。结构洞能够为其占据者获取"信息利益"和"控制利益"提供机会，从而比网络中其他位置上的行动者更具竞争优势。结构洞能够给占据者提供的具体利益取决于网络的性质以及网络中的行动者。结构洞的计算比较复杂，总体而言存在两类计算指标：结构洞指数和中介中心度指数。

结构度指数要考虑有效规模（Effective Size）、效率（Efficiency）、限制度（Constraint）和等级度（Hierarchy）四个方面，其中限制度最为重要。

（1）有效规模。一个行动者的有效规模等于该行动者的个体网规模减去网络的冗余度，即有效规模等于网络中的非冗余因素。

（2）效率。一个节点的效率等于该节点的有效规模与实际规模之比。

（3）限制度。一个行动者受到的"限制度"，是指该行动者在其网络中拥有的运用结构洞的能力。

（4）等级度。指的是限制性在多大程度上集中在一个行动者身上。一个节点的等级度越大，说明该节点越受限。

由于占据结构洞位置的中间人通常在网络中居于重要地位，因此也可以采用中心性分析中的中间中心度作为结构洞指数，用它来测量行动者对资源的控制程度。也就是说，在一个整体网中，如果一个行动者处于许多其他两点之间的路径上，则该行动者具有较高的中间中心度，它可能起到重要的"中介"作用，在网络中处于中心位置，也就是拥有较多的结构洞。

第三节　社会网络分析法的适用情境与典型范例

一、社会网络分析法的适用情境

社会网络分析法在信息资源管理研究中得到了多方面的应用，其既能够与计量分析方法相结合开展信息资源管理问题研究，也在竞争情报分析、知识管理、社会媒体信息分析、数字人文研究中拥有用武之地。

（一）与计量分析相结合开展研究

在以文献/信息为对象的应用中，我国信息资源管理研究中已经构建的网络类型包括合作网络、引文网络、共引网络、耦合网络、共词网络等，并形成了各具特色的应用场景。其中，基于合作网络可以研究科学合作模式、合作网络拓扑结构、社区检测、合作网络演化、影响力评价、合作者推荐等问题；基于引文网络可以研究学科知识关联发现、学者知识关联发现、引文网络拓扑结构、网络演化机制、学科社团划分、知识演化、技术路径挖掘、重要知识载体发现、个性化推荐等问题；基于共引网络可以研究网络拓扑结构、跨学科迭代创新、揭示学科结构、研究前沿识别、科学交流模式展示、科技评价与预测、信息检索优化等问题；基于耦合网络可以研究网络拓扑结构、学科耦合分析、科学智力结构分析、竞争情报分析、潜在合作关系发掘、科技评价与预测、信息推荐等问题；基于共词网络可以研究跨学科主题发现、跨学科潜在热点发现、研究主题及趋势识别、关键词结构度量等问题。

特别地，面向专利分析领域，可以开展基于网络拓扑属性情报分析和基于网络引文类型情报分析研究。前者可用于确定具有高中介性的关键专利，识别与分析核心技术和新兴技术，识别随时间推移核心技术的融合和变化模式，预测技术融合趋势，分析特定技术领域、机构和国家层面的知识转移过程，研究国际技术合作模式；后者可用于评估专利价值，识别技术创新机会等。面向政策文本，可将政策文本中的关键议题、发布主体等构建一个关系网络，用以分析主题词、发布主体之间的互动关系，分析呈现出来的网络结构特征。

（二）应用于竞争情报分析

除了可以开展基于文献的技术竞争情报分析外，还可以将其应用于人际竞争情报分析中，如将人际网络分析引入到竞争情报工作的研究当中，为人际网络在竞争情报中的应用提供理论和方法指导；研究基于不同社会网络理论的企业人际情报网络模型及其构建策略；对竞争对手企业的人际网络的分析等。

（三）应用知识管理研究

社会网络分析在知识管理领域中的应用，主要是依赖其结构化思想，分析揭示各类知识网络中节点关系及其演化规律。其应用领域包括知识组织、知识构建、知识传播、知识共享、知识检索、知识发现等研究主题，实现对各类知识网络的结构关系的揭示，既包括知识本身的结构关系，也包括知识宿主间的结构关系，还包括知识与宿主之间的结构关系等。

（四）应用于社会媒体信息分析

社会网络分析法应用于社会媒体信息分析时，可以面向微博等社交媒体开展舆情领袖的挖掘以及网络结构对舆情发展影响等方面的舆情研究，以及基于转发评论的谣言、负面消息等信息的扩散传播研究以及基于关注机制的人际关系结构研究等；应用于学术博客等社会媒体时，可用于研究学者交流圈中的小团体及意见领袖的发现、同一学科学者间以及跨学科学者间的交流、博主与评论者间互动状况分析等。

（五）应用于数字人文研究

社会网络分析法应用于社会媒体信息分析时，可通过构建角色对话网络、角色共事网络、角色地点网络、人物关系网络、人物归属网络、话语空间网络、文本关联网络和文化主题网络等，开展文学作品中角色功能分析、人物关系与聚类分析、文本叙事模式与内容分析、人物关联发现与数据库可用性分析等方面的研究。

二、社会网络分析法的典型范例

为便于初学者更直观地理解该方法的应用场景和实施方法，从近年来发表于信息资源管理学科核心期刊的相关论文中选择了一些典型范例，如下所示。

［1］邱均平，董克．引文网络中文献深度聚合方法与实证研究——以 WOS 数据库中 XML 研究论文为例［J］．中国图书馆学报，2013，39（2）：111-120.

［2］肖雪，陈云伟，邓勇．基于节点内容及拓扑结构的引文网络社团划分［J］．图书情报知识，2017（1）：89-97.

［3］杨璧嘉，张旭．专利网络分析在技术路线图中的应用［J］．现代图书情报技术，2008（5）：61-66.

［4］肖亚龙，冯皓，朱承璋，等．基于社会网络分析的重大自然灾害事件线上社会支持寻求与供给研究［J］．情报杂志，2023，42（3）：190-198.

［5］陈红琳，魏瑞斌，门秀萍．社会网络分析方法与研究主题的关联分析［J］．情报科学，2022，40（9）：38-46.

［6］李玉媛，熊回香，杨梦婷，等．基于社会网络分析与 LDA 的虚拟学术社区中用户群体主题挖掘研究［J］．情报科学，2021，39（11）：110-116+132.

［7］王晰巍，邢云菲，赵丹，等．基于社会网络分析的移动环境下网络舆情信息传播研究——以新浪微博"雾霾"话题为例［J］．图书情报工作，2015，59（7）：14-22.

［8］邓君，马晓君，毕强．社会网络分析工具 Ucinet 和 Gephi 的比较研究［J］．情报理论与实践，2014，37（8）：133-138.

［9］朱庆华，李亮．社会网络分析法及其在情报学中的应用［J］．情报理论与实践，2008（2）：179-183+174.

第十五章　计量分析法

第一节　信息计量学方法概述

一、信息计量学的定义

信息计量学是一门采用数学、统计学等各种定量方法，对社会化的信息交流过程中的信息的组织、存储、分布、传递、相互引证和开发利用等进行定量描述和统计，以便揭示社会信息交流过程数量特征和内在规律的新兴学科。信息计量学是由文献计量学、科学计量学、信息管理学等学科相互结合与交叉渗透而形成的，其根本目的是通过信息的计量研究，信息的有序化组织和合理分布、信息资源的优化配置和有效利用、信息管理的规范化和科学化提供必要的定量依据。我国著名学者邱均平认为信息计量学可以分为广义的信息计量学和狭义的信息计量学。前者主要探讨以广义信息论为基础的广义信息的计量问题，后者主要是研究情报信息的计量问题。

二、信息计量学的产生与发展

文献是记录知识的主要载体。对文献的定量研究始于 20 世纪初，目前已基本形成了以布拉德福定律、齐普夫定律、洛特卡定律、文献增长规律、文献老化规律和文献引用规律六大规律为主要内容的文献计量学体系。这些规律在长期的研究和应用中不断完善与发展，并逐渐延伸到各种社会信息和网络信息资源的计量研究上。随着社会信息化进程的不断加快，各类信息资源普遍存在，文献计量学已经不仅停留在以篇、册、本等为单位的文献单元的计量上，而开始逐渐深入到文献内部的知识单元及其相关信息，甚至单字一级进行计量分析，如题名、主题词、关键词、词频、知识项、引文信息、著者、出版者、日期、语言、格式等都已成为计量对象，所涉及的研究对象范畴无论是广度还是深度都发生了深刻的变化，各种新的计量分析方法和工具相继产生并得到广泛应用，逐步形成了信息计量学这一新兴学科。

1980 年 3 月，在德国法兰克福第一次国际信息计量学（科学计量学）研讨会上，德国学者布莱克特和西格尔以及纳克首次提出德文术语 Informetrie。1987 年，该术语得到国际图书情报界的普遍认可，英文术语为 Informetrics。1994 年，第一届国际科学计量学与信息计量学学会（International Society for Scientometrics and Infometrics，ISSI）在荷兰阿姆斯特丹召开，标志着信息计量学的正式诞生。1981 年我国学者刘达将其译为情报计量学，1994 年刘廷元最早使用信息计量学一词，邱均平最早对信息计量学进行系统研究。

三、信息计量学与其他学科的关系

20 世纪 60 年代以来，在图书馆学与文献学、科学学、情报学与信息管理领域相继出现了三个类似的术语：Bibliometrics、Scientometrics 和 Informetrics，分别代表着三个十分相似的定量性分支学科，即文献计量学、科学计量学和信息计量学（情报计量学）（简称"三计学"）。文献计量学、科学计量学和信息计量学（情报计量学）尽管研究对象和目的有所不同，但三者的起源相同，并且享有共同的原理、方法和工具，因此学术界习惯于将它们统称为"三计学"，而且随着科学技术的发展和三门计量学的不断拓展，它们之间出现了合流趋势，还产生了共同的国际学术组织——ISSI。20 世纪 90 年代以来，随着计算机技术、网络技术的迅速发展和广泛普及，以及知识经济与知识管理的兴起，数字化、网络化和知识化成为信息社会与知识经济时代的显著特征，"三计学"研究的广度和深度不断扩展，信息管理领域又相继出现了以网络信息和数据为计量对象的"网络信息计量学"或称"网络计量学"（Webometrics）、赛博计量学（Cybermetrics）和以知识单元为计量对象的"知识计量学"（Knowllegometrics 或 Knowmetrics），与"三计学"一起并称为"五计学"。"五计学"分别以文献、数据、信息（包括网络信息、情报）、知识为研究对象，既有共同基础、交叉融合，又各有侧重、自成体系，成为信息管理领域计量研究的五个核心领域和研究方向。信息计量学与其他计量学科的关系如图 15-1 所示。

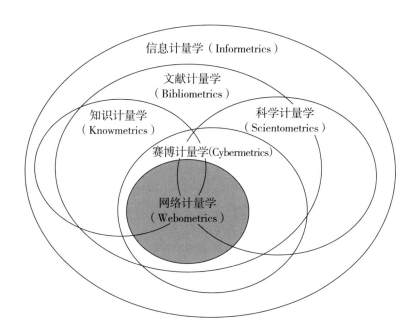

图 15-1　信息计量学与其他计量学科的关系

第二节　信息计量学的方法基础

一、文献计量学的主要定律

信息计量学无论是从研究范畴，还是从发展背景来看，都与文献计量学息息相关。文献计量学在长期发展过程中沉淀出的一些经典理论、定律和方法是信息计量学的方法基础。

（一）布拉德福定律

布拉德福定律也称文献集中与分散分布定律，简称布氏定律，是由英国文献学家布拉德福（S. C. Bradford）于 1934 年在对"润滑学"和"地球物理"两个学科的文献进行定量分析的基础上首先提出的。

1. 布拉德福定律的基本内容

布拉德福在研究中发现：如果将科学期刊按其刊载某个学科领域的论文数量以递减顺序排列起来，就可以在所有这些期刊中区分出载文量最多的"核心区"和包含着与核心区同等数量论文的随后几个区，这时核心区和后继各区中所含的期刊数成 $1：n：n^2：\cdots$ 的关系（$n>1$）。其基本思想是按照一定的原则进行区域划分，所以也被称为区域划分法。

如果用横坐标代表期刊按载文率递减排列时序号的对数 $\lg n$，纵坐标代表期刊论文累计数 $R（n）$，两者之间会呈现出如图 15-2 所示的曲线。

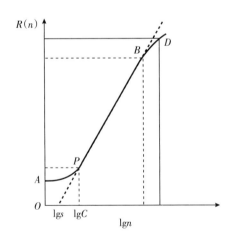

图 15-2　布拉德福分散曲线

从图 15-2 中可以看出，曲线由三部分组成：上升的曲线 AP 段、直线 PB 段和下垂的曲线 BD 段。下垂部分也称格鲁斯下垂，是由美国学者格鲁斯（O. V. Groos）于 1967 年发现并对原始的布氏曲线的完善和发展。

1969 年，布鲁克斯（B. C. Brookes）首次根据布拉德福曲线给出了相应的数学表达式，为布拉德福定律的实际应用铺平了道路，发展了布氏定律的图像描述方法。数学描述如下：

$$R（n）= an^\beta，1 \leqslant n \leqslant C \tag{15-1}$$

$$R（n）= klg（n/s）\quad C \leqslant n \leqslant N \tag{15-2}$$

式中：$R（n）$ 表示相关论文累计量；n 表示期刊等级排列的序号；A 表示第一级期刊中的相关论文数；C 表示核心区期刊数量；N 表示等级排列的期刊总数；k、s、β 表示参数。其中，β 与核心区期刊数量有关，其值的大小等于曲线的曲率；k 是直线部分的斜率，研究证明，当 N 足够大时，$k \approx N$；s 与论文所属学科、专业及其发展阶段有关，在数值上等于图形直线部分向横坐标延伸并与其相交时的 n 值。

2. 布氏定律的修正与发展

维克利（B. C. Vickery）首先发现布氏定律的区域划分法和图像描述法之间存在歧义性，即两种描述方法在数学上存在矛盾。因此布氏定律的发展在很长一段时间是沿着区域划分和图像描述两个方向进行，并初步形成了两个学派，即以莱姆库勒、高夫曼为代表的区域派和以布鲁克斯和肯德尔为代表的图像派。但也有研究表明，两者之间实际上还是存在一致性。目前对于布氏定律进行理论研究的重点主要在于根据具体统计对布氏定律进行验证，并期望利用严密的数学方法对布氏定律进行检验，比较各公式的优劣，以期尽快确立或寻求更为精确的规范化的数学模型。

（二）洛特卡定律

1. 洛特卡定律的基本内容

洛特卡定律由美国的统计学家、情报学家洛特卡（A. J. Lotka）于1926年提出。他认为，在科研活动中，每个人会呈现出不同的科研能力和科学生产率水平，其成果著述数量也不同。所谓科学生产率，主要是指科学家或科研人员在科学上所表现出的能力和工作效率，通常用其在单位时间内生产的科学文献数量予以衡量。洛特卡在其论文"科学生产率的频率分布"中，统计分析了化学和物理学两大学科中一段时间内科学家们的著述情况，提出了定量描述科学生产率的平方反比分布规律，又称为"倒数平方定律"。其数学表达式为：

$$f（x）= \frac{c}{x^2} \tag{15-3}$$

式中：$f（x）$ 表示作者频率，即撰写 x 篇论文的作者人数占总作者人数的比例；x 表示论文数；c 表示常数，约等于 0.6079。

从该式可以推导：设撰写 x 篇论文的作者出现频率为 $f（x）$，则撰写 x 篇论文的作者数量与他们所写的论文数量呈平方反比关系。例如，撰写 2 篇论文的作者数量大约是撰写 1 篇论文的作者数量的 1/4，撰写 3 篇论文的作者数量大约是撰写 1 篇论文作者数量的 1/9，撰写 n 篇论文的作者数量大约是撰写 1 篇论文作者数量的 $1/n^2$。

2. 广义的洛特卡定律

围绕洛特卡定律的数学表达式，研究者进行了大量的检验和修正工作。尤其是在试图回答是否任何学科均存在倒数反比定律以及平方反比是否永远成立这两个问题方面，形成了洛特卡定律的一般表达式，也称为广义的洛特卡定律。其数学表达式为：

$$f（x）= \frac{c}{x^n}，\quad 1.2 < n < 3.8 \tag{15-4}$$

式中：c 和 n 是随统计对象和数据不同而变化的参数。

3. 普赖斯定律

在洛特卡定律的基础上，普赖斯（D. Price）进一步研究了科学家人数与科学文献数量以及不同能力层次的科学家之间的定量关系，试图找出全体科学家总数中杰出科学家的比例关系，提出了著名的普赖斯定律。他认为高产作者是指完成所有专业论文总数一半的作者群。在原始洛特卡定律存在的情况下，其数值等于该专业的作者总数的平方根。而杰出科学家中最低产与最高产科学家所撰写论文数的关系为 $m = 0.749 \left((n_{max})^{1/2} \right)$。目前，国内外大量研究将其作为确定核心作者的重要依据。

4. 科研合作规模

在科学研究和科研管理过程中，往往会需要对科学工作者的合作情况进行分析。科学工作者的合作情况不仅考察科学工作之间的合作态度，也在一定程度上反映科学活动的学科特点和科学研究的难易程度。常用合作度和合作率指标来评价科学工作的合作程度。合作度为论文篇均作者数，合作率为合作论文占总论文数的比例。不同学科合作度和合作率会有一定的差异。随着协同创新观念的不断加强，在进行科学合作情况分析时，不仅要考察科学工作者之间的合作，也要考察科研机构之间的合作，以及不同国家科学工作者或科研机构之间的合作情况等。

（三）齐普夫定律

齐普夫定律是由美国语言学家齐普夫（G. K. Zipf）于 1935 年提出的，也称为文献词频分布规律。齐普夫在研究中发现：一个单词的长度与其使用的频次有密切关系，单词的长度越短，使用的频次越高。另外，在一篇给定的文章中，每个词使用的频次分布也是有规律可循的。

1. 齐普夫定律的基本内容

齐普夫定律可表述为：如果将一篇达到一定长度的文章（5000 字以上）中的词按其出现频率递减排序，根据频率高低编上相应的等级序号，最高的为 $r1$ 级，其次为 $r2$ 级……这样一直到若干级 rd，如果用 f 表示词在文章中出现的频率，用 r 表示词的等级序号，则有：

$$fr = c \tag{15-5}$$

式中：f 表示词频；r 表示等级序号；c 表示随文集不同而不同的参数。因为式中只有一个参数，所以该式也称单参数词频分布规律，其曲线如图 15-3 所示。

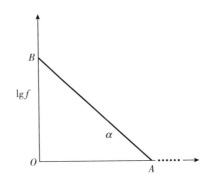

图 15-3　齐普夫定律的词频分布曲线

由图 15-3 可知，词频 f 的对数和等级序号 r 的对数呈线性关系。通过对多组数据的实证验证，齐普夫发现直线与横坐标的夹角大致为 $45°$，斜率为 -1。

2. 齐普夫定律的修正与发展

齐普夫定律提出后，不少研究者通过增加参数对其进行修正，以期能在更普遍的意义上更精确地描述文献中的词频分布规律。先后提出了朱斯公式、孟代尔布罗公式和布茨定律，这三个修正与齐普夫单参数词频分布规律构成了齐氏分布的核心内容，其后的研究主要是围绕其参数的计算、验证及其公式的比较展开的。

（1）朱斯公式：

$$f = cr^\beta \tag{15-6}$$

此式比单参数分布多了一个参数 β，即直线的斜率。1936 年，朱斯（M. Joos）在对齐普夫定律进行验证的过程中发现，并非所有的数据都支持斜率为 -1 的情况，而是呈现出不同的斜率值。该式包含了斜率为 -1 的特例，是更具普遍意义的词频分布规律，故也称通用的齐普夫定律，或双参数词频分布规律、朱斯修正式。

（2）孟代尔布罗公式：

$$(r+m)^B f = c \tag{15-7}$$

20 世纪 50 年代，法国数学家孟代尔布罗（B. Mandelbrot）提出三参数词频分布规律，以弥补单参数和双参数词频分布规律对高频词分布描述不佳的情况。其中，参数 B 与高频词的数量多少有关，参数 c 与出现概率最多的词的概率大小有关，参数 m 则与文集的词汇总数 N 有关。

（3）布茨定律：

$$\frac{I_n}{I_1} = \frac{2}{n(n+1)} \tag{15-8}$$

布茨定律也称齐普夫第二定律。1967 年，布茨（A. D. Booth）在对低频词的研究中发现，出现 n 次的词的数量与出现 1 次的词的数量之比与文集的大小及 c 值无关，而只与频次 n 值有关。式中，I_n 为出现 n 次的词的数量，I_1 为出现 1 次的词的数量，n 为出现次数。

（四）文献增长规律

随着科学的不断发展，科学文献的增长也成为一种客观的社会现象。研究者在 20 世纪初就已经注意到这一现象，但直到 20 世纪 40 年代后，由于当时图书馆管理的需要，特别是科学史研究以及科技情报工作发展的需要，文献增长规律才受到研究者们的关注。

1. 指数增长模型

普赖斯（D. Price）在其《巴比伦以来的科学》一书中考察并统计了科学期刊的增长情况，发现科学期刊的数量大约每 50 年增长 10 倍。他以科技文献量为纵轴，以历史年代为横轴，不同年代的科技文献量的变化过程表现为一条光滑的曲线，这条曲线十分近似地表示了科技文献量的指数增长规律，这就是著名的普赖斯曲线，如图 15-4 所示，其数学表达式为：

$$F(t) = ae^{bt} \tag{15-9}$$

式中：$F(t)$ 表示 t 时刻的文献量；a 表示统计初始时刻（$t=0$）的文献量；$e = 2.718$；b 为常数，表示持续增长率。

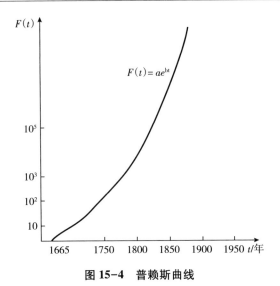

图 15-4 普赖斯曲线

科技文献的指数增长定律在一定程度上反映了文献的实际增长情况，但由于没有考虑许多复杂因素对科学文献增长的限制，因此并非每个学科、每个阶段的文献增长情况均符合指数增长规律，在实际应用时还有一定的局限性。

2. 文献逻辑增长模型

科技文献逻辑增长模型作为对指数增长模型的一种补充和修正，其数学表达式为：

$$F(t) = \frac{k}{1+ae^{-bt}} \tag{15-10}$$

式中：$F(t)$ 表示 t 时刻的文献累计量；K 表示文献增长的最大值；a 表示与初始文献量有关的参数；t 表示时间。

如果用曲线表示 $F(t)$ 和 t 之间的关系，那么曲线呈现 S 形，如图 15-5 所示。从该曲线可以看出，在科学文献增长的初始阶段，也符合指数增长规律。但这种增长趋势到一定时期将会减弱，当文献量增至最大值的一半时，其增长率开始变小，最后缓慢增长，并以 k 为极限，呈现一种饱和的趋势，故也称饱和增长曲线。

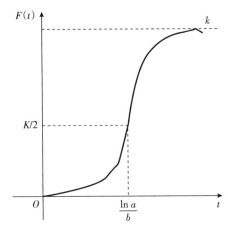

图 15-5 文献逻辑增长曲线

3. 线性增长模型

在线性增长模型中，文献量的增长速度 b 为一常数，与初始文献量 a 无关。文献累计量 $F(t)$ 和时间之间呈线性关系，可以用数学方程表示为：

$$F(t) = a + bt \tag{15-11}$$

（五）文献老化规律

科技文献发表之后，随着时间的推移，相对于科学技术的迅速发展，其内容会越来越"落伍"，文献呈现老化状态。所谓文献老化主要是指文献随着其出版年龄的增长，越来越少地被科学家或专家们所利用。主要原因在于：①文献中所含情报被包含在更新的其他论著中；②文献情报处于一个研究兴趣下降的学科；③文献中所含的情报为后来的著作所超越；④文献情报不再有用。

1. 文献老化的度量指标

文献老化主要有两个度量指标：一是文献半衰期；二是普赖斯指数。此外，人们还提出用老化率、老化系数、引文半衰期、论文被引半衰期等指标量度文献老化速度。

（1）文献半衰期。1958 年，美国学者贝尔纳（J. D. Bernal）在国际情报学会上首次提出借用放射性物质半衰期的概念来表示文献老化快慢，称为文献半衰期。文献半衰期是指某学科领域现时尚在利用的全部文献中的一半是在多长一段时间内发表的。文献半衰期因学科性质、学科稳定性、文献类型差异而不同。

（2）普赖斯指数。1971 年，普赖斯提出用普赖斯指数（Price Index，PI）衡量文献老化程度。普赖斯指数是指某一学科领域发表年龄不超过 5 年的文献引用次数与总引用次数之比。PI 越大，文献半衰期越短，老化越快。相应的数学表达式为：

$$PI = \frac{发表年龄不超过\ 5\ 年的文献引用次数}{总引用次数} \tag{15-12}$$

2. 文献老化负指数模型

1970 年，布鲁克斯发现科学文献的被引用次数随时间变化或衰减的过程符合负指数规律。其数学表达式为：

$$C(t) = ke^{-a}t \tag{15-13}$$

式中：$C(t)$ 表示发表了 t 年的文献被引用次数；k 表示文献初始时刻的被引用次数，理论上为文献被利用的总次数；a 表示老化率；t 表示出版年龄。用图形表述文献被引用次数和出版年龄之间的关系时，可得到如图 15-6 所示的曲线。

对负指数曲线进行积分处理，可得到文献老化的累计分布函数：

$$F(t) = 1 - e^{-at} \tag{15-14}$$

式中：$F(t)$ 表示出版年龄为 t 以内的文献被引用次数占总引文量的比例，当 $F(t) = 0.5$ 时，t 即表示文献半衰期。

用图形表述 $F(t)$ 和 t 之间的关系时，可得到如图 15-7 所示的文献老化累计分布曲线。利用实际调研得到的文献引用数据绘制该图，可以非常直观地、简便地估算出文献半衰期的大小。因此，绘制文献老化累计分布曲线图也是计算文献半衰期和衡量文献专利老化速度的方法之一。

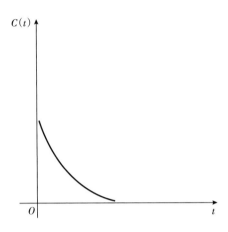

图 15-6　文献老化负指数曲线

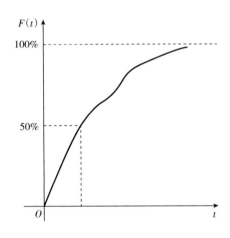

图 15-7　文献老化累计分布曲线

3. 拜顿-开普勒公式和莫蒂列夫修正式

1960 年，美国学者拜顿（R. E. Burton）和开普勒（R. W. Kebler）在对 9 种学科文献进行引文统计分析的基础上，提出了描述文献使用全过程的数量变化模拟公式：

$$Y = 1 - (a/e^X + b/e^{2X}),\ a + b = 1 \tag{15-15}$$

式中：Y 表示文献老化累计分布函数中的 $F(t)$，即出版年龄为 x 以内的文献被引用次数占总引文量的比例；a 和 b 表示与各种影响老化因素有关的参数值，$a + b = 1$；x 表示时间，单位为 10 年。为了使其能更准确地描述文献老化的动态规律，苏联学者莫蒂列夫于 1982 年对拜顿-开普勒公式进行了修正，提出了莫蒂列夫修正式：

$$Y = 1 - (a/e^{X-0.1} + b/e^{2X-0.2}) \tag{15-16}$$

该式在拜顿-开普勒公式的基础上，引入了修正系数 0.1 和 0.2，考虑了文献在刚出版的一段时间内，文献的被引用次数一般会有一定的上升，当上升到一定的时间时，文献被引用次数才会有所下降，真正体现了文献老化的实际情况。

（六）引文分析法

科学工作者在科学研究的过程中，必然要借鉴前人的研究成果。因此，作为科学研究成果的记录载体和传播媒介，科学文献间也存在着某种必然的联系，突出地表现为文献间的相互引用。引文分析法通过对文献间相互引用关系及其规律进行揭示，可以帮助人们从不同的角度了解相关学科的发展现状、特点及其规律，是目前信息计量研究和实践中最活跃、最具体的领域，已经大大突破了传统文献计量学的研究范畴，扩大到自然科学、社会科学等更广阔的领域，延伸到对各种信息资源的分析与研究上。

1. 引文分析的相关概念

引文分析涉及一些基本概念，主要包括以下六个：

（1）引证。也称引用，即引用前人的著作或者事例。

（2）引证文献。也称"来源文献""引用文献""施引文献"或"引用文"，即引用了参考文献的文献。

（3）被引证文献。也称"参考文献""被引用文献""受引文献"或"引文"，即被引用的有关文献信息资源，通常以文后参考文献或脚注的形式列出。

（4）引文网络。即文献之间通过相互引证所形成的一种网状关系结构，可以反映某个领域作者、文献、期刊或某一主题范围之间的相互联系程度，如图 15-8 所示。

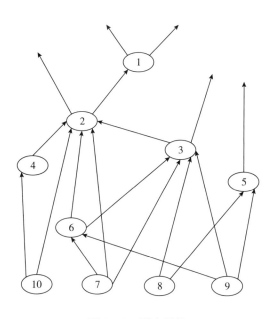

图 15-8　引文网络

（5）引文链。它是引文网络的一种特殊形式，即由引证关系形成的文献之间的一种链状关系，往往与时间序列有关。

（6）引文分析。又称引文分析法，是指利用各种数学及统计学方法，结合比较、归纳、抽象、概括等逻辑方法，对科学期刊、论文、著者等各种分析对象的引证与被引证现象进行分析，以揭示其数量特征和内在规律的一种信息计量分析方法。

2. 文献引用关系

文献间除了直接引用关系之外，还存在着各种间接引证关系，主要包括以下三个方面：

（1）引文耦合。也称文献耦合，如果两篇或多篇文献同时引用一篇或多篇相同文献，则引用文献间存在耦合关系，即引文耦合。揭示文献间引文耦合强度的指标为引文耦，在数值上等于两篇或多篇文献同时引用的相同文献的数量。一般来说，引文耦越大，两篇文献间的联系越紧密。

（2）同被引。也称共引或共被引，如果两篇或多篇文献共同被后来的一篇或多篇文献所引用，则被引文献间存在同被引关系。揭示文献间同被引强度的指标为同被引强度，在数值上等于共同引用该两篇或多篇文献的文献数量。与引文偶同理，同被引强度越大，则被引文献间的联系越紧密。

（3）自引。自引最初主要是指著者引用自己以前的著述。目前，自引已扩展到相同学科、相同主题、相同机构、相同语种等分析对象之间的相互引用，即在引文款目中，被引事项与引用事项相同的一类特殊引证关系均可称为自引。

3. 引文分析的基本步骤

引文分析一般包括以下六个步骤：

（1）明确研究目的。研究目的对研究对象、计量指标、计量方法等具有决定性影响。引文分析可以出于不同的研究目的，如研究科学文献结构乃至科学结构、揭示科学发展历程、开展人才和成果评价、研究信息用户结构和行为特征等。研究目的决定了引文分析的研究对象、计量指标和计量方法，如可以从引文数量、引文间的网状关系或链状关系、文献主题以及文献外部特征等不同角度进行引文研究。

（2）选取统计对象。根据研究目的及所要研究学科的具体情况，选择该学科中最有代表性的权威期刊。

（3）确定时间范围。选择一定时期若干期及若干篇相关文献作为统计的对象。

（4）统计引文数据。统计每篇文献后所列举的参考文献及相关信息，具体统计项目可依据研究目的和要求灵活掌握，也可直接从引文分析工具选取相关的引文数据作为引文分析的基础。

（5）引文分析。在获取引文数据的基础上，根据研究目的，从引文的各种要素或角度进行分析。

（6）引文分析报告。根据引文分析结果，结合相关理论做出相应的分析结论，并以论文或其他方式提供分析报告。

4. 引文分析的主要指标

引文分析可以采用的计量指标很多，常用的引文分析计量指标有以下八个方面：

（1）载文量与平均载文量。载文量也称发文量，是指在给定时间内，生产或发表的文献数量，是评价信息生产能力或学术水平的重要指标。平均载文量也称平均发文量，是基于载文量或发文量的相对指标，表示给定时间内生产或发表的平均文献数量，指标消除了因期刊性质、作者队伍、机构规模等不同对载文量或发文量的影响，更为客观，也更具可比性。

（2）引文量与平均引文量。引文量是文献所拥有的参考文献的数量，可以反映研究对象吸收外部知识的能力。平均引文量是每篇文献平均拥有的引文数量，是基于引文量的相对指标，同样可以反映研究对象吸收外部知识的能力。

（3）被引频次与平均被引次数。被引频次是给定时间范围内文献被引用的全部次数，可以反映研究对象在信息交流和科学发展过程中的作用和学术影响。平均被引次数是基于被引频次的相对指标，数值上等于被引频次除以文献总数，实质是每篇文献被引用的平均水平。该指标常被用于评价期刊以及作者的学术水平。一般来说，平均被引次数越高，期刊及其作者的学术水平也就越高。为了使该指标具有更广泛意义上的可比性，也更明确地评价其在某一时间期限内的学术影响，人们更常使用到影响因子和即年指标。

（4）影响因子。影响因子为期刊在规定时间（t）内论文被引量与可引论文总数之比。当 $t=2$ 时，影响因子的计算公式为：

$$影响因子 = \frac{某刊前两年发表的论文在该年的被引次数}{该刊前两年发表论文总数} \qquad (15-17)$$

一般情况下，影响因子越大，可认为该刊在科学发展和文献交流过程中的作用和影响力越大，质量也就越高。近年来，随着引文分析研究的深入，人们开始探讨利用影响因子评价期刊的中长期影响。相应地，t 值也就有了变化。目前，期刊引用报告（JCR）在原有两年期影响因子的基础上，增加了期刊的五年期影响因子。

（5）即年指标。即年指标为期刊某年发表的论文在当年被引证的平均次数，也称为快指标，用于测度期刊被利用速度，同样是评价期刊影响力的指标。其计算公式为：

$$即年指标 = \frac{某刊某年发表的论文在当年的被引次数}{当年发表论文的篇数} \qquad (15-18)$$

（6）自引率与自被引率。自引率是指研究对象引用的全部参考文献中，引用自己发表的文献所占的比例。自被引率是指研究对象发表文献的总被引频次中，被其自身所引用次数所占的比例。在实际应用时，往往需要将两个指标结合起来综合评价研究对象的作用和影响力。两者的计算公式分别为：

$$自引率 = \frac{引用自己发表的文献的次数}{引用的参考文献总数} \qquad (15-19)$$

$$自被引率 = \frac{被自己引用的次数}{被引用的总次数} \qquad (15-20)$$

（7）H指数。将研究对象发表的文献，按被引频次递减排列，被引次数大于或等于论文序号的论文篇数即为研究对象的 H 指数。该指标从发文和被引两个角度综合评价研究对象的学术影响。为了使指标更为客观、公正，人们在 H 指数的基础上进行了更为深入的研究和发展，衍生出了一系列相关指标，如 a 指数、e 指数、g 指数和 w 指标等。

（8）特征因子。为了弥补影响因子易被人为操纵、不能跨学科比较、选源标准问题以及对非英文期刊不公平等缺陷，汤森路透公司于 2009 年在 JCR 中正式引入特征因子指标。指标的基本假设是：期刊越多地被高影响力的期刊所引用，则其影响力也越高。特征因子使用 JCR 为数据源，构建剔除自引的期刊 5 年期引文矩阵，以类似于 PageRank 的算法迭代计算出期刊的权重影响值，即同时测量了引文的数量和"质量"，实现了引文数量与价值的综合评价，可以更好地突出高质量期刊的学术影响。另外，因其无视自引，所以相对难以伪造。特征因子的具体计算方法可参见相关资料。

5. 引文分析的主要内容

引文分析主要是利用引证定律、方法和指标从文献、引文年代、国别、语种、文献类型、作者、学科及其主题、期刊等角度来进行研究，从而揭示有关现状、特点和发展规律。例如，从文献被引情况考查核心论文，分析学科研究的重点等；从引文的年代考查学科的发展态势、文献的增长老化规律等；从国别的角度考查学科的国家和地区的分布特点等；从语种的角度考查相关学科的用户对不同语种的文献的利用、用户的外语水平以及学科的国家或地区分布特点等；从文献类型角度考查用户对不同类型资源的利用情况等；从作者角度研究作者分布情况、分析核心作者等；从学科或主题的角度分析学科研究的关键领域、热点领域等；从期刊角度可进行核心期刊分析等。

引文分析的出发点有以下两个：

（1）以引文款目为独立计量单位。即以引文中任一著录事项或某些著录事项之间的组合作为计量单位，并做简单加合的计量统计，从而反映文献引用的分布特征及信息流动的规律性。

（2）以引文款目间的联系为计量单位。利用聚类分析原理和方法对引文间的联系强度进行计量，如引文耦合和同被引，从而探究科学研究的动态结构或评价科学家的成就。

二、网络信息计量原理和方法

（一）网络信息计量学的产生和发展

网络信息计量学的产生和发展有其特定的时代需求和社会背景：信息资源电子化、网络化以及网上文献信息资源激增为网络信息计量学的产生提供了必要条件；网络管理，尤其是网络定量化管理的现实需求为网络信息计量学的产生提供了发展动力；20世纪90年代中期以来国内外陆续开展的电子信息计量相关研究为网络信息计量学的形成奠定了基础、积累了经验；随着网上文献信息的日益增长，文献计量学、科学计量学、信息计量学等相关计量学科开始将研究对象和研究范围扩展到网络领域。

早在1990年，帕斯理（Paisly）就提出将信息计量方法应用到电子通信领域。他认为，现在的书、刊、报纸中的大部分信息将来都会包含在电子数据中，并明确指出：大量电子信息会成为文献计量学研究的主流。1996年，麦克尔南（G. Mckiernan）根据引文含义，提出了"Sitation"的概念，用以研究网页之间的引用关系。1997年，阿尔明德（A. C. Almind）等在 Journal of Documentation 上发表了《万维网上的信息计量学：网络计量方法门径》（Information Analysis on the WWW：Methodological Approaches to "Webometrics"），最早提出了网络信息计量学（Webometrics）一词，认为信息计量学的各种方法完全可以用于万维网上的信息计量分析，只不过是将万维网看作引文网络，传统的引文则为 Web 页面链接所取代。1997年，网络电子期刊 Cybermetrics 创刊。从1997年开始，每两年召开一次的 ISSI 加入了网络信息计量学这一议题。

（二）网络信息计量学的定义

网络信息计量学是采用数学、统计学等各种定量方法，对网上信息的组织、存储、分布、传递，相互引证和开发利用进行定量描述和统计分析，以便揭示网络信息数量特征和内在规律的一门新兴分支学科。它主要是由网络技术、网络管理、信息资源管理与信息计量学相互结合、交叉渗透而形成的。网络信息计量学是信息计量学的一个新的发展方向和重要研究领域，具有广阔的发展空间和应用前景。

（三）网络信息计量学的研究对象与研究内容

1. 研究对象

网络信息计量学的研究对象主要涉及网络信息本身的直接计量、网上文献信息计量、网络结构单元的计量三个层次。例如，网站主题分析、网站类型分析、链接分析、域名分析、点击率分析、网络流量分析、网络信息增长和老化以及用户网上行为研究等。

2. 研究内容

网络信息计量学的研究内容主要包括理论研究、方法研究、技术研究和应用研究四个方面。

（1）理论研究。理论研究主要研究其作为一门学科存在而必须解决的一些基本问题和基本规律。其中，基本问题包括网络信息的概念、类型和特点，网络信息计量的基本原理、基本方式、意义作用、发展趋势等，基本规律包括网络信息的集中与离散规律、著者规律、词频规律、增长与老化规律、引证规律的理论解释和数学模型的研究等。

（2）方法研究。方法研究主要研究文献信息统计分析法、数学模型分析法、引文分析法、系统分析法、书目分析法、数据挖掘方法等定量方法以及一些独特方法在网络信息计量分析中的应用原理、适用性和操作程序以及必要的修正、改进和完善等，如链接分析法、网络流量分析法、网上直接调查法等。

（3）技术研究。技术研究包括网络信息计量系统的机理与设计、文本信息计量技术、多媒体信息计量技术、多语言信息计量技术、智能代理计量技术、网络信息的计量评价系统、可扩展标记语言（XML）等网络信息计量的技术性问题等。

（4）应用研究。应用研究主要研究网络信息计量学在图书情报工作、信息资源管理、网络管理、科学学及科学管理、电子商务以及社会管理等多学科、多行业领域的应用，研究内容涉及网上电子期刊、电子图书、数字图书馆、网络站点、网络科技信息、网络经济信息、网络人文信息的计量分析及其应用。

此外，网络信息资源配置、网络信息价值评估、网络信息过滤、网络信息服务质量、网络信息共享效率和网络信息成本效益的定量评价等也成为网络信息计量学的研究内容。

（四）网络信息计量的主要工具

1. 网络信息的类型与特点

从不同的角度、按照不同的标准，可以将网络信息划分为不同的类型，如按利用方式可以划分为万维网、新闻组、邮件列表、专题讨论组和兴趣组等；按内容的表现形式可以分为数字型、文本型、声音型、图像型、图形型以及多媒体型；按作用性质可以分为描述型、技术型、管理型和应用型；按组织方式可以分为超文本数据、超媒体数据、计算机程序数据和数据库数据；按数据类型可以分为元数据、结构化与半结构化数据、非结构化数据和流媒体数据等。总体来看，网络信息呈现出内容丰富、类型多样、数量巨大、结构复杂、易于变化、质量良莠不齐等特点。

2. 网络信息计量工具的主要类型

网络信息计量工具根据功能可大致分为三类，见表15-1所示。

表 15-1　网络信息计量的主要工具

主要功能		具体类型	工具示例
（1）数据收集工具		搜索引擎	Yahoo、Google
		网上调查软件	Keynote
		专业爬行器	Connectivity Server
		服务器软件	Microsoft Internet Information Services 7
（2）网络分析工具	网络内容分析工具	基于词典内容分析软件	CATPAC、CiteSpace
		开发环境软件	IMAP
		注释辅助软件	Atlas. ti
	网络结构分析工具	连接分析软件	Check Web
		网站结构软件	TreeDec tool
	网络利用分析工具	评估分析软件	Websat
		用户分析软件	WebVIP
		日志分析软件	WebTrend Log Analyzer
（3）结果展现工具		通用软件	SPSS、Excel
		专门软件	Webtracer、Internet Cartographer、Pajek

（1）数据收集工具。对网上存留的访问者、访问对象及其访问内容信息加以确认并确定度量指标，通过专业软件对网络日志、网络信息、网络引文数据等进行收集。

（2）网络分析工具。包括网络内容分析工具、网络结构分析工具和网络利用分析工具三种。其中网络内容分析工具支持网络环境下的内容分析，主要涉及断词功能、词干提取、词频统计、聚类、自动编码、消除语义歧义、生成词典、自动注释等功能。网络结构分析工具主要用于链接分析和网站地图构建。网络利用分析工具主要是为了检测和管理网站以提升其内容和质量，如评估分析软件用于测度网站的可用性，用户分析软件用于分析网站用户的网络行为特征，日志分析软件用于分析日志文件。

（3）结果展现工具。主要实现网络数据的自动转化、整理或分析。

（五）链接分析

1996年，美国学者麦克尔南首次提出站引（Sitation）的概念，用来描述网站之间的相互链接行为，拉开了链接分析的序幕，并形成了一种专门的网络信息计量方法，即链接分析法。链接分析法就是运用网络数据库、数学分析软件等工具，利用数学和信息科学方法，对网络链接自身属性、链接对象、链接网络等各种对象进行分析，以便揭示其数量特征和内在规律，并用以解决各方面问题的一种研究方法。链接分析通常涉及以下四个概念和指标：

（1）施链与被链。如果网站A的网页链接了网站B的网页，即网站A是施链网站，而网站B为被链网站。

（2）外部链接与站内链接。外部链接是指外部网站或网页指向某网站资源的链接，也称为站外链接、链入或入链。站内链接是指某网站内部一种资源指向其内部另一种资源的链接，也称内部链接、自链、内链或自引。

（3）链接耦合与共链。如果网站A和网站B同时指向某一网站，那么称网站A和网站B之间存在着链接耦合，链接相同站点的次数称为链接耦合数。如果网站A和网站B共同被其他网站链接，那么称网站A与网站B共链。A与B共同被链的网站数，称为共链强度。

（4）网络影响因子。1998年，丹麦学者英格沃森（Ingwerson）借鉴期刊影响因子的计算方法首次提出网络影响因子（Web Impact Factor, WIF）的概念，指的是在某个特定的时间，某个网站被其他网站和其自身所链接的网页数目的逻辑和除以该网站的所有网页数，也即每个网页的平均被链接次数。网络影响因子的提出为网络资源的评价、分类和比较提供了量化工具。在数学上，网络影响因子可以用下式表示：

$$WIF = \frac{某一时刻某网站的总链接数（a）}{该网站的总网页数（b）}$$

(15-21)

其中，某网站的总链接数等于该网站被其他网站和其自身所链接的网页数目的逻辑和（a）。考虑到链接可分为内部链接和外部链接，网络影响因子还可以分为外部网络影响因子（某个网址被外部网站所链接的网页数目除以该网站的所有网页数）和内部网络影响因子（某个网站被其自身所链接的网页数目除以该网站的所有网页数）。相对来说，用外部网络影响因子更能反映网络信息资源的社会影响力。

（六）网络流量分析

网络流量分析则是对网络运行状态进行监控和管理的一种非常重要的手段。

1. 网络流量数据获取

网络流量分析的基础是获取用户访问网站的具体数据。大致可以从以下四个途径获取用户访问网站的相关数据：

（1）Web 服务器日志。每当站点被访问一次，Web 服务器日志就会相应增加一条日志，以记录用户对网站的访问情况。不同的 Web 服务器，日志记录格式不同，但大都包括访问者的 IP 地址、访问时间、访问方式、被请求文件的 URL、HTTP 服务器版本号、返回码、传输字节数、访问的页面、协议、错误代码等。

（2）用户注册信息。用户通过 Web 页在屏幕上提交给服务器的相关信息，通常包含若干反映用户自然属性和社会属性的信息内容。

（3）曲奇数据（Cookie）。曲奇是一种软件构件，能够在用户端以及在服务器端存储用户访问服务器的信息等。

（4）连续抽样方法。通过抽样方法产生样本组，在样本组用户计算机中安装计量软件，从用户计算机上收集上网信息。

研究表明，连续抽样方法与前面所述的服务器日志方法相比，有较大的误差。所以目前国内外主流的网络流量分析工具基本上都是通过将 Web 服务器日志、用户注册信息、曲奇数据结合起来进行挖掘分析，从而更全面、具体、准确、客观地了解网站的访问量特征和用户特征等。

2. 网络流量分析的主要指标

网络流量分析的指标大体可以分为两类：

（1）网站访问量指标。包括访问数、页面请求数、唯一访问者数、页面阅览等。其中，访问数又称用户会话数，美国传播审计局将其定义为：用户访问网站，如果期间中断时间不超过 30 分钟，那么用户在该网站的活动被定义为一次访问。中国互联网络信息中心（CNNIC）则将其定义为：用户访问网站，如果期间中断时间不超过 20 分钟，那么用户在该网站的活动被定义为一次访问。页面请求数是指为了进入目标页面，浏览器和它连接的服务器之间进行的每次单一连接的次数总和。从严格意义上来讲，当一个页面包含了图形、图像、音频、视频等多个文件时，对页面的请求实质上是包含了对多个文件的请求。在实际度量时，页面请求是请求数的一个子集，不包含对页面中的图形、动画等文件的请求。唯一访问者数是指在特定的时间内第一次进入网站、具有唯一访问者标识或唯一地址的访问者数目。页面阅览是指一次页面的下载，即访问者在其浏览器上完整地看到该页面。在实际度量时是将一次浏览器的请求算作一次页面阅览。

（2）用户特征指标。包括用户属性指标、用户技术特征指标、用户行为特征指标等。其中，用户属性指标是有关用户的自然属性和社会属性相关指标，前者如用户的性别、年龄分布，后者如用户所处的地域、受教育程度、收入情况、工作领域等分布。用户属性指标的数据来源主要是对用户注册信息进行挖掘分析。用户技术特征指标主要是对用户在访问网站时的一些技术特征进行计量，包括用户使用的浏览器、域名和主机名、计算机操作系统、个人计算机（PC）还是移动终端等。用户行为特征指标主要是对用户访问网络资源的行为特点进行计量，包括用户入站路径、入站页面、出站页面、浏览站点的常用路径、每次访问的停留时间等。其中，一次访问的停留时间是用户访问的第一次请求时间至最后一次请求时间加上每个页面请求的平均时间。而各次访问的停留时间之和除以用户访问数为每次访问的平均停留时间。

随着电子商务的快速发展，有的网络流量分析工具增加了交易分析方面的指标。例如，百度统计提供了收订件数、收订金额、收订件数占比、收订金额占比、商品均价等订单分析方面的指标。

三、信息计量工具

（一）信息计量工具

数据库和引文分析工具是信息计量的主要工具，是获取信息计量数据的重要来源和基本手段。

1. 国外常用的信息计量工具

美国科学信息研究所（ISI）开发的系列数据库及其延伸产品是目前国外常用的信息计量工具。

（1）Web of Science（WoS）。ISI 于 1997 年推出基于互联网环境的检索系统，收录了100 年来各种重要核心期刊的文献与引文，覆盖了自然科学、工程技术、生物科学、社会科学、艺术与人文等诸多领域中最具影响力的 1 万多种科技期刊，由科学引文索引扩展版、社会科学引文索引、艺术与人文科学引文索引等 9 个数据库组成，是提供引文回溯数据最有影响的大型综合性多学科的科学引文索引数据库。

（2）期刊引用报告（Journal Citation Reports，JCR）。JCR 是 ISI 基于 WoS 引文信息编制而成的多学科综合性期刊分析和评价报告，有科技版（JCR Science Edition）和社会科学版（JCR Social Science Edition）两个版本，分别收录自然科学领域和社会科学领域期刊引文分析信息，提供包括被引总次数、两年期和五年期影响因子、即年指标、特征因子等引文分析指标，已成为国际公认的用于期刊评价和学术评价的权威工具。

（3）基本科学指标（Essential Science Indicators，ESI）。ISI"研究服务组"于 2001 年推出了衡量科学研究绩效、跟踪科学发展趋势的基本分析和评价工具。ESI 从引文分析的角度，针对 22 个一级专业学科领域、250 个二级学科门类，分别对 10 年内达到一定层次科研水平的国家、研究机构、期刊、论文以及科学家进行统计分析和排序，包括引文排位、高被引论文以及引文分析三大模块。引文排位包括科学家、机构、国家和期刊排名表（包括发文量、被引频次和篇均被引三个指标的降序排名）。高被引论文包括高被引论文和热门论文列表。引文分析包括基线和研究前沿列表。

2. 国内常用的信息计量工具。

（1）中国知网（China National Knowledge Infrastructure，CNKI，即中国国家知识基础设施）。它由清华大学、清华同方发起，始建于1999年6月。CNKI采用自主开发并具有国际领先水平的数字图书馆技术，建成了世界上全文信息量规模最大的"CNKI数字图书馆"，启动了《中国知识资源总库》及CNKI网格资源共享平台建设，通过产业化运作，为全社会知识资源高效共享提供最丰富的知识信息资源和最有效的知识传播与数字化学习平台，提供了CNKI源数据库、外文类、工业类、农业类、医药卫生类、经济类和教育类等多种数据库。其中综合性数据库为中国期刊全文数据库、中国博士学位论文数据库、中国优秀硕士学位论文全文数据库、中国重要报纸全文数据库和中国重要会议论文全文数据库。该平台提供了知识检索（包括初级检索、高级检索和专业检索）、数据下载、数字出版、文献数据评价等服务。

（2）中国科学引文数据库（Chinese Science Citation Database，CSCD）。它创建于1989年，是由国家自然科学基金委员会和中国科学院共同资助、中国科学院文献情报中心研制的我国第一个多功能大型科学引文数据库，分为核心库和扩展库，收录了我国数学、物理、化学等11类学科领域出版的1200种中英文科技核心期刊和优秀期刊的引文信息，提供基于篇名、作者、机构等14个字段的多角度引文分析。2007年，中国科学院文献情报中心与美国汤森路透（Thomson Reuters Scientific）合作，CSCD实现了在ISI Web of Knowledge平台上检索，具有与SCIE数据库基本相同的数据分析功能，具有分析工具、引文报告和引文关系图等特色功能，是该平台上的第一个非英文语种数据库，也是国内唯一能与SCI接轨的数据库，被誉为"中国的SCI"，是深度开展引文分析及了解学科研究现状的优秀引文分析工具，如发现理论、学科、学术观点、技术或方法的起源、发展、变迁、修正等。

（3）中文社会科学引文索引（Chinese Social Sciences Citation Index，CSSCI）。它是由南京大学中国社会科学评价中心1998年开发研制的引文数据库，收录包括法学、管理学、经济学、历史学、政治学等在内的25个学科500多种中文人文社会科学领域的优秀学术期刊论文和被引用情况，从来源文献和被引文献角度提供包括篇名、作者、刊名等多个角度的检索入口和检索方法，结果按不同检索途径进行发文信息或被引信息统计分析，并支持文本信息下载，已成为查询我国人文社会科学文献信息以及科研管理部门、科研机构、高等院校进行科研绩效评价的重要工具。

（4）中国引文数据库。中国引文数据库（Chinese Citation Database，CCD）由中国学术期刊（光盘版）电子杂志社出版，收录中国学术期刊（光盘版）电子杂志社出版的所有源数据库产品的参考文献，包括8200种期刊、学位论文、会议论文、图书、专利、标准、报纸等多种类型文献中的参考文献，分为十大专辑、168个专题，引文数据全面，提供引文全文链接，具有较好的数据统计分析和可视化展示功能。对作者、机构、期刊、专题、基金、出版社6个字段的发文量、各年被引量、下载量、H指数、期刊分布、作者被引排名、作者引用排名、作者关键词排名数据进行统计分析，并且以柱状图的形式进行可视化展示。

（5）中国科技论文与引文分析数据库（Chinese Science and Technology Paper and Citation Database，CSTPC）。它由中国科学技术信息研究所于 1987 年开始研制，收录了我国各学科近 5000 种科技论文统计源期刊（中国科技核心期刊），基本覆盖我国基础科学研究、医学和生命科学研究、农业科学技术研究和工程技术研究等 28 个学科领域取得的最重要的学术研究发现与技术创新成果文献。目前，万方数据股份有限公司基于 CSTPC 知识服务平台，实现了知识脉络分析、学术统计分析和著者学术成果页展示等功能。知识脉络分析能够以曲线图的方式展现该关键词近 7 年每年每百万期刊论文中的命中数，从而展现其研究趋势，同时给出每一年与该关键词共现的 5 个关键词，可反映近年来相关研究的热点变化。著者学术成果页展示能够将著者的基本信息、发文量、被引次数、H 指数、被引频次变化、合作学者、关注点进行综合展示，对于分析著者的学术成果以及合作网络具有重要的意义。

（二）可视化分析工具

常用于绘制知识图谱的可视化分析工具有四个：

（1）CiteSpace。它由长江学者、大连理工大学特聘教授、美国德雷塞尔（Drexel）大学信息科学与技术学院的陈超美博士开发，是适合进行多元、分时、动态复杂网络分析的可视化知识分析工具，可直接导入数据库套录数据，生成多种可视化图谱。

（2）SATI 和 Bibexcel。它们是专门的文献计量分析软件，常用作知识图谱制作的前期数据转换与处理工具。

（3）SPSS 和 SAS。它们是通用的社会统计软件，其中的多维尺度分析、因子分析和聚类分析等功能常用于知识图谱绘制。

（4）UCINET 和 Pajek。它们是目前最流行的社会网络分析软件，常用于分析与展示知识单元间的关联，其中 UCINET 集成了包括 NetDraw 在内的多个可视化软件。

第三节　计量分析法适用情境与典型范例

一、计量分析法的适用情境

计量分析法是信息资源管理学科的重要研究主题，相关研究除了关注以文献计量、科学计量、信息计量、网络计量等为代表的方法创新外，也非常注重其应用研究。结合我国研究实践，计量分析法的主要适用情境包括以下四个方面。

（1）科学评价。计量分析法适合于对科学出版物、学术机构、科研人员的测量与评价。对于科学出版物的评价工作，可以利用文献计量方法进行核心期刊的测定、研究学科的情报源分布；还可以利用文献增长规律、文献作者分布规律和引文分析方法确定文献收集方式、制定文献采购策略和最佳期刊收藏方案，以及利用文献老化规律指导陈旧资料的剔除工作。对于学术机构、科研人员的评价工作，可以利用篇目分析、引文分析等方法对科研机构和科研人员所发表科学文献的被引率、持续时间等指标进行测量，以评估学术机构、科研人员的学术水平。

（2）研究热点、探测新兴领域与前沿趋势识别。运用文献计量方法基于文献事实在学科热点分析、学科动态研究和预测学科发展方面应用广泛。通过对某一领域论文数量、著者情况、期刊来源、主题分布、发表年代等多角度的统计分析，客观研究学科现状及学科发展趋势。利用引文分析法统计引文量频次、年代、文献类型、学科、主题，对学科的交叉渗透、成熟、老化等趋势进行研究，建立在耦合强度或共引强度基础上的文献聚类分析，更可以直观揭示学科和科学结构及其相互关系。其中，共引、文献耦合等引文分析方法还可以结合可视化方法挖掘显示作者间、期刊间、机构间、关键词间的相互关系，探明有关学科之间的亲缘关系和结构，划定某学科的作者集体，分析推测学科间的交叉、渗透和衍生趋势，还能对某一学科的产生背景、发展概貌、突破性成就、互相渗透和今后发展方向进行分析，揭示学科的动态结构和发展规律。

（3）信息组织与检索。信息计量中的齐普夫定律对于揭示书目信息特征、设计情报系统、制定标引原则、进行词汇控制、组织检索文档都有指导意义，如基于齐普夫的频率分布方法，通过标引实验找到标引文献与叙词使用频率的分布特征，确定合乎需要的参数值辅助词表的编制工作；基于齐普夫定律对词频分布进行深入研究，根据词频数目筛选出适于标引的词进行自动标引，改善自动标引工作。此外，布拉德福定律在信息检索领域也得到了广泛应用，主要体现在应用布拉德福定律对检索工具的完整性进行测定，如预计检全信息总数（例如论文总数）、估计检索范围、计算检全率等，有助于完善情报检索系统、定量评价检索效果、提高信息的利用率。

（4）网络资源评价与建设。除了文献计量方法以外，信息计量、网络计量方法也被应用到网络资源的评价与建设工作中，如利用网络计量中的网络链接分析法分析网站资源的分布情况，根据网络计量指标挖掘潜在的信息资源，给用户提供多方面的决策依据；以网页分析和引文分析为重点，利用网络计量分析方法分析网络用户的类型及信息需求，为网站资源建设提供改进依据。此外，还可以利用网络计量分析方法研究网络环境下的科学信息交流、网络资源评价方法、网站关系的计量分析、网络信息的老化研究等，从而为网络资源建设工作提供参考和指导。

需要说明的是，为更好发挥计量分析法的优势，应用过程中需要特别注意以下三个方面。

（1）排除人为制造数据。在使用文献计量分析法进行评价研究中要注意人为制造的数据如自引现象、联盟引用、互惠引用现象等会破坏评价研究的客观公正，因此需要排除上述现象。

（2）考证计量分析指标。在选择指标时，需要对每一个指标进行实际数据的考证，确定这些指标是否适合评价，特别是采用一些创新评价指标时需要进行多方面数据调研和分析。

（3）判断显性评价与数据的一致性。计量分析法是一种高度依赖数据的定量研究方法，定量研究应当把所有计算结果显性公布，同时数据资源应提供公开查询，保证科学研究的公开、公正和获得公众信任。当数据完全依赖其他机构提供时，应对数据资源进行严格检验，对缺损数据要科学补缺，不可随意补充，需要保证数据的一致性。

二、计量分析法的典型范例

为便于初学者更直观地理解该方法的应用场景和实施方法，从近年来发表于信息资源管理学科核心期刊的相关论文中选择了一些典型范例，如下所示。

［1］王秉，徐方廷，王渊洁，等．中国国家安全研究进展与展望——基于文献计量和党的二十大报告的分析［J］．情报科学，2023，41（8）：184-191．

［2］刘旭青，邹金汇．民国时期目录学研究期刊文献概览——基于《图书馆学论文索引（第一辑）》的计量分析［J］．图书馆杂志，2023，42（4）：117-123+157-159．

［3］任超，杨孟辉，赵群．循证政策中的科学证据特征分析——以新冠疫情防控政策为例［J］．情报理论与实践，2023，46（7）：98-106+124．

［4］陈雅楠，Chang Miaomiao，李雪．政策文本计量视角下的全民阅读政策扩散特征［J］．图书馆论坛，2023，43（8）：88-99．

［5］张光耀，谢维熙，姜春林，等．科学计量视角下的论文同行评议研究综述［J］．图书情报工作，2022，66（14）：137-149．

［6］杨宁，张志强．结合计量分析和内容分析的科学数据集使用特征研究［J］．图书情报工作，2022，66（10）：122-130．

［7］张旭，吕冬晴，阮选敏，等．融合文献计量与同行评议共识的期刊评价方法研究［J］．情报学报，2022，41（5）：486-496．

［8］李莹莹，王宏起，王珊珊，等．战略性新兴产业技术创新研究的知识结构——基于SSCI和CSSCI的文献计量分析［J］．情报杂志，2022，41（5）：183-189．

［9］熊泽泉，彭霞，杨莉．基于使用数据计量的CASHL文献资源保障研究［J］．大学图书馆学报，2022，40（2）：11-19．

第十六章　知识组织技术

知识组织是为了抑制知识的无序状态，对知识进行的整理、加工、引导、揭示、控制等一系列整序的工作。知识组织可以分为狭义与广义之分，狭义的知识组织是指对于知识单元的组织即对知识节点及知识关联的组织，最终生成一定的知识产品如文献、电子文档等。广义的知识组织是指对文献、数据库、网站等的组织。

知识组织工具，也称知识组织系统（Knowledge Organization System，KOS），是指可以对自然语言进行控制并有利于提高检索效率的工具，传统的知识组织工具以分类表为代表的分类法工具和主题词表为代表的主题法工具为主，但是随着网络环境的更新，出现了一系列新的知识组织工具，它们在传统知识分类和词汇控制原理的基础上，结合了网络发展的需要和特征。

第一节　知识组织理论及技术发展

"知识组织"这个概念不是最近提出来的，早在 1929 年英国著名的分类法专家 H. E. 布利斯就曾使用过。但是在 1989 年，国际性学术机构"国际知识组织学会"（ISKO）成立后，才深入开展了一系列有关研究：1990 年 8 月在德国的达姆施塔特举行了第一届国际 ISKO 大会，会议主题是"知识组织工具与人类交往"；第二届于 1992 年 8 月在印度的马德拉斯举行，主题为"知识组织与认知范式"；第三届于 1994 年在丹麦的哥本哈根举行，主题为"知识组织与质量控制"；第四届于 1996 年 7 月在美国的华盛顿举行，主题为"知识组织与变革"。ISKO 在一些国家成立了分部，如德国、丹麦、西班牙、俄罗斯、印度等。ISKO 分部也举行了一系列学术会议，如俄罗斯先后于 1993 年和 1995 年举行了 ISKO 俄罗斯分部大会；西班牙举行过两届；1994 年 9 月在斯洛伐克的布拉迪斯拉发举行了第一届 ISKO 欧洲大会，主题为"环境知识组织与信息管理"；1992 年 10 月在西班牙的马德里还召开了国际文献工作联合会分类法研究委员会（FID/CR）和 ISKO 的联席会议。

知识组织是在分类法的基础上发展起来的。在第二届国际 ISKO 大会上，与会者提出了将国际性学术刊物《国际分类法》改名的建议，该建议得到 ISKO 执委会的赞同，ISKO 科学咨询委员会提出四种方案，最终确定使用《知识组织》（Knowledge Organization），从 1993 年的第 20 卷起正式更名。

从分类法到知识组织是个飞跃，它增添了新的观念与意义值得去探讨研究。而随着时代的变迁，知识组织也在不断发展。信息网络的蓬勃发展，促使信息唾手可得。信息技术影响了信息的产生、发展及利用，同时也导致了信息泛滥的出现。但是知识还是缺少的，其原因不在于很难获取必要而基本的知识和大量而准确的数据，而在于知识的存贮过于庞大和无序。有学者指出，在信息网络时代核心知识增长并不大，而分散在各种出版物中的外围信息和虚拟知识却在与日俱增，导致了知识存储状态的无序化。而人的阅读、吸收和消化能力是有限的，因此，应当对知识进行组织，使知识存储有序化并且可获取，也就是说，运用有效方法处理知识的存储，使那些在知识获取方面受到物理限制的人能够对知识加以利用，这应当成为知识组织的目标。

知识组织的发展是由用户的信息需求和技术发展两个因素向前推动的。从信息需求的角度出发，用户对信息资源的利用程度随着科技进步及其对经济发展推动作用的增强而不断加深。尤其是从事高科技领域研究与开发的用户，他们关注的是如何捕获和析取解决问题的知识内容，不再满足于一般层次的文献服务、信息服务，而是要求通过文献信息的深层次开发，将分散的专门知识信息加以集中利用，将分散在本领域及其相关领域的专门知识信息加以集中组织，进行文献信息的内涵知识二次开发，进行知识重组，从中提炼出对用户的研究、开发与管理创新思路的形成起着至关重要作用的"知识基因"供其使用。此外，知识信息的采集、组织、传递、提供和使用后的反馈必须及时，以适应日益加快的知识经济社会的运行节奏。

第二节　常用知识组织技术

知识组织工作根据不同的知识和载体，可采用不同的知识组织技术。一般来说，有关知识组织的核心技术包括文本映像、摘要整理、概念聚类、语义索引。新的技术包括采用基于本体的知识组织、关联数据、知识图谱等。

一、本体

关于本体的定义，1993 年 Gruber 给出的定义是：本体是概念模型的明确的规范说明；1998 年 Studer 进一步完善为"本体是共享概念模型的明确的形式化规范说明"。这里揭示了本体的四层含义：①概念模型（Conceptualization），指通过抽象出客观世界中一些现象的相关概念而得到的模型，其表示的含义独立于具体的环境状态；②明确（Explicit），指所使用的概念及使用这些概念的约束都有明确的定义；③形式化（Formal），指本体是计算机可读的；④共享（Share），指本体中体现的是共同认可的知识，反映的是相关领域中公认的概念集。具体地说，在网络信息组织领域，本体就是一整套对某一领域的知识进行表述的词和术语，编制者根据该知识领域的结构将这些词和术语组成等级类目，同时规定类目的特性及其之间的关系。

就理论层面而言，可以认为本体由概念（Concept）、属性（Property）、公理（Axiom）、取值（Value）及名义（Nominal）这五个要素构成。其中，概念分为"原始概念"（根据必要条件而非充要条件定义的概念）和"定义概念"（根据充分必要条件定义的概念）；属性是对概念特征或性质的描述；公理是定义在"概念"和"属性"上的限定和规则；取值是具体的赋值；名义是无实例（Instances）的概念或者是用在概念定义中的实例。基于本体的网络信息组织的特点主要表现在以下四个方面：

（1）直接体现语义。以前的网络信息组织，无论是分类组织，还是主题组织，所表达的语义是隐含的，只能被它们的建立者或开发人员理解、掌握和使用，而不能直接表达为计算机所理解的形式化的语义。基于本体的语义网信息组织不仅方便计算机的理解和处理，更好地满足全新的信息环境和检索要求的需要，而且还可以在此基础上提供进一步的智能服务。此外，本体对表达信息内容的概念的描述都是在一定的语义环境或限制规则下完成的，它在表达概念及其含义时更加清晰和准确，在进行信息组织时更加规范。

（2）分布式共享。本体是关于领域知识的共同理解与描述，用于共享与重组。但这种对领域知识的共同理解与描述不一定要通过一个集中管理的本体来完成，它可以分散在网络上的多个本体来完成。每个本体负责描述领域知识的某一方面或某一部分，通过多个本体的相互协作来共同完成对领域知识的描述。关于特定领域某一方面或某一部分的本体建立以后，在需要时还可以被其他领域共享和利用。这样，分散在网络上的各个本体形成了一个分布式的网络，在需要时它们可以相互利用或协同工作以完成某一特定任务。这种分布式的信息组织方式，不仅可以减少信息组织建立、维护与管理的成本，而且还可以大大促进网络知识的共享和交流。

（3）多维、网状的信息组织方式。传统的信息组织方法是线性的、一维的，本体则采用了容易为计算机所接受和处理的体现描述逻辑的知识表现和信息组织方式，概念及其之间的关系形成了一个多维的语义网络。这种多维、网状的信息组织方式，不仅有利于网络上各种不同类型、不同结构的信息资源的集中与整合，而且有利于它们之间关系的描述与揭示。

（4）对推理的支持。本体通常需要以某种逻辑的语言来表达，从而完成对类、属性和关系的详细、精确、一致、良好的表达。一些本体工具也可以据此进行自动推理并为一些智能应用提供高级服务，如概念搜索、软件代理、自然语言理解、智能数据库等。本体及其推理能力代表了现代信息组织特别是网络信息组织的发展趋势，它不仅有利于信息的形式化描述，而且依据本体这种信息组织方式而建立的检索系统更能满足用户进行语义检索和智能检索时的需要。

二、关联数据

关联数据（Linked Data）是万维网的发明人蒂姆·伯纳斯·李（Tim Berners-Lee）提出的万维网上发布数据的方式，是语义网的一种实现方式。它一般要求采用 RDF 数据模型，利用统一资源标识符（Uniform Resource Identifier，URI）命名数据实体，发布和部署示例数据和类数据，从而可以通过 HTTP 协议揭示并获取这些数据。关联数据是一种推荐的最佳实践，在语义网中使用 URI 和 RDF 发布、分享、链接各类数据、信息和知识。可以说关联数据是语义网的一个简化实现、一个重要应用、一个重要分支。语义网络实为关联数据的网络，语义网技术可以保证人们创建词汇表、构建处理数据的规则以有效地存储数据，关联数据的实现需借助于 RDF、SPARQL、OWL 及 SKOS 技术实现。

（一）关联数据的发布原则

2006 年 7 月 Tim Berners-Lee 提出关联数据及其四个原则：使用 URI 作为任何事物的名称；使用 HTTP URI 使任何人都可以访问这些名称；当有人访问某个标识名称时，以标准的形式（如 RDF、SPARQL）式提供有用的信息；尽可能提供相关的 URI，使人们可以发现更多的事物。其中，HTTP URI、RDF 数据模型和 RDF 链接是发布关联数据的关键技术，HTTP URI 表达资源的访问地址，RDF 数据模型使数据结构化，RDF 链接则表示资源或数据之间的关联。

遵循以上四个原则发布的关联数据，可以形成广泛多样的数据之间的链接，不仅可以把不同来源的数据库进行链接，而且可以把原先不能进行互操作的数据之间进行链接，既实现了链接其他数据，也实现了被其他数据链接，从而发现更多新的事物，产生更大的效益和更好的应用，所以关联数据很快得到了国际上的认可接受和广泛研究。

（二）关联数据的发布流程

关联数据发布流程可以划分为选择资源、定义 URI、数据模型化、词汇表的使用、RDF 文档的发布五个步骤。

（1）选择资源。发布资源之前，根据需求确定要发布的资源，通常有两种类型资源：信息资源和非信息资源。信息资源多为数字化文档，非信息资源主要指真实世界的概念，如人、机构、主题或事物等，通常高价值、可重用的数据是首要考虑选用的。

（2）定义 URI。定义 URI，旨在实现资源的命名。实际上，URI 不仅是名称，还提供了获取网络资源的方式，URI 有助于资源的识别，帮助人们查找或者引用资源。为了提高万维网的价值，为所发布的数据定义 URI 需保证具有以下特征：简短易记，可解析，具有稳定性和持久性，这样可以保证资源的 URI 被有效地获取及重用。注意非信息资源的URI，通常情况下，非信息资源的 URI 以通过 303 重定向（303 See Other）和 Hash URI 方式实现。

（3）数据模型化。运用 RDF 模型描述结构化数据，定义模型中的类、实例、属性及类间、类与实例间关系，构建数据模型图。采用 RDF 数据模型的优点在于：允许对采用不同表示方式的资源进行表达；易于在不同数据源中建立 RDF 链接，用户在网上通过查找 RDF 图中的 URI 检索到其他资源。在采用三元组模型表达时，主语、谓语都需要用URI 来表示；宾语可以用 URI 表示外，也可以是字符串表示的文本。尽可能与已有的数据集进行链接，先判断其应用领域，根据其属性的值域确定其链接对象，具体应用领域取决于 RDF 属性，例如，描述人的属性有 foaf：knows、foaf：based_ near 和 foaf：topic_ inter-est，其属性值可能来自 DBpedia 等。RDF 链接可手动生成，但大数据集链接通过链接算法自动生成。典型的互联算法有基于实体的文本映射、基于 RDF 图形相似度计算的映射。

（4）词汇表的使用。尽可能选用一些标准化的、众所周知的词汇表的元素来表示资源的属性和属性值，在现有的词汇表中找不到所需要的词汇时再定义新的词汇。标准化词表描述了基本或者更为复杂的关系，尽可能地被重用以促进数据网络的扩展。选择当前现存的词汇表需考虑以下因素：词汇发布机构的可信度、词汇表具有自我描述能力、有永久的URLs、采用多种语言描述、被多种数据集引用等。W3C 发布了许多用于关联数据的词表，如 DCAT（Data Catalog Vocabulary）提供了 dcat、dct、dctype、foaf、rdf、rdfs、skos、vcard、xsd 等词汇表，用于促进发布在网络上数据目录之间的互操作性。由 W3CSWEO 关联开放数据团体维护的属性及属性值词汇表也可以选择，如 FOAF、DC、SIOC、SKOS、CC 等都是常见的属性词汇表，针对属性值词表的选择有 Geonames、DBpedia、Musicbrainz、dbtune 等。

（5）RDF 文档的发布。做好以上的准备，最后要把数据发布在网络上，发布数据时应根据数据量的大小、数据的存储方式和数据的更新频率选择不同的发布形式与技术工具，目前主要有以下四种：①基于静态 RDF 发布，适用于数据量比较小的情况，数据创建者自己制作 RDF 文档上传至网络上，通过对服务器进行 MIME（Multipurpose Internet Mail Extensions，多用途互联网邮件扩展）类型配置，使得浏览器可以识别 RDF 数据。②基于 RDF 三元组批量存储的发布，适用于数据量大、各种类型的数据（Excel、MARC、BibTex 等）的发布应用，即把数据提前转换成 RDF 三元组放在一个存储器中，但是在三元组存储器前面需设计一个关联数据界面作为 SPARQL 查询终端，实现其可访问性。如 DBpedia 项目就是利用此方法，从维基百科中抽取数据，转换成 RDF 存储 OpenLink Virtuoso 存储器中，另外 DBpedia 还提供 Pubby 关联数据界面，作为 SPARQL 查询端口。③基于关系数据库的发布，适用于将关系数据库存储的数据内容发布成关联数据，可利用的工具有 D2R、OpenLink Virtuoso 或 Triplify。当前有许多在线的 D2R 服务器，如柏林 DBLP 书目服务器（Berlin DBLP Bibliography Server）、汉诺威 DBLP 书目服务器（Hannover DBLP Bibliography Server）、柏林自由大学 Web 系统小组服务器（Web-based Systems @ FU Berlin Group Server）以及欧共体国家和地区服务器（the EuroStat Countries and Regions Server）等。④基于现有应用程序或 Web API（Application Program Interface，应用程序界面）进行封装的数据发布；通过在应用程序界面 API 中配置关联数据封装包，为 API 共享的非信息资源分配 HTTP URI，将客户请求的结果转换为 RDF 形式发送给数据消费者。目前开发出来的关联数据封装包有 SIOC（在线语义关联社区）项目计划组开发的 WordPress、Drupal、phpBB 等，RDF Book Mashup、Virtuoso Sponger 等。

三、知识图谱

知识图谱（Knowledge Graph）的概念最早由谷歌公司于 2012 年提出，其初衷是为了提升搜索引擎的能力，之后随着学界和业界的广泛关注，其研究与实践也日趋深入，目前已经成为知识组织的重要工具。

（一）知识图谱的概念

知识图谱有多种含义，包括 Google 用来增强其搜索引擎功能的知识库，图情领域用于显示知识发展与结构关系的图形化展示形式等，本书将知识图谱视为一种揭示实体关系的语义网络，是结构化的语义知识库，用符号形式描述现实世界的概念及其相互关系。

三元组是知识图谱的一种通用表示方式，也就是 $G=(E, R, S)$，其中 E 表示的是存储知识图谱的知识库中实体的集合；R 表示的是知识库中实体间关系的集合；$S \subseteq E \times R \times E$ 表示的是知识库中的三元组集合。三元组的基本成分包含了实体、关系、概念、属性和属性值等。其中实体是知识图谱中的基础元素，不同的实体间存在不同的关系；概念则指的是集合、类别、对象类型、事物种类等；属性指的是实体对象所具有的特征、特性及参数等，例如，人这个实体所具有的国籍、生日等属性；属性值指的是实体对象的属性取值。在知识图谱中，每个实体可以有全局唯一的 ID 来标识，而属性-值对可以用来标识实体特性。关系用来表达两个实体的关联。这种通过实体关系相互联结构成的网状知识结构，可以帮助用户实现从资源链接向概念链接的转变，进而支撑各种形式的基于语义的应用。

根据知识图谱的覆盖范围，可以将其分为通用知识图谱和行业知识图谱。通用知识图谱一般用于智能搜索及其他相关领域，侧重的是知识的广度，强调更大范围的实体的融合，相对行业知识图谱而言，其知识的准确度不够高，且易受概念范围的影响，很难借助本体库对公理、规则、约束条件的支持能力来规范实体、属性以及实体间的关系。行业知识图谱则是面向特定行业领域和应用场景进行构建，更侧重知识的深度和准确程度，而且实体的属性和关系丰富程度往往较通用知识图谱更高。

尽管知识图谱也呈网状结构，但与早期的语义网络相比，知识图谱有其特别之处。首先，知识图谱强调的实体间的关联和实体的属性值，虽然知识图谱中也可以有概念的层次关系，这些关系的数量相比实体之间的关系的数量要少很多，而早期的语义网络主要用于自然语言的句子表示；其次，知识图谱的一个重要数据来源是百科，尤其是百科中抽取的半结构化数据，这与早期的语义网络主要依赖人工构建不一样，通过百科获取的高质量知识作为种子知识，然后通过知识挖掘技术可以快速构建大规模、高质量知识图谱；最后，知识图谱的构建强调不同来源知识的融合以及知识的清洗技术，而这些不是早期语义网络关注的重点。

（二）知识图谱的架构

根据分析视角不同，知识图谱的架构可以分为逻辑结构和体系架构，前者侧重于从功能角度认识知识图谱，后者侧重于从技术实现角度认识知识图谱。

就知识图谱的逻辑结构而言，可以分为数据层和模式层两个层次。数据层主要由一系列的知识组成，知识以事实为单位进行存储。如果以（实体1，关系，实体2）、（实体，属性，属性值）这样的三元组来描述事实，可以选择图数据库来存储，包括开源的 Neo4j、Twitter 的 FlockDB、sones 的 GraphDB 等。模式层是构建在数据层之上的，是知识图谱的核心。模式层存储的一般是经过提炼的知识，通常借助本体库对公理、规则和约束条件的支持能力来规范数据层一系列的事实表达。

知识图谱的体系架构指的是其构建模式结构（见图16-1），框线内的部分是知识图谱的构建过程，这个过程随新知识的增加而不断更新迭代。由图可知知识图谱的构建是从原始数据获取出发，从原始数据中提取事实，将其存入知识库的数据层和模式层的过程。这个过程是一个迭代更新的过程，根据知识获取的逻辑，每一轮的迭代至少包含了信息抽取、知识融合和知识加工这三大环节。

具体到实际构建时，知识图谱的构建过程又可以分为自顶向下和自底向上两种方式。自顶向下的构建，往往采集的是百科类网站的结构化数据，从这些高质量数据中提取本体和模式信息，存储到知识库中，实现知识图谱构建；而自底向上的构建，需要实现从公开的数据集中提取资源模式，将置信度较高的资源新模式交予人工审核，然后存储到知识库中。两者相比，前一种方式对数据的质量要求较高，后一种方式对信息抽取技术要求更高。在知识图谱研究的初期，工业界和学术界多以自顶向下的方式来构建基础知识库，随着深度学习和信息抽取技术的发展和成熟，自底向上的构建方式对数据的结构化程度要求较低，获得了更广泛的应用。

（三）知识图谱的关键技术

如前所述，知识图谱构建需要经历信息抽取、知识融合和知识加工这三个环节，而每个环节的顺利进行也都离不开相应的技术手段的支持。下面将围绕这三个环节的关键技术分别进行说明。

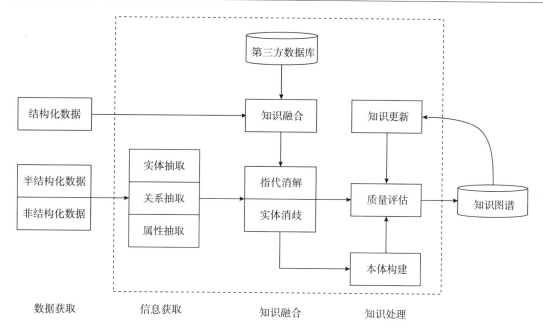

图 16-1 知识图谱的体系架构

1. 信息抽取相关技术

信息抽取环节需要解决如何自动抽取异构数据源的信息进而得到候选知识单元，也就是如何从结构化、半结构化和非结构化数据中抽取实体、关系以及实体属性等结构化信息，这就需要实体抽取、关系抽取和属性抽取技术的支持。

（1）实体抽取技术。实体抽取又称命名实体识别，指的是从数据集中自动识别出命名实体，其质量关系到后续知识获取的效率和质量。现阶段，命名实体识别主要有三种思路：一是基于规则的实体抽取，该方式利用语言学知识（包括词性特征、句法规则、标点符号、统计信息等）人工构造规则模板，在结合实体库知识的基础上，调整不同规则的权重，通过实体与规则的匹配情况识别实体类型。这种识别方式在所构造规则的质量较高时可以取得很好的识别效果，但严重依赖语言、领域、文本风格，移植性差且维护困难。二是基于统计的实体抽取，这类方式将实体抽取问题转化为序列标注问题来处理，通过人工标注的语料对标注模型进行训练，以获得较好的实体识别效果，具体技术模型包括隐马尔可夫模型、最大熵模型、支持向量机、条件随机场等。三是混合方式，这类方式规避了单一使用以上两种方式的缺点，通过基于规则的方式对数据进行过滤修剪处理，降低实体识别的数据规模，然后在序列标注思路的指导下，运用基于统计的模型实现实体抽取。

（2）关系抽取技术。关系抽取的核心是从采集的数据中抽取出存在特定关系的实体对，可以将该问题转化为分类问题和序列标注问题。将其转化为分类问题隐含的前提是将每种实体关系都视为一种特定的类别，通过对文本数据的特征抽取，训练多分类模型，实现关系抽取。此外，由于知识图谱在构建过程中，常常存在设计好的模板，对关系种类有一定的约束，也从其他方面将关系抽取转化为分类问题来解决。而将其转化为序列标注任务则与命名实体识别较为类似，仍然是通过预测实体的标注类型来确定实体间是否存在关联关系。

将关系抽取转化为分类问题来处理，常见的方案设计思路包括有监督关系抽取、boostrap 关系抽取、无监督关系抽取以及远程监督关系抽取。其中，有监督关系抽取需要利用人工标注的语料来训练分类模型，以学习句子的句法和语法语义特征，然后基于训练好的模型来做关系抽取，相较而言，此类方法往往可以获得较高的准确率和召回率。传统的有监督关系抽取模型多采用支持向量机、最大熵模型等实现，这些方法对词法、句法特征的依赖较强，跨领域适用性较差；随着深度学习方法在自然语言处理领域的发展，将 RNN、CNN 等应用进来以来缓解传统模型对人工构建特征的依赖已成为趋势。

（3）属性抽取。实体的属性可以视为实体与属性值之间的一种名词性关系，基于这一思路可以将属性抽取问题转化为关系抽取问题来处理。针对非结构化数据的属性抽取问题来说，目前常用的属性抽取方案大致有两类：一类是在百科类网站半结构化数据支持下自动抽取生成语料以训练属性抽取模型，然后应用于非结构化数据的属性抽取；另一类是利用数据挖掘方法直接挖掘实体属性与属性值之间的关系模式，这一解决思路多隐含了属性名与属性值存在位置上的关联关系这一前提。

2. 知识融合相关技术

经过信息抽取获得的数据可能包含冗余、错误的信息，且数据之间的关系也呈扁平化，缺乏层次性和逻辑性，有必要对其进行进一步的清理和融合，这就是知识融合要解决的问题。在具体技术上，主要包括实体链接技术和知识合并技术。

（1）实体链接技术。实体链接是将实体抽取阶段获得的实体对象链接到知识库中、对应正确实体对象的操作。其基本思想是根据给定的实体指称项，从知识库中选出一组候选实体对象，通过相似度计算将指称项链接到正确的实体对象。具体的链接流程包括实体抽取获得实体指称项；进行实体消歧（解决同名实体产生歧义问题）、共指消解（解决多个指称项对应于同一实体对象的问题），判断知识库的同名实体与实体指称项的含义是否一致；确认与知识库的正确实体对象对应，将该实体指称项链接到知识库中对应实体。

（2）知识合并技术。知识合并主要解决知识图谱构建时对外部知识库产品或已有结构化数据与本地知识库融合的问题，需要解决数据层的融合和模式层的融合问题，数据层融合包括实体的指称、属性、关系以及所属类别，避免实例及关系的冲突和冗余问题；模式层融合则旨在将新获得的本体融入已有本体库。

3. 知识加工相关技术

信息抽取获得的实体、关系和属性等知识要素，经知识融合后得到了一系列的事实知识。然而，经融合后的知识仍然可能存在错误，因此需要进行知识质量的评价；所获得的事实知识仍然是散乱的，需要在本体指导下使其结构化、网络化；同时，通过基础数据所获得的属性及关系知识经常是不完整的，因此还需要知识推理技术进行知识图谱的补全。基于以上分析，知识加工环节需要知识质量评估、本体构建和知识推理相关技术的支持。

（1）质量评估。质量评估是知识库构建技术的重要组成部分，其确保了抽取的知识元素的质量。因为前述阶段获得的知识元素仍然可能存在错误，引入质量评估后，可以对知识的可行度进行量化，舍弃置信度低知识，保障知识库的质量。

（2）本体构建。在知识图谱中，本体位于模式层，是知识库中知识的概念模板，用于描述概念层次体系。本体的构建既可以采用人工方式，也可以以数据驱动方式自动构建辅以人工审核修正来实现，或者利用跨语言知识链接的方式来构建。

（3）知识推理。这一阶段从知识库已有实体关系数据出发，经过计算机推理，建立实体间的新关联，拓展知识网络。知识推理的对象不局限于实体间的关系，还可以是属性值、本体的概念层次关系等，常用的推理方法可以分为两类：一类是以一阶谓词逻辑、描述逻辑以及基于规则的推理为代表的基于逻辑的推理；另一类是以基于神经网络模型或Path Ranking 算法为代表的基于图的推理。

第三节　知识组织技术的适用情境与典型范例

一、知识组织技术的适用情境

知识组织本身是信息资源管理的核心研究方向之一，也是区别于其他学科领域的一个特色研究方向。因此，知识组织技术本身的创新及其应用都是信息资源管理学科研究的重点。应用角度出发，知识组织技术的适用情境包括领域或特定情境下的知识组织，以及基于知识组织的服务拓展两个方面。

（1）领域或特定情境下的知识组织。该情境侧重于应用各类知识组织工具，进行领域知识或特定情境下知识的有效组织，如结合中医辨证论治特点，提出了中医古籍细粒度知识组织，构建了以 RDF 三元组形式存储的中医古籍逻辑数据集，并利用知识图谱工具实现了数据集的可视化；将知识图谱技术引入标准文件组织之中，形成标准文件的知识图谱组织模式；应用关联数据技术进行方志物产石料资源的组织，构建基于关联数据的方志物产知识库，为相关领域用户和社会公众提供各类知识服务；从基于本体的知识表示视角，将网络知识表示为实例、属性、域集、关系和概念五元组的形式，扩充结构化疾病本体库Disease Ontology 中的高血压本体，形成可以解决具体领域问题的知识库。

（2）基于知识组织的服务拓展。该情境侧重于利用现有的知识组织体系，如知识图谱、本体等，进行信息服务设计，包括检索服务、自动问答、信息推荐、知识发现等。例如，根据已有的非物质文化遗产领域汉藏双语本体，实现语义检索服务，促进相关非物质文化遗产数字资源的语义检索，为用户提供更好的语义服务；利用领域知识图谱数智技术，实现精准自然语言语义解析的人机交互智能问答服务；进行基于时序知识图谱的学者推荐，通过将获取的在线学术资源中学者相关信息的时序部分进行抽取，构建学者时序知识图谱，在此基础上，通过对图谱中学者的合作数据和兴趣数据进行相似度加权计算，依托学者的学术权威度和师源关系筛选，生成学者推荐结果。

二、知识组织工具与技术典型范例

为便于初学者更直观地理解这些技术方法的应用场景和实施方法，从近年来发表于信息资源管理学科核心期刊的相关论文中选择了一些典型范例，如下所示。

[1] 张卫，王昊，李跃艳，等. 面向非遗文本的知识组织模式及人文图谱构建研究[J]. 情报资料工作，2021，42（6）：91-101.

[2] 刘慧琳，牛力. 标准文件的知识图谱组织模式探究[J]. 档案学通讯，2021（5）：58-65.

　　［3］李贺，祝琳琳，刘嘉宇，等．基于本体的简帛医药知识组织研究［J］．图书情报工作，2022，66（22）：16-27.

　　［4］张向先，李世钰，沈旺，等．数字人文视角下敦煌吐鲁番医药文献知识组织研究［J］．图书情报工作，2022，66（22）：28-43.

　　［5］滕春娥，王萍．非物质文化遗产资源知识组织本体构建研究［J］．情报科学，2018，36（4）：160-163，176.

　　［6］张卫东，张晓晓．中医古籍数字资源知识组织与可视化研究——以《金匮要略》为例［J］．情报科学，2022，40（8）：107-117.

　　［7］徐晨飞，包平，张惠敏，等．基于关联数据的方志物产史料语义化知识组织研究［J］．大学图书馆学报，2020，38（6）：78-88.

　　［8］周义刚，姜赢．语义网下动态知识组织模型构建研究［J］．图书馆理论与实践，2019（9）：84-90.

　　［9］尚渡新，刘桂锋，王婧怡，等．基于关联数据的科学数据与期刊论文互联机制研究［J］．情报理论与实践，2023，46（5）：166-175.

　　［10］张志美，陈涛，钱智勇，等．面向数字人文的辞书关联数据知识组织［J］．图书馆论坛，2021，41（12）：124-134.

第十七章　竞争情报分析

第一节　竞争情报的概念与特点

一、竞争情报的概念

20 世纪 80 年代以来，社会经济与科技的迅速发展使市场竞争越来激烈，获取掌握竞争对手和竞争环境的信息和情报就越来越重要。为了适应各级各类企业开展市场竞争和取得信息优势的需要，"竞争情报"概念应运而生。竞争情报与企业的竞争力密切相关，企业的成功或失败在很大程度上取决于企业在市场环境中占据的竞争优势，而要在激烈的市场竞争环境下赢得优势，就必须开拓视野，时刻观察与防范竞争对手，密切跟踪行业内外的变化趋势并及时做出相应的反应，不断捕捉变幻莫测的市场竞争态势与新技术的演变。因此，如何迅速准确地获取获悉信息、分析信息，掌握蕴含其中的情报，并辅助企业进行决策规划，帮助企业赢得竞争优势日益成为企业迫切关注的焦点。

竞争情报是一个发展中的概念，这一概念来自英文"Competitive Intelligence"一词，兴起于 20 世纪 80 年代，起源于军事情报和政治情报领域，并率先和重点推广应用于企业界，形成企业竞争情报。迄今为止，国内外关于竞争情报的概念多不统一。

竞争情报的重要先驱者斯丹文·德迪约（Steven Dedijer，1991）认为，"竞争情报是一种复杂的研究。它是一种过程，试图比简单地收集财务和市场统计更深入一步。竞争情报就是关于竞争对手能力、薄弱环节和意图的信息。它同传统定义的'战略情报'是相似的，它是一种导致行动的信息。"肯·科特里尔（Ken Cottrill，1979）认为，竞争情报是正当合法与合理地搜集、分析和利用有关竞争环境和商业竞争对手能力、意图及薄弱环节方面的信息。美国匹兹堡大学教授约翰·E. 普赖斯科特（John E. Prescott，1991）认为，竞争情报是与外部和（或）内部环境的某些方面有关的精炼过的信息产品。而竞争情报项目是一个规范化的过程，企业通过这个过程来评价所处行业的演变、现实或潜在竞争对手的能力和行为，以便保持和发展竞争优势。中国科技情报协会竞争情报分会名誉理事长、中国兵器工业集团 210 所研究员包昌火（2011）认为，竞争情报是关于竞争环境、竞争对手和竞争策略的信息和研究。它既是一种过程，又是一种产品。过程是指对竞争情报的收集和分析，产品是指由此形成的情报或策略。从以上定义中可以看出，人们对竞争情报的这一概念的认知在逐步发展。关于竞争情报的定义归纳起来可以分成三种认识：

（1）普遍认为竞争情报是一个过程。即信息的搜集、分析和综合并使之形成增值的、有用的、能够支持决策的情报。从情报生产过程角度，竞争情报是指支持组织决策的信息搜集、整理、分析、综合和传递的过程，是一个企业对竞争对手、竞争环境、竞争策略的分析研究过程，是为了提高竞争力而进行的合法的专门情报活动；竞争情报与组织决策是相辅相成的，竞争情报为组织决策提供依据，而组织决策则为竞争情报活动提供了目标，决策对信息的需求为竞争情报界定了信息搜集的对象和范围，同时两者之间的反馈促进和完善竞争情报活动。

（2）普遍认为竞争情报是一种产品，即上述过程的产出物。许多学者将竞争情报定义为一种信息产品，认为竞争情报是与竞争对手、竞争环境和组织本身有关的精炼过的信息产品，这些信息产品经过了分析解释，综合提炼并发生了增值。

（3）普遍认为竞争情报既是一个过程，又是一个产品，即对上面两种观点进行了融合。

综上所述，竞争情报是社会信息化高度发展和市场竞争激烈化的产物。竞争情报既是一种产品，又是一个过程。从产品角度来看，竞争情报是将竞争对手和环境信息转变成有关竞争者能力、意图、行为等知识的分析型信息产品。从过程角度来看，竞争情报是指根据组织需求目标，及时、准确、全面地搜集有关竞争对手、竞争环境和组织自身的信息，并对其进行整理、分析、综合，使信息转化为情报，从而支持决策，以提高组织竞争优势为根本目的的智能增值过程。在本书的研究中，我们侧重于将竞争情报理解为一个情报生产过程。

二、竞争情报的特点

竞争情报来源于信息、情报，因而它具有传统情报的一般属性，如共享性、可传递性、知识性、增值性、社会性等，但是它又不同于传统情报，竞争的环境赋予竞争情报许多独具的特性。

（一）目标的明确性与针对性

竞争情报活动有着非常明确的目的，就是通过对竞争对手、竞争环境和企业自身信息的搜集、整理、加工、分析和研究，帮助企业进行决策，制定战胜竞争对手的行动策略，提高企业自身的竞争优势，使企业获得利益。为了能战胜对手，竞争情报活动需以竞争对手的能力、意图、行为等信息为主要搜集内容，因此带有极强的针对性。

（二）对象的动态性与隐藏性

在激烈的市场竞争环境中，各竞争者之间的关系并非一成不变，而是处于动态变化之中。由于市场的不稳定性，竞争对手的战略决策、产品研发、技术创新、服务理念、营销策略等也会受市场环境的影响而不断变化。因此，不同于传统情报较为稳定地跟踪某个研究领域，竞争情报研究的对象具有动态变化的特点。这就要求竞争情报必须长期跟踪竞争对手的各个方面的信息和情报，设立监测指标、建立跟踪档案，以便能及时准确掌握竞争对手的动向以及把握市场瞬息万变的竞争态势。

竞争情报一般是企业内部重要的核心情报，其内容涉及企业有关战略、决策、技术、产品等核心秘密，直接关系到企业的经济利益，决定企业的生死存亡。这就决定了竞争者之间往往是相互保密、相互封锁的，从而确保自身企业的竞争优势的安全性和独占性。因此，竞争情报具有隐蔽性的特点。虽然企业搜集竞争对手的情报的途径是公开的，如通过报纸、杂志、会议等，但进行竞争情报活动的过程是保密的。企业不但要对自身进行的竞争情报活动进行保密，同时也必须采取措施保护本企业的商业秘密，以防止竞争对手窃取。

（三）内容的时效性与综合性

竞争情报的价值大小是受时间影响的。随着社会信息化的高度发展，市场环境变化加剧，信息量激增，竞争对手和竞争环境的相关信息越来越多，并且信息的更新速度越来越快，信息零散无序，真实有用的信息隐藏于海量数据之中。在这种情况下，企业需要专业的情报人员对这些信息进行针对性的收集、整理、分析和提炼，确保竞争情报获取的及时性和有效性。如果获取的竞争情报失去了效用，则毫无意义，甚至可能会引导企业做出错误的决策从而造成损失；而新颖、及时、准确的情报会使企业做出预判性的决策和行动，从而确保和提高竞争优势，获得最大效益。市场瞬息变化的环境和企业的决策需求决定了竞争情报必须注重时效性，时间就是企业的生命，时间就是企业的效益，竞争情报的提供必须及时而准确，这样才能有效地为企业的决策服务，落后于决策的情报对决策无任何实际意义。

另外，随着信息量的激增，大量零碎的数据和信息充斥着整个竞争市场。而竞争情报要想为企业提供良好的决策支持，就必须全方位、多元化、综合性地收集、分析相关信息，只有这样才能充分了解竞争对手，正确评估自身，做到"知己知彼"。

（四）手段的合法性与正当性

竞争情报不同于工商间谍行为。工商间谍活动是指非法窃取竞争对手在科技领域、企业经营以及其他经济部门的秘密情报的间谍活动。而竞争情报是完全合乎法律规范意义上的情报活动，它是一种监视跟踪竞争对手相关信息的持续性过程。在该过程中，通过公开的途径，采用合乎伦理规范和法律的方式，如报纸、会议、专利、网络、数据库、广告等，而非欺诈、胁迫等一切不正当的手段来收集获取有关竞争对手、竞争环境和竞争战略的信息和情报。对于某些非公开的资料信息可能会采用一些特殊的收集方式，如反求工程，即通过拆卸、化验竞争对手的产品，获取其材料、工艺、成本、技术等信息，但其前提是这些信息是通过合法的途径获得的。在国际上，通过反求工程获取情报一般是合法的，属于正当手段。综上所述，竞争情报与工商间谍是两种法律性质截然不同的行为，是否合法是区分它们的根本标志。因此，竞争情报具有合法性和正当性的特点。

（五）过程的对抗性与谋略性

竞争是指为了获得某种利益或优势而胜过对方的一种较量与角逐，其本质就是双方的对抗。竞争情报的目的在于搜集分析对方情报以保障和提高自身竞争优势，赢得市场和利益。因此竞争的双方相互对立、互不协助、互不相让。竞争者需在对方极尽保护自身核心竞争力的情况下，秘密通过合法的渠道和正当的收集方式获得对方的各方面信息，从而了解竞争对手并战胜它。所以，竞争情报的收集、分析、利用过程具有强烈的对抗性特点。

由于竞争情报具有强烈的对抗性，要想在竞争情报活动过程中获得竞争对手更全面、更准确的信息和情报，使竞争情报的研究成果能够发挥到最大作用，竞争情报的研究就必须具有较强的谋略性。竞争的双方需要运用智慧和策略，在保护自身的商业秘密不被发现的情况下还要克服对手设置的重重障碍，获得精准有用的情报。由此可见，在竞争对抗中，竞争主体的智谋能力常常是影响其竞争胜败的关键因素。除了在收集竞争对手信息时需要运用谋略之外，在对收集到的信息进行分析研究时，还要透过表面的数据看清隐藏的真实信息。这一分析过程也需要情报分析人员投入较多的智力活动。因此，竞争情报是一种主动的、带有谋略性的情报活动，这种谋略性渗透竞争情报活动的全过程。

（六）活动的系统性和连续性

约翰·E. 普赖斯科特（John E. Prescott）教授认为，竞争情报不是对某一特定问题的一时的回答，它是持续地、系统地、有逻辑地收集有关竞争对手和竞争环境有关的各方面信息。竞争是普遍的，因此竞争情报活动应该贯穿企业经营发展的始终，它不是一种短期行为，而是一种周而复始的、长期的、持续的跟踪过程。企业根据自身的规划目标收集所需的有关信息，并对其进行分析研究，将综合精炼过后得到的情报提供给高层管理人员辅助决策，企业根据决策执行，而后产生新的规划目标，新的一轮竞争情报活动又开始了。因此竞争情报具有系统性和连续性的特点，贯穿企业诞生、发展直至衰落的生命全过程。

第二节　竞争环境分析方法

企业竞争环境分析一般要考虑行业发展状况、市场机会与威胁等要素，具有代表性的分析方法有 PEST 分析、洛伦兹曲线分析、波特五力模型等。

一、PEST 分析

PEST 分析是指宏观环境的分析，宏观环境又称一般环境，是指影响一切行业和企业发展的各种宏观因素。对宏观环境因素进行分析，不同行业和企业根据自身特点和经营需要，分析的具体内容会有差异，但一般都应对政治（Political）、经济（Economic）、技术（Technological）和社会（Social）四个方面影响企业的主要外部环境因素进行分析。PEST 分析就是将影响企业或组织的外部环境分解为上述四个方面的力量，再根据企业或组织对外部环境的敏感程度对每个方面的影响因素进行分解和研究（见图 17-1）。

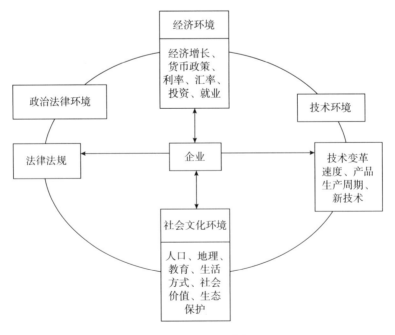

图 17-1　PEST 分析

（一）政治法律环境

政治法律环境是指企业业务所涉及的国家或地区的政治体制、政治形势、方针政策、法律法规等方面对企业战略的影响。包括一个国家的社会制度，执政党的性质，政府的方针、政策、法令等。不同的国家有着不同的社会性质，不同的社会制度对组织活动有着不同的限制和要求。即使社会制度不变的同一国家，在不同时期，由于执政党的不同，其政府的方针特点、政策倾向对组织活动的态度和影响也是不断变化的。

政治法律环境对组织产生影响的因素主要包括政治环境、经济体制、外交状况、产业政策、投资政策、知识产权保护法、政府财政支出、政府换届、政府预算、环境保护法、政府其他法规等。对企业战略有重要意义的政治和法律变量包括政府管制税法的改变、特种关税、政府采购规模和政策、进出口限制、税法的修改、专利法修改、劳动保护法的修改、公司法和合同法的修改、财政与货币政策等。

（二）经济环境

经济环境是指企业在制定战略过程中须考虑的国内外经济条件、经济特征、经济联系等多种因素。经济环境主要包括宏观和微观两个方面的内容。宏观经济环境主要指一个国家的人口数量及其增长趋势，国民收入、国民生产总值及其变化情况以及通过这些指标能够反映的国民经济发展水平和发展速度。微观经济环境主要指企业所在地区或所服务地区的消费者的收入水平、消费偏好、储蓄情况、就业程度等因素。这些因素直接决定着企业目前及未来的市场大小。

企业应重视的经济变量包括 GDP 及其增长率、可支配收入水平、利率规模经济、消费模式、政府预算赤字、劳动生产力水平、证券市场状况、地区之间的收入和消费、劳动力及资本输出、财政政策、贷款的难易程度、居民的消费倾向、通货膨胀率、货币市场模式、国民生产总值变化趋势、就业状况、汇率、价格变动、税率、货币政策等。

（三）社会文化环境

社会文化环境是指企业所涉及地区的民族特征、居民教育程度、文化传统、审美观、价值观、宗教信仰、教育水平、社会结构、风俗习惯等情况。文化水平会影响居民的需求层次；宗教信仰和风俗习惯会禁止或抵制某些活动的进行；价值观念会影响居民对组织目标、组织活动以及组织存在本身的认可与否；审美观点则会影响人们对组织活动内容、活动方式以及活动成果的态度。

值得企业注意的社会文化因素主要有对政府的信任程度、人口移动率、生活方式、购买习惯、社会责任感、对经商的态度、对售后服务的态度、公众道德观念、储蓄倾向、种族平等状况、宗教信仰状况等。

（四）技术环境

技术环境是指企业所涉及的国家和地区的技术水平、技术政策、新产品开发能力以及技术发展的动态等。企业必须特别关注所在行业的技术发展动态和竞争对手在新技术、新产品开发等方面的动态，只有在充分了解技术环境的基础上才能制定出切实可行的战略方针。

技术环境除了要考察与企业所处领域的活动直接相关的技术手段的发展变化外，还需要确认国家科技开发应投资的重点行业、领域，以及这些领域的技术发展动态、技术转移和技术商品化速度、专利及其保护情况等。

二、洛伦兹曲线分析

从商业情报角度研究的竞争态势是指市场上各厂商所占市场的分配情况研究，市场上各厂商占有的市场份额越均匀，表示竞争阶段越低，市场尚处于自由竞争的阶段。如果市场上几家大厂商瓜分了大部分市场份额，就表明竞争已经进入了寡头竞争的阶段。进行竞争态势分析可以借用洛伦兹曲线作为研究工具，具体步骤如下：

（一）按从小到大排序后，计算各品牌市场占有率

例如，对于一个存在着十个品牌的市场，其市场份额情况如表 17-1 所示。其中 A 品牌占有 4.35% 的市场份额，到 A 为止的累计市场占有率也为 4.35%；B 品牌占有 5.07% 的市场份额，A 与 B 的累计市场份额为 9.42%。

表 17-1　某市场十个品牌的市场占有率情况

品牌	市场占有率（%）	累计市场占有率（%）
A	4.35	4.35
B	5.07	9.42
C	6.52	15.94
D	7.25	23.19
E	8.70	31.88
F	10.87	42.75
G	13.04	55.80
H	13.77	69.57
I	14.49	84.06
J	15.94	100.00
合计	100	—

（二）根据累计市场占有率绘制洛伦兹曲线

如图 17-2 所示，其中横轴为企业数量，纵轴为累计市场占有率，将表 17-1 的数据标注在图中，并以平滑曲线进行连接，就可以得到一条向下凹进去的曲线。这条曲线称为洛伦兹曲线，最早是由统计学家洛伦兹发明并用于研究收入不公平状况的。

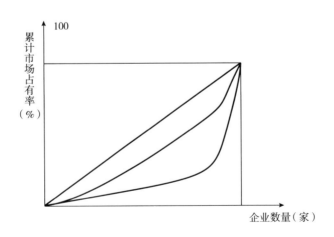

图 17-2　洛伦兹曲线

从图 17-2 中可以清楚地看出，越向底边凹进，表明市场上的品牌所占有的市场份额越不均匀，越低的曲线反映出大多数小品牌只拥有一个较低的累计市场份额，而少数大品牌拥有市场份额的绝大部分。由原点斜向上方 45° 的直线称为绝对公平线，即所有的品牌都拥有相同的市场份额。通过绘制这样的曲线，可以很直观地反映出市场的竞争情况。

（三）计算竞争水平

仅仅依靠曲线来反映竞争状况有时显得不够量化，从对洛伦兹曲线的分析中可以看到，曲线越向下凹，曲线与绝对公平线之间的面积越大，从而可以根据这一面积与整个下三角形面积的比值来计算竞争水平的高低，该比值的取值范围介于 0~1，值越大，反映出寡头垄断的程度越高。

三、波特五力模型

波特五力模型由迈克尔·波特于 1979 年在其发表的论文《竞争力如何塑造战略》（How Competitive Forces Shape Strategy）中提出，论文一经发表，便备受关注，历史性地改变了企业、组织乃至国家对战略分析的认识。1980 年，波特在其出版的《竞争战略》一书中完善和发展了这个模型。波特写道："任何行业，无论在本国还是国际，无论是一个产品还是一项服务，竞争的规则就蕴藏在五种竞争力量当中。"他断言，这五种力量组成了竞争的全貌。最初，它们可能会被动地理解为竞争的基本内容。但是经过波特的深入剖析，展示给大家的却是一个易于理解并利于企业参与市场竞争的框架模型。对于战略制定者而言，在执行任何可能影响一个公司战略地位的战略时，这五种力量发挥着必不可少的杠杆作用。他认为，企业最关心的是其所在行业的竞争强度，正是这五种竞争力量的集合力影响着竞争强度并决定了企业在行业中最终获利的潜力。并且，这些力量的强弱在不同行业中会有所差别，还会随着行业的发展发生变化。近四十年来，波特五力模型被广泛地应用到了各行各业的竞争环境分析中，已经成为了企业战略制定者们耳熟能详的商业概念之一。

波特五力模型在产业经济学与管理学之间架起了一座桥梁，将大量不同的因素汇集在一个简便的模型中，以此分析一个行业的基本竞争态势。如图 17-3 所示，该模型将决定竞争的五种力量归结为：①供应商讨价还价的能力；②购买者讨价还价的能力；③潜在新进入者的威胁；④替代产品的威胁；⑤行业竞争者的威胁。

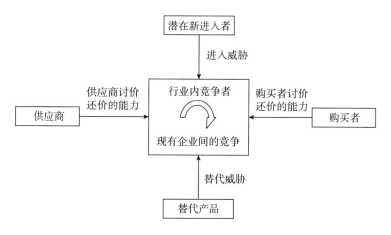

图 17-3 波特五力模型

（一）波特五力模型的建立步骤

1. 明确竞争力量来源

明确五种力量的来源是构建波特五力模型的基础，所以，在构建模型之前，应首先明确以下五点：①供应商，即那些向行业提供产品或服务的企业、群体或个人，也包括劳动力和资本的供应商。②购买者，即该行业的客户或客户群，包括该行业的客户和寻求低成本以提高其自身利润或获取更好货源的分销商，希望为其消费者获得更多好处的政府机构或其他非营利性组织，或希望以较低价格买入优质产品的个人消费者。③潜在新进入者，即可能进入该行业的企业，这些新进入者通常拥有新的生产能力和新资源，并且希望在已有市场中赢得一席之地。④替代产品，即是与现有产品或服务功能相似、同样能满足消费者需求的其他产品或服务。两个处于不同行业的企业，也可能由于生产的产品互为替代品，从而产生相互竞争行为。⑤行业内竞争者，即狭义的竞争者，指行业内提供同一类型产品或服务的企业。

2. 建立波特五力模型

在明确供应商、购买者、潜在新进入者、替代产品和行业内竞争者的具体对象后，可以据此建立出如图 17-3 所示的波特五力模型。

3. 波特五力模型分析

根据建立的波特五力模型，分析五种竞争力量对企业的竞争威胁，从而确定可获得的机会和应考虑的威胁，尽可能地增强自己的市场地位。这五种竞争力量主要包括以下五个：

（1）供应商讨价还价的能力。供应商影响行业中现有企业盈利能力与产品竞争力的方式主要为提高投入生产要素的价格、降低产品的质量、减少产品的性能等。简而言之，企业希望从供应商那里采购来的原材料"物美价廉"，而供应商希望把"物美价廉"的原材料供应企业。"物美价廉"和"物美价廉"之间的讨价还价，构成了来自供应商的压力。一般来说，满足下列三种情况的供应商会具有较大的讨价还价力量：①供方行业为一些具有比较稳固市场地位而不受市场激烈竞争困扰的企业所控制，如水、电、电信等一些具有垄断性质的供应商，其产品的买主很多，以致每一单个买主都不可能成为供方的重要客户；②供应商提供的产品具有一定特色，市场中难以找到其替代品甚至没有替代品，如果买主脱离该供应商，那么将出现成本增高甚至难以找到货源的情况；③供应商能够方便地实行前向联合或一体化，而买主难以进行后向联合或一体化。比如供应商能够通过 B2B、B2C 的电子商务模式、电视直销、目录直销等方式，建立自营的渠道，这对作为买方的经销商而言，形成了讨价还价的压力。

（2）购买者讨价还价的能力。行业内的企业总是期望提供"物美价廉"的产品，增加自己的收益，而买方总是期望采购到"物美价廉"的产品，这就构成了来自购买商的压力。一般来说，符合下列五个条件的购买商讨价还价力量较强：①购买商从卖方购买的产品占了卖方销售的很大比例；②购买者所购买的基本上是一种标准化产品，购买商不需要锁定一家供应商；③购买商转换其他卖方购买的情况下转换成本较低；④购买商所购买的产品或服务容易被替代，在市场上充满供货商的竞争者；⑤购买者有能力实现后向一体化，自行制造或提供卖方的产品或服务，而卖方不可能前向一体化。

（3）潜在新进入者的威胁。新进入者的加入会带来对市场占有率的要求，这必然会对现有的竞争者构成威胁，严重的话还有可能危及这些企业的生存。潜在新进入者的威胁，往往是由进入壁垒和退出壁垒决定。行业的进入壁垒，指潜在进入者入侵该行业的阻碍。进入壁垒的主要表现是规模经济和报复行为。规模经济是指当逐渐增加规模时，企业的边际效益要增加的这样一种现象，如果新进入者进入时规模经济很小，它们就会处在不利的成本地位。报复行动是指现有行业内现有企业采取的报复行动，其预期越高，对潜在进入者越不利。行业的退出壁垒，指潜在进入者退出该行业的阻碍。从行业利润的角度来看，最好的情况是进入壁垒较高而退出壁垒低，在这种情况下，新进入者将受到抵制。反之，进入壁垒低而退出壁垒高是最不利的情况，在这种情况下，可能导致企业之间竞争激烈，相当多的企业会因竞争不利而陷入困境。

（4）替代产品的威胁。这种源自替代品的竞争将以各种形式影响行业中现有企业的竞争战略。首先，现有企业产品售价以及获利潜力的提高，将由于存在着能被用户方便接受的替代品而受到限制；其次，由于替代品生产者的侵入，使现有企业必须提高产品质量，或者通过降低成本来降低售价，或者使其产品具有特色，否则其销量与利润增长的目标就有可能受挫；最后，源自替代品生产者的竞争强度，受产品买主转换成本（指使消费者不愿转而使用另一种产品或者服务的成本）高低的影响。总之，替代品价格越低、质量越好、用户转换成本越低，其所能产生的竞争压力就强；而这种来自替代品生产者的竞争压力的强度，可以具体通过考察替代品销售增长率、替代品厂家生产能力与盈利扩张情况来加以描述。

（5）行业竞争者的威胁。大部分行业中的企业，相互之间的利益都是存在一定冲突的，各企业的目标都在于使得自己的企业获得相对于竞争对手的优势，这就构成了现有企业之间的竞争。这种竞争力量是企业所面对的最强大的一种力量。一般来说，在以下四种情况下会出现激烈竞争：①行业进入壁垒较低，竞争者数量众多，而且规模和实力相对均等；②行业成长缓慢，市场趋于成熟，竞争主要集中在现有客户上，而不是创造新客户；③竞争者提供几乎相同的产品或服务，用户转换成本很低；④退出壁垒高，退出竞争要比继续参与竞争付出的代价更高。

（二）波特五力模型的缺陷与改进

在经济全球化、信息网络化的今天，企业面临的竞争日益激烈。波特五力模型仍然是企业进行行业竞争分析、制定竞争战略的基础。但是，关于波特五力模型的实践运用，还存在一些争议和问题。

首先，波特五力模型忽视了五力之间的相互作用。在《竞争战略》一书中，波特认为环境因素将分别作用于五个竞争力来影响竞争，而不是将它本身看作是一种作用力。而事实上，许多环境因素与已有的五个竞争力存在相互作用。例如，政府的作用力、较重要的政治事件、自然环境重大变化的作用力。他们不仅具有较强的独立作用于五种竞争力中的一种竞争力的特点，而且更具有与五种竞争力相互作用的特点。这种与五力因素相互作用的环境作用力往往不能通过原有的模型反映出来，基于此，部分学者提出在五力模型中加入环境作用力因素，并将其与其他作用力之间的相互关系表现出来。

其次，在波特五力模型中，并未专门考虑需求的数量或需求的增长。该模型假设在多数竞争环境中，需求都是足够大，因而企业在市场中是有利可图的。然而，各行业之间在其特征和结构方面存在很大差别，行业竞争分析首先要从整体上把握行业中最主要的经济特性。在任何行业，需求的数量或需求的增长都是最主要的经济特性之一。需求的数量反映了市场规模，需求的增长反映了市场增长速度以及行业在成长周期中目前所处的阶段。

针对波特五力模型存在的问题，学者们进行了多次改良，陆续提出了新的理论模型，如安迪·格鲁夫的六力分析模型、企业竞争九力分析模型等。

六力模型在波特五力模型的基础上考虑了企业之间的合作关系，从而衍生出了第六力，即为协力业者的力量。协力业者是指与自身企业具有相互支持与互补关系的其他企业。他们通常拥有共同的利益，彼此间相互支持。但任何环境的改变，都可能改变协力业者间的平衡共生关系，使得同路伙伴形同陌路。

企业竞争九力分析模型以波特五力模型为基础，是一个在企业竞争力"资源观"下，对企业内部的静态属性与其外部的动态属性进行系统分析的工具。它将竞争力作为企业资源，通过对九种竞争力的整体分析，使企业充分利用自身优势和环境机会，实现自我认识。

波特五力模型以及这些改进模型，虽然在要素上有所差异，但其核心都是在考虑竞争对手的基础上分析影响竞争力的几种因素，从而判断企业或产业的竞争水平，为分析产业竞争力提供了清晰的解决思路。

第三节 竞争对手分析方法

分析竞争对手的目的在于把握其所可能采取的战略行动的实质和成功的可能性，洞察竞争对手对可能发生的产业变化或宏观环境变化可能做出的反应。具有代表性的分析方法有定标比超、战争模拟和反求工程等。

一、定标比超

（一）定标比超的概念

定标比超是将本企业的经营管理各方面的状况与企业竞争对手或行业内外一流的企业进行对照分析，以外部企业及竞争对手的成就和业绩作为企业内部赶超的目标，并将外界企业的最佳做法移植到本企业经营中去的一种做法。定标比超法有助于确定和比较竞争对手经营战略的组成要素，在此过程中能获得许多对评价整个竞争形势价值很大的信息。对一流企业所做的定标比超可以将从任何产业中最佳企业那里得到的信息用于改进本企业的内部经营，建立相应的赶超目标。

（二）定标比超的内容和操作流程

定标比超的内容是指企业需要改善或希望改善的方面。根据所针对企业运作的不同层面，定标比超可以分为战略层、操作层、管理层三类（见表17-2）。战略层的定标比超主要是将本公司的战略和对照公司的战略进行比较，找出成功战略中的关键因素；操作层的定标比超主要集中在比较成本和产品的差异性，重点是功能分析，一般与竞争性成本和竞争性差异有关，其特点是较容易用定量指标来衡量；管理层的定标比超涉及分析企业的支撑功能，具体指人力资源管理、营销计划、管理信息系统等，其特点是较难用定量指标来衡量。

表 17-2　不同层面定标比超的主要内容

战略层	操作层	管理层
·市场细分化	·竞争性价格	·日常运作维护
·市场占有率	◇原材料	·项目管理
·原材料供应	◇劳动力和管理	·订货和发货
·生产能力	◇生产率	·新产品开发
·利润率	·竞争性差异	·合理化建议系统
·工艺技术	◇产品特性	·财务
	◇产品设计	·仓储和配销
	◇质量	
	◇售后服务	

从定标比超法的操作过程来看，包括计划、分析、综合、行动、成熟五个阶段。

（1）计划阶段，即确定定标比超的内容、选定目标公司、收集信息。在进行定标比超时，首先，企业必须通过自我分析，确定需要进行定标比超的具体项目，一般选择对公司利益影响最大的环节进行定标比超分析，如制造、质量管理、研究与开发、仓储管理、营销技巧、战略管理、信息技术应用、设计流程等。其次，选定目标公司，通常本企业的竞争对手和行业中领先企业是定标比超的首选对象，在某些方面拥有最优实践的行业外企业也应成为定标比超的对象。最后，针对企业的经营过程、经营结果收集信息，一般通过经济类刊物寻找目标，可能会有某些行业的最佳公司线索。

（2）分析阶段，即将本公司的各个经营环节与目标公司的进行对比，找出差距和原因。然后拟定缩短差距的目标，找到差距并确定缩短差距的行动目标，拟订一个与新的经营过程和活动相一致的计划。

（3）综合阶段，即报道分析结果并取得认可，将定标比超有关的观点结论清楚地告诉组织内的各管理层，并让雇员们也有充分的时间来评价定标比超过程中得到的数据和结论，并在主要方面取得较为一致的看法。在以上结论得到充分的评价和认可后，要使企业管理层及雇员同意为达到有关目标而要采取的修改目标的措施。

（4）行动阶段，即制订行动计划，尽量争取高层管理者的支持，在充分了解目标公司和本公司的情况下，制订具体的可行的赶超计划与措施。然后，实施计划并跟踪实施过程，整个定标比超过程必须包括定期衡量和评估，并根据评估结果进行修正，使其达到预定目标的程度。最后，确定新的目标，定标比超活动不是只进行一次就万事大吉了，本着精益求精的原则，企业应不断地向优秀的企业学习。

（5）成熟阶段，在该阶段，通过定标比超取得行业领先地位，开始把最优实践导入正常工作流程。

二、战争模拟

（一）战争模拟的概念

在复杂多变的市场竞争中，竞争对手各方互动性越来越强，传统的竞争对手分析方法有时不能准确预测竞争对手在面对变化时会怎样行动，这时需要用战争模拟的方法来分析竞争对手。战争模拟分析法相当简单，它又称为作战室法、仿真法等，指让不同的人扮演己方、竞争对手或市场环境中的第三方及消费者等，在尽可能逼真的模拟环境中进行竞争，以发现情报人员凭着想象和推理无法发现的问题，预测竞争对手和市场环境可能的动向。

1995 年，网络浏览器作为进入国际互联网的必要工具，成为电脑软件业公司争夺的焦点。微软公司曾因判断失误，未投入全力开发该项目，致使竞争对手一度占据高达 80% 的网络浏览器市场份额。为了重新夺取市场，微软充分发挥竞争情报部门"战争室"的特长，每月定期监测网络浏览器市场占有率的变化，以此作为微软制定网络浏览器市场策略的指导方针。在任何市场策略出台以前，微软公司都要在"战争室"经过"战争游戏"的严格考核，通过非常接近于实际商战的检验，使这些策略在这里得以去粗取精，变得更加实际有效。最终，网景公司被彻底击败，"战争室"帮助微软公司最终成功地夺取了网络浏览器市场领导者的地位。

（二）战争模拟的实施步骤

战争模拟法一般按下列六个步骤进行：

（1）准备。游戏的参加者决定他们需要考察的行动，需要研究的活动和竞争动机。在准备阶段，竞争情报技巧有着十分关键的作用。情报准备工作往往要耗费较长的时间，在完成准备工作后要及时将情报发送给游戏参加者。

（2）介绍。战争模拟主持者确定游戏的目的和游戏结果的用途。如果参加人对游戏不熟悉，在游戏开始前要采取一定的行动保证大家熟悉游戏的有关事项。

（3）战争模拟阶段。这是各方扮演角色的对阵阶段。一组行动，另一组反击。游戏往往持续多天，两组参与者多轮对阵，每轮在游戏结束后，参与者要总结在对阵过程中取得的经验。

（4）分析。完成游戏的各个阶段以后，参加人评价他们所学到的东西，讨论他们还缺乏的资料以及缺乏的分析，然后制订行动计划。行动计划应包括收集更多的信息的安排、对可能的事件做出反应的应急计划、减少竞争对手采取某些行动的可能性以及阻止竞争对手行动的某些步骤。

（5）落实行动。如果分析结果显示需采取进一步的行动，应把工作安排给具体的个人或集体。

（6）跟踪。战争模拟完成后还应有跟踪活动，以确保所有的行动步骤都被执行。此外，从战争模拟中获得的大量知识应被扩散给公司内的其他人。

三、反求工程

（一）反求工程的概念

传统的企业产品的开发过程是一种正向过程。它遵循正向设计的基本思维，首先根据市场调查，从市场需求中抽象出产品的概念描述，其次据此建立产品的模型和形成技术图纸，最后形成产品的实物原型。反求工程（Reverse Engineering）又称逆向工程或反向工程，是相对于传统的正向工程而言的。它是以现代设计理论和方法为基础，通过反求分析、反求设计、探索消化、吸收他人的先进技术和设计理念的一种产品生产方法。它的目的是通过对引进技术和设备进行解剖分析，掌握其功能原理、结构参数、材料、形状尺寸，尤其是关键技术，进行产品再设计。

反求工程一般分为实物反求、软件反求和影像反求三种类型。其中，实物反求是指以产品实物为依据，对产品的设计原理、结构、材料、精度、制造工艺、包装、使用等方面进行分析研究和再创造，最终研制出与原型产品相近或更佳的新产品。实物反求的对象可以是整机，也可以是部件、组件或零件。软件反求是指对产品样本、技术文件、设计书、使用说明书、图纸、有关规范和标准等技术软件进行反求。影像反求是指在无实物、无技术软件的情况下，对产品照片、图片、广告介绍、参观印象、影视画面等进行反求。它主要通过构思、想象来反求，因而难度较大。一般要利用透视变换和透视投影，形成不同透视图，从外形、尺寸、比例和专业知识，去探索其功能和性能，进而分析其内部可能的结构。

（二）反求工程的内容和实施步骤

反求工程以同类产品中具有领先地位的实物、软件或影像为反求对象，以现代设计理论和方法为基础，利用生产工程学、材料科学等相关学科的方法和工具，对研究对象进行系统深入的分析和研究，探索其关键技术，开发出新的产品。这一过程蕴含着对反求对象的由此及彼、由表及里的持续不断地认识、消化、吸收、改进和创新工作，具有极其丰富的内容。具体来说，主要包括：①探索反求对象的设计指导思想；②功能原理方案的分析；③结构和精度分析；④材料分析；⑤工作性能分析；⑥造型设计分析；⑦工艺和装配分析；⑧使用和维修分析；⑨包装技术分析；⑩反求对象系列化和模块化分析。

反求工程具有与传统设计制造过程截然不同的设计流程。以实物反求为例（见图17-4），包括以下四个关键步骤：

（1）零件原型的数字化。通常采用三坐标测量机或激光扫描等测量装置来获取零件原型表面点的三维坐标值。

（2）从测量数据中提取零件原型的几何特征。按测量数据的几何属性对其进行分割，采用几何特征匹配与识别的方法来获取零件原型所具有的设计与加工特征。

（3）零件原型计算机辅助设计（Computer-Aided Design，CAD）模型的重建。将分割后的三维数据在CAD系统中分别做表面模型的拟合，并通过各表面片的求交与拼接，获取零件原型表面的CAD模型。

（4）重建CAD模型的检验与修正。根据获得的CAD模型，采用重新测量和加工出样品的方法，检验重建的CAD模型是否满足精度或其他试验性能指标的要求，对不满足要求者重复以上过程，直至达到零件的设计要求。

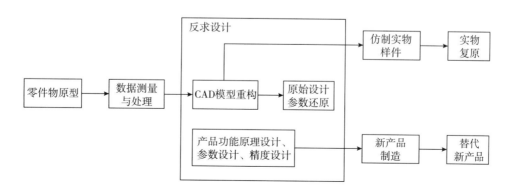

图17-4　典型的实物反求工程流程

第四节　竞争战略分析方法

竞争战略是关于企业朝何处发展的选择，是企业基于自身的实际情况、竞争环境、竞争对手现状及其竞争行为所制定的企业经营理念和思想，是企业在竞争中为取得竞争优势所进行的谋略。具有代表性的分析方法有 SWOT 分析、BCG 矩阵分析和 GE 矩阵分析等。

一、SWOT 分析

（一）SWOT 分析的概念

外部环境的变化给具有不同资源和能力的企业带来不同的机会与威胁。SWOT 分析方法是通过具体的情境分析，将与研究对象密切关联的内部优势因素（Strengths）、劣势因素（Weaknesses）和外部机会因素（Opportunities）、威胁因素（Threats），分别识别和评估出来，依据"矩阵"的形态进行科学的排列组合，然后运用系统分析的研究方法将各种主要因素相互匹配进行分析，最后提出相应对策的方法。

（二）SWOT 分析的流程

1. 关键外部因素分析

关键外部因素是指对企业发展有直接影响的因素，包括机会因素和威胁因素，存在于政策、经济、金融、技术、法律、文化、自然界、用户、供应商、中介机构、竞争对手、市场之中。不同的企业对应着不同的关键外部因素，如政策法规对大公司是关键因素，但对于小公司则不是关键因素。关键外部因素分析，即运用外部因素评价模型对那些会给企业造成重大影响的关键外部因素进行深入分析，如表 17-3 所示。

该模型的评价步骤有四个：①列出企业外部环境中存在的主要机会和威胁；②对每一种机会和威胁对企业成功的相对重要性进行判断，并在 0.0（不重要）和 1.0（非常重要）之间确定其权数，权数之和应等于 1.0；③给每个机会和威胁进行打分，打分的方法是重大威胁、轻度威胁、一般机会、重大机会，分数分别为 1、2、3、4；④将每个机会和威胁的分数和权数相乘求和。如果结果大于 2.5，说明企业面临的外部环境较好，存在的机会多，威胁小，反之则外部环境不佳。

表 17-3　某公司的关键外部因素分析

关键的外部因素	权重	评分	加权分数
机会因素			
C1 社会主义市场经济体制逐步建立和完善	0.011	2	0.022
C2 世界纺织品贸易向发展中国家转移	0.028	2	0.056
C3 外贸政策的改变	0.035	3	0.105
C4 国家制定方针政策推动企业改革发展	0.019	2	0.038
C5 加强法治建设改善法律环境	0.013	1	0.013
C6 入世后有利于扩大出口	0.053	3	0.159
C7 入世后有利于企业引进外资引进技术	0.052	2	0.104
C8 纺织行业产品丰富市场潜力大	0.086	3	0.258
C9 纺织贸易行业需要走提高产品附加值的道路	0.074	3	0.222
C10 纺织贸易行业需要改变传统组织结构	0.129	3	0.387

续表

关键的外部因素	权重	评分	加权分数
威胁因素			
C11 纺织贸易行业市场竞争日趋激烈	0.043	4	0.172
C12 存在潜在市场进入者	0.064	2	0.128
C13 替代品的威胁	0.015	3	0.045
C14 买方讨价还价能力强	0.023	3	0.069
C15 目前对人才争夺激烈	0.140	3	0.420
C16 银行贷款投放注重业绩和偿还能力	0.029	3	0.087
C17 入世后技术引进代价增大	0.085	2	0.170
C18 入世后需面对新的市场运行法制	0.101	3	0.303
总计	1.000		2.758

2. 内部能力因素分析

内部能力因素是与竞争对手相比较，企业在发展中自身存在的因素，包括优势因素和劣势因素，存在于企业的组织管理、生产及产品、营销、促销、财务、技术实力、企业信誉、形象、战略、联盟等方面。模型的评分方法与上文关键外部因素模型评分方法相同。

采用列表分析法，将获取的各种因素按影响程度大小顺序进行排序。在此过程中，将那些对企业发展有直接的、重要的、久远的影响因素优先排列起来，作为关键因素，构造SWOT矩阵。而相对次要的、间接的、短暂的影响因素作简要说明或留作辅助决策（见表17-4）。

在矩阵中，SO对策（最大与最大对策），即着重考虑优势因素和机会因素，目的在于通过决策的运用努力使这些因素趋于最大。

ST对策（最大与最小对策），即着重考虑优势因素和威胁因素，目的在于通过决策的运用使企业发挥优势的作用，化解威胁。

WO对策（最小与最大对策），即着重考虑劣势因素和机会因素，目的在于通过决策的运用使企业充分利用机会因素克服劣势。

WT对策（最小与最小对策），即着重考虑劣势因素和威胁因素，目的在于使企业充分认识到两者的组合带来的影响，通过决策的运用使企业努力弥补内部劣势，避免外部威胁。

表17-4 某公司的SWOT矩阵分析

SWOT	优势（S）	弱点（W）
机会（O）	SO对策 （1）确保产品质量，提高商誉，创建名牌； （2）引进外资及先进管理经验，提高企业竞争能力； （3）注重外资政策变化	WO对策 （1）关注技术创新，积极开发新品种和高附加值品种； （2）针对公司运行情况，对制度加以调整，以增强企业活力； （3）投资第三产业，实现企业低成本扩散
威胁（T）	ST对策 （1）逐步实现产品系列化、精细化、高档化； （2）实施企业多元化发展战略； （3）巩固现有优势，确保企业稳定健康发展	WT对策 （1）多家贸易公司联合，实现优势互补； （2）逐步压缩成本高、附加值低的经营品种，提高企业整体效益； （3）人员分流、减员增效

（三）SWOT 分析的现实意义

SWOT 方法的运用，有助于企业对所处的情境进行全面系统准确的研究，有助于企业领导在科学地认识企业所处的竞争环境与地位的基础上，制定能卓有成效地达到企业各项组织目标的竞争战略与战术。

在我国的社会主义市场经济体制下，市场竞争日渐激烈，而随着世界经济一体化的趋势，我们的企业也必然会被推到国际市场上，这样一来，企业的决策就显得日益重要，它将以更强烈的力度直接影响企业的竞争地位。像从前那样由企业领导人比较草率地做出决策，等到发现问题时再匆匆忙忙地调整，将会打乱、阻碍企业前进的步伐，甚至会造成"一招不慎，满盘皆输"的严重后果。因此，企业的重大决策应根据企业的竞争情报部门或人员提供的报告做出，而要提出这样的报告，SWOT 分析方法是一种极具操作性的方法，值得推广使用。

二、BCG 矩阵分析

（一）BCG 矩阵模型

通过对市场机会和企业市场占有率的相关分析，可以获得对于企业市场态势的认识。当代企业，尤其是大中型企业，往往有较长的产品线，同时在若干个市场上开展经营活动。例如，一家电器厂商可能生产彩电、冰箱、洗衣机、空调等各种家用电器，这些产品市场定位不同，技术含量不同，市场发育成熟程度也不同。市场态势研究就是针对这种情况所进行的调查分析活动，以求为经营者提供关于全部产品线的总体评价。市场态势分析一般采用 BCG 矩阵分析模型，如图 17-5 所示。

BCG 矩阵又称波士顿矩阵，它是通过描述每一个具体业务的市场份额相对于产业中最大的竞争对手的市场份额和具体业务所处的市场的增长率来显示公司的整个业务组合情况。划分市场增长率高低的标准是 10%的增长水平，划分市场份额的标准是与产业中最大竞争对手的份额之比。比例为 1，相对市场份额为持平；超过 1，相对市场份额为高；低于 1，相对市场份额为低。图中圆圈的数量代表公司的业务，圆圈的大小代表该业务在公司整个收入中所占的比重。

在 BCG 矩阵中包含四个不同的业务部分：

（1）明星业务，市场增长率高，且占有较高的市场份额，是公司中最好的业务。但该业务能否为公司创造大量的现金流则取决于市场增长率。当市场增长速度相对较快时，它创造的现金流不能满足业务增长的需要，需要加大该业务的资金投入力度，不断改善技术和服务水平，以求在市场上获得更大收益；当市场增长速度相对较慢时，该业务能够为企业创造大量利润用于发展公司的其他业务。

（2）金牛业务，市场增长率低，发展潜力不大，但占有较高的市场份额，由于所处的市场低速增长，所需要的投资相对较少，能够为企业创造较为丰厚的利润。公司必须保持该业务的市场份额，才会继续产生大量的现金流。对于这样的项目，企业要做的是保持清醒的认识，一方面维持高占有率，以保证源源不断地获得收益，另一方面要避免在这类项目上进行大规模的投入。因为市场本身的发展余地并不大。

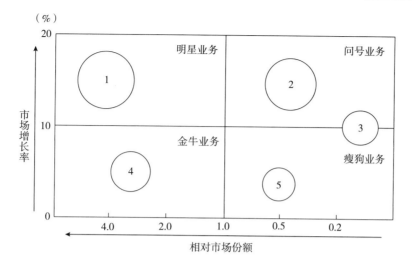

图 17-5 BCG 矩阵的分析法

（3）问号业务，也称"麻烦的小孩"，该业务处于快速增长的产业，市场增长率高，但其相对市场份额较低，创造现金流的能力比较弱，需要现金投入来保持地位。问号业务要发展为明星业务，必须扩大市场份额。对于该业务，公司战略必须做出选择：是投入更多的现金以增加其市场份额还是逐渐退出该领域。

（4）瘦狗业务，处在增长缓慢的市场，市场增长率低，且市场份额也相对较低。虽然能够创造出足够的现金来保持其市场份额，但利润能力很差。对"瘦狗"业务所采取的战略为：允许其市场份额下滑，公司主要从其获取现金，最后退出该业务。公司退出的目的是把资源转移到更有利的领域，但是，有时该业务还需要投入现金扶持它。

上述四类项目的划分是建立在进行充分的市场发展速度和市场占有率研究之上的，其中市场发展速度并不是绝对的，应当看相对于市场上各类产品市场的平均发展速度而言，此种产品市场的发展是更快还是更慢。

（二）BCG 矩阵的应用法则

按照 BCG 矩阵的原理，一方面，市场占有率越高，创造利润的能力越大；另一方面，市场增长率越高，为了维持其增长及扩大市场占有率所需的资金也越多。这样可以使企业的业务结构实现互相支持，资金良性循环的局面。按照业务在象限内的位置及移动趋势的划分，形成了 BCG 矩阵的基本应用法则。

（1）成功的月牙环。在企业所从事的领域内各种业务的分布若显示月牙环形，这是成功企业的象征，因为盈利大的业务不止一个，而且这些业务的销售收入都比较大，还有不少明星业务。问题业务和瘦狗业务的销售量都很少。如果业务结构显示为散乱分布，说明其所从事领域内的业务结构未规划好，企业业绩必然较差。这时就应区别不同业务，采取不同策略。

（2）黑球失败法则。如果在第四象限内一个业务都没有，或者即使有，其销售收入也几乎近于零，可用一个大黑球表示。该种状况显示企业没有任何盈利大的业务，说明应当对现有业务结构进行撤退、缩小的战略调整，考虑向其他事业渗透，开发新的事业。

（3）西北方向大吉。一个企业的业务在四个象限中的分布越是集中于西北方向，则显示该企业的业务结构中明星业务越多，越有发展潜力；相反，业务的分布越是集中在东南角，说明瘦狗类业务数量大，该企业业务结构衰退，经营不成功。

（4）踊跃移动速度法则。从每个业务的发展过程及趋势来看，业务的市场增长率越高，为维持其持续增长所需资金量也相对越高；而市场占有率越大，创造利润的能力也越大，持续时间也相对长一些。按正常趋势，问号业务经明星业务最后进入金牛业务阶段，标志了该业务从纯资金耗费到为企业提供效益的发展过程，但是这一趋势移动速度的快慢也影响到其所能提供的收益的大小。

如果某一业务从问号业务（包括瘦狗业务）变成金牛业务的移动速度太快，说明其在高投资与高利润率的明星区域时间很短，因此对企业提供利润的可能性及持续时间都不会太长，总的贡献也不会太大；但是相反，如果业务发展速度太慢，在某一象限内停留时间过长，那么该业务也会很快被淘汰。

这种方法假定一个组织由两个以上的经营单位组成，每个单位业务又有明显的差异，并具有不同的细分市场。在拟定每个业务发展战略时，主要考虑它的相对竞争地位（市场占有率）和业务增长率。以前者为横坐标，后者为纵坐标，然后分为四个象限，各经营单位的业务按其市场占有率和业务增长率高低填入相应的位置。

在本方法的应用中，企业经营者的任务，是通过四象限法的分析，掌握业务结构的现状及预测未来市场的变化，进而有效地、合理地分配企业经营资源。在业务结构调整中，企业的经营者不是在业务到了"瘦狗"阶段才考虑如何撤退，而应在"金牛"阶段就考虑如何使业务造成的损失最小而收益最大。

三、GE 矩阵模型

（一）GE 矩阵模型简介

GE 矩阵模型是美国通用电气公司于 20 世纪 70 年代开发的投资组合分析模型。该模型将每个战略业务单位的经营优势情况和外部行业情况结合在一起进行分析，目的是描述不同的战略业务单位的竞争状况，并帮助指导各战略业务单位之间合理地配置资源。

GE 矩阵对企业进行业务选择和定位具有重要的价值和意义。在需要对市场吸引力和战略业务单位的竞争地位做广义而灵活的定义时，可以以 GE 矩阵为基础进行战略规划。按市场吸引力和业务竞争实力两个维度评估现有业务，两个维度上可以根据不同情况确定评价指标，将每个维度分三级，分成九格以表示两个维度上不同级别的组合（见图 17-6）。如果经营单位位于矩阵的右下角，那么表明其在没有吸引力的行业中、处于竞争地位相对较弱的位置，可以考虑进行业务缩减。如果经营单位位于矩阵的左上角，那么表明其在吸引力较高的行业中、处于竞争地位相对较强的位置，可以考虑加大投资。如果经营单位处于矩阵左下到右上的中间对角线部分，那么表明其在行业吸引力和竞争地位两者的综合方面处于中等的位置，可以考虑进行业务平稳发展。

（二）GE 矩阵模型与 BCG 矩阵模型

GE 矩阵模型是为了克服 BCG 矩阵模型的缺点而开发出来的，其最大的改善就在于采用了更多的指标来衡量两个维度。虽然 GE 矩阵模型也提供了产业吸引力和业务实力之间的类似比较，但不像 BCG 矩阵模型用市场增长率来衡量吸引力、用相对市场占有率来衡量实力这种单一指标的评价方法，GE 矩阵使用数量更多的因素来衡量这两个变量，纵轴用多个指标反映市场吸引力，横轴用多个指标反映企业竞争地位，同时增加了中间等级。由于 GE 矩阵使用多个因素，可以通过增减某些因素或改变它们的重点所在，因此 GE 矩阵能够适应更加具体的意向或某产业特殊性的要求。

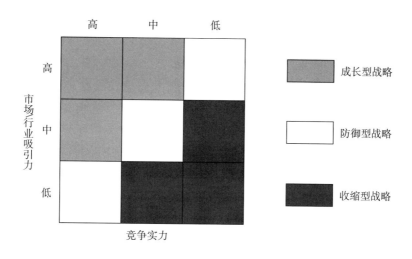

图 17-6 GE 矩阵模型

具体来说，GE 矩阵模型比 BCG 矩阵模型在以下三个方面表现得更为成熟：

（1）市场吸引力代替了市场增长率被吸纳进来作为一个评价维度。市场吸引力较之市场增长率显然包含了更多的考量因素。

（2）竞争实力代替了相对市场份额作为另外一个维度，由此对每一个业务单元的竞争地位进行评估分析。同样，竞争实力较之相对市场份额也包含了更多的考量因素。

（3）如图 17-5 与图 17-6 所示，GE 矩阵有 9 个象限，而 BCG 矩阵模型只有 4 个象限，这使 GE 矩阵模型分析更准确。

（三）GE 矩阵模型的建立步骤

（1）确定战略业务单位。根据企业的实际情况，或依据产品、地域对企业的业务进行划分，形成战略业务单位，并针对每个战略业务单位进行内外部环境分析。

（2）确定评价因素。确定市场吸引力（外部因素）和企业竞争力（内部因素）的主要评价指标。市场吸引力和企业竞争力的评价指标没有通用标准，必须根据企业所处的行业特点和企业发展阶段行业竞争状况进行确定。但是从总体上来讲，市场吸引力主要由行业的发展潜力和盈利能力决定，企业竞争力主要由企业的财务资源、人力资源、技术能力和经验、无形资源决定。为了使分析更加准确，确定评价指标的同时还可确定每个评价指标的权重。

（3）评估内外部因素的影响。从外部因素开始根据每一因素的吸引力大小对其评分。如果一因素对所有竞争对手的影响相似，那么对其影响做总体评估；如果一因素对不同竞争者有不同影响，那么可比较它对自己业务的影响和重要竞争对手的影响。在这里可以采取五级评分标准（1＝毫无吸引力，2＝没有吸引力，3＝中性影响，4＝有吸引力，5＝极有吸引力），然后也使用五级评分标准对内部因素进行类似的评定（1＝极度竞争劣势，2＝

竞争劣势，3＝同竞争对手持平，4＝竞争优势，5＝极度竞争优势）。在这部分，应该选择一个总体上最强的竞争对手作为对比的对象。

（4）评估内外部因素的重要性。对外部因素和内部因素的重要性进行综合估测，得出衡量市场吸引力和竞争实力的简易标准。审阅并讨论内外部因素，以在第三步中的评分为基础，按强中弱三个等级来评定该战略业务单元的实力和产业吸引力情况。

（5）将该战略业务单元标在 GE 矩阵上。矩阵坐标纵轴为市场吸引力，横轴为竞争实力。为了更加精确的标注，可以在每条轴上用线将数轴划为多个部分，这样坐标就成为网格图。根据评估得到的结果，确定战略业务单元在 GE 矩阵中的位置，并用圆来表示各业务单元。其中，还可以利用圆的面积大小表示相应业务单元的销售规模，利用阴影扇形的面积代表其市场份额，使 GE 矩阵就可以提供更多的信息。

（6）对矩阵进行诠释。通过对战略业务单元在矩阵上的位置进行分析，公司就可以选择相应的战略举措，具体如图 17-7 所示。

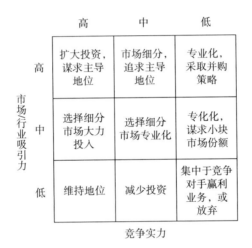

图 17-7　GE 矩阵中不同类型业务的战略对策

第五节　竞争情报分析法适用情境与典型范例

一、竞争情报分析法的适用情境

尽管本章所介绍的研究方法都能够用于竞争情报分析，但其具有各自不同的适用情境与要求。

（1）PEST 分析法主要应用于宏观竞争环境分析。以 PEST 方法提供的分析框架为基础，可以较为全面、系统地实现组织所处的宏观竞争环境的扫描。值得注意的是，PEST 框架中包含的具体因素数量庞杂，研究中需要结合组织的情况选取适当的环境因素变量加以分析。

（2）波特五力模型、洛伦兹曲线适用于行业环境分析。波特五力模型通过对买方、供应商、现有竞争者、潜在竞争者、替代品这五种基本的竞争力量状况的分析，可以综合判断行业的获利潜力或相对吸引力。但是该方法忽视了许多重要的环境因素及其与五力的相互作用；忽视了各竞争力之间的动态关系；忽视了竞争的联动性和互动规律等，应用时也需要加以注意。洛伦兹曲线则是从市场占有率这一商情角度分析行业竞争态势，判断当前进入该行业的适当性。尽管该方法较为简洁、易操作，但其研判视角较为单一，忽视了市场占有率以外的政策、经济等其他环境因素的影响，也存在忽略动态变化的风险。

（3）战争模拟法、反求工程法较适用于竞争对手的分析。其中，反求工程法适用于对竞争对手具体产品、服务的分析，推理其产品制造或服务提供中的原料、工序、技术、工艺等情报信息。战争模拟法可以用来分析预测不同情形下的竞争对手反应，从而更全面地认知竞争对手。但由于市场环境瞬息万变，影响竞争对手判断的因素错综复杂，因此，如果模拟分析中对相关因素考虑不周全、模拟不充分，那么可能影响分析结果的准确性。

（4）SWOT 分析法、BCG 矩阵、GE 矩阵、定标比超法等适用于竞争战略分析。其中，SWOT 分析以内外部环境分析结果为基础，生成相应的竞争战略供组织参考，指导其适当地发挥优势抓住机会、利用机会补齐短板、合理应对外部威胁。波士顿矩阵和通用电气矩阵较为相近，都是以组织的业务单元为对象进行分析，以可视化矩阵进行呈现，并根据其所处区间设计竞争策略。相对来说，BCG 矩阵更为简洁，GE 矩阵分析时考虑的因素更为全面，分析结果的区间划分更为细致。定标比超法则首先选定具体的标杆对象，在此基础上通过比较分析发现对方优势、设计追赶策略，从而指导竞争力的提升，该方法适用范围较广，除了在企业中广泛应用外，许多非营利组织机构也运用这一方法达到弥补差距、提高自身竞争力的目的。

二、竞争情报分析法的典型范例

为便于初学者更直观地理解该方法的应用场景和实施方法，从近年来发表于信息资源管理学科核心期刊的相关论文中选择了一些典型范例，如下所示。

［1］宋凯，冉从敬. 学科研究主题发展等级划分与趋势预测方法——以我国智慧图书馆研究为例［J］. 情报科学，2022，40（7）：136-144.

［2］于潇，张原锟，张树青. 发展面向国家金融安全与发展的金融情报学的战略思考［J］. 情报杂志，2022，41（3）：65-71.

［3］么慧贤，贺子岳，陈晓峰. 基于 PEST-SWOT 矩阵的我国科技期刊知识服务分析［J］. 科技与出版，2021（5）：45-52.

［4］吴琼，陈思，朱庆华. 产业链视角下我国老年智能可穿戴设备产业竞争情报分析［J］. 情报理论与实践，2020，43（5）：38-44+67.

［5］魏扣，李子林，郝琦. 社交媒体应用于档案知识服务的 SWOT 分析［J］. 档案学研究，2019（1）：69-74.

［6］王维佳. 基于 SWOT 分析的数据科研环境下图书馆数据素养教育策略研究［J］. 图书与情报，2017（5）：104-113.

［7］马春. 基于 PEST 分析法的公共图书馆战略规划编制实践［J］. 图书馆杂志，2016，35（1）：20-25.

［8］王知津，葛琳琳. 竞争情报 SWOT 模型与 BCG 矩阵比较研究［J］. 图书与情

报，2013（3）：87-93.

　　［9］马学良，富平．数字时代图书馆服务危机管理——基于SWOT分析及实现［J］．图书情报工作，2009，53（23）：22-25+68.

　　［10］刘敏榕．基于"五力模型"分析数字图书馆工作新战略——Google、欧洲数字图书馆计划对图书馆服务工作的影响与对策［J］．情报资料工作，2007（4）：72-75.

参考文献

［1］ BonnieL. Yegidis，RobertW. Weinbach. 社会工作研究方法［M］. 黄晨熹，唐咏译. 上海：华东理工大学出版社，2004.

［2］ 包昌火. 情报学研究方法论［M］. 北京：科学技术文献出版社，1990.

［3］ 毕达天，曹冉. 科研人员数据素养影响因素分析——基于 SEM 及 fsQCA 方法［J］. 情报学报，2021，40（1）：11-20.

［4］ 曹树金. 生成式 AI 在情报领域的应用及效果［J］. 情报资料工作，2023，44（5）：5.

［5］ 查先进. 信息分析［M］. 武汉：武汉大学出版社，2011.

［6］ 车万翔. 自然语言处理［M］. 北京：电子工业出版社，2021.

［7］ 陈传夫，孙异凡，李秋实. 事件视角的图书馆发展风险研究［J］. 图书情报知识，2021（2）：88-99.

［8］ 陈华钧. 知识图谱导论［M］. 北京：电子工业出版社，2021.

［9］ 陈建龙. 中国式现代化新征程上高校图书馆事业的高质量发展［J］. 大学图书馆学报，2022，40（6）：5-7.

［10］ 陈开江. 推荐系统［M］. 北京：电子工业出版社，2019.

［11］ 陈明红，黄涵慧. 基于 HSM 的移动搜索行为影响因素及组态效应研究［J］. 图书情报工作，2021，65（20）：68-80.

［12］ 陈为东，王萍，王美月. 学术虚拟社区用户社会性交互的影响因素模型与优化策略研究［J］. 情报理论与实践，2018，41（6）：117-123.

［13］ 陈永生，李婧. 政策工具视域下"十四五"档案事业发展规划文本分析——基于"全国规划"与"省级规划"的比较研究［J］. 档案与建设，2022（10）：10-15.

［14］ 陈忠海，董一超. 档案学研究方法应用的状况、问题及建议——基于 2010-2014 年《档案学通讯》《档案学研究》所载文献的统计分析［J］. 档案学通讯，2015（6）：26-32.

［15］ 程焕文. 图书馆统计的功用［J］. 图书馆论坛，2020，40（12）：2-3.

［16］ 初景利，黄水清. 从"图书情报与档案管理"到"信息资源管理"——一级学科更名的解析与思考［J］. 图书情报工作，2022，66（14）：3-9.

［17］ 储荷婷. 图书馆情报学主要研究方法：了解、选择及使用［J］. 图书情报工作，2019，63（1）：146-152.

［18］ 崔雷. 信息分析方法及医学应用（第 3 版）［M］. 北京：人民卫生出版社，2022.

［19］ 邓小昭. 信息管理研究方法［M］. 北京：科学出版社，2007.

［20］董艳．科学教育研究方法科普理论与实践研究［M］．北京：中国科学技术出版社，2020．

［21］范明林．质性研究［M］．上海：格致出版社，上海人民出版社，2009．

［22］范伟达，范冰．社会调查研究方法［M］．上海：复旦大学出版社，2010．

［23］方卿，丁靖佳．人工智能生成内容（AIGC）的三个出版学议题［J］．出版科学，2023，31（2）：5-10．

［24］费孝通．社会调查自白［M］．北京：知识出版社，1985．

［25］冯惠玲．以信息资源管理的名义再绘学科蓝图［J］．信息资源管理学报，2022，12（6）：4-10．

［26］冯志伟．自然语言处理的形式模式［M］．合肥：中国科学技术大学出版社，2010．

［27］傅利平，何兰萍．公共管理研究方法［M］．天津：天津大学出版社，2015．

［28］国务院学位委员会图书情报与档案管理学科评议组．2023年信息资源管理学科发展战略研讨会纪要［J］．图书情报知识，2023，40（3）：6-12．

［29］何晗．自然语言处理入门［M］．北京：人民邮电出版社，2019．

［30］胡昌平，吕美娇．数字智能驱动下的信息资源管理理论发展［J］．信息资源管理学报，2022，12（4）：4-11．

［31］胡剑，戚湧．开源创新社区用户知识共享行为影响因素研究——基于SEM与fsQCA的实证分析［J］．情报科学，2023，41（9）：59-68+77．

［32］胡蓉，赵宇翔，朱庆华．移动互联环境下用户跨屏行为整合分析框架——基于扎根理论的探索［J］．中国图书馆学报，2017，43（6）：113-129．

［33］黄如花．我国政府数据开放共享标准体系构建［J］．图书与情报，2020（3）：17-19．

［34］姜鑫．社会网络分析方法在图书情报学科的应用研究［M］．北京：知识产权出版社，2019．

［35］金波，杨鹏，王毅．"十四五"图书馆、情报与文献学学科发展态势与前瞻［J］．图书馆杂志，2022，41（1）：4-16．

［36］靖继鹏，王晰巍，曹茹烨．近三年情报学研究动态及发展趋势分析［J］．情报资料工作，2017（1）：5-11．

［37］柯惠新，王锡苓，王宁．传播研究方法［M］．北京：中国传媒大学出版社，2010．

［38］赖茂生．信息资源管理学的学科性质和研究对象［J］．情报理论与实践，2023，46（11）：1-8+36．

［39］黎藜．新闻传播学研究方法［M］．上海：复旦大学出版社，2021．

［40］李川，朱学芳，方志耕．竞争情报动态干扰因素系统动力学仿真模型研究［J］．情报理论与实践，2021，44（6）：132-137．

［41］李纲，唐晶，毛进，等．基于演化事件探测的学科领域科研社群演化特征研究——以图书馆学情报学为例［J］．图书情报工作，2021，65（17）：79-90．

［42］李海英．网络购物顾客满意度实证研究［M］．南宁：广西人民出版社，2015．

［43］李航．统计学习方法［M］．北京：清华大学出版社，2012．

［44］李莉，朱鹏，吴鹏，等．信息分析数据、方法与应用的视角［M］．北京：机械工业出版社，2022．

［45］李立睿，邓仲华．系统动力学在图书情报学领域中的应用研究［J］．信息资源管理学报，2015，5（3）：92-97．

［46］李旭．社会系统动力学：政策研究的原理、方法和应用［M］．上海：复旦大学出版社，2009．

［47］李雪丽，黄令贺，陈佳星．基于元分析的社交媒体用户隐私披露意愿影响因素研究［J］．数据分析与知识发现，2022，6（4）：97-107．

［48］李毅．管理研究方法［M］．北京：经济日报出版社，2020．

［49］李月琳，李安祎，张泰瑞．突发公共卫生事件信息公开内容及其质量：一项多案例研究［J］．情报资料工作，2023，44（3）：98-106．

［50］林聚任．社会科学研究方法（第3版）［M］．济南：山东人民出版社，2017．

［51］林聚任．社会网络分析：理论、方法与应用［M］．北京：北京师范大学出版社，2009．

［52］刘春茂，范梦圆，周悦．复杂性系统视角下"语义信息偶遇"影响因素的实证研究［J］．情报理论与实践，2023，46（6）：101-110+135．

［53］刘宏志．数据、模型与决策［M］．北京：机械工业出版社，2019．

［54］刘鲁川，张冰倩，孙凯．基于扎根理论的社交媒体用户焦虑情绪研究［J］．情报资料工作，2019，40（5）：68-76．

［55］刘鹏．深度学习［M］．北京：电子工业出版社，2018．

［56］刘顺忠．管理科学研究方法［M］．武汉：武汉大学出版社，2012．

［57］娄策群，李罗佶，王雪莹．基于Kano模型的B2C电商平台信息服务功能研究［J］．现代情报，2021，41（4）：26-35．

［58］娄策群．信息管理学基础［M］．北京：科学出版社，2009．

［59］卢泰宏．信息分析［M］．广州：中山大学出版社，1998．

［60］卢小宾．信息分析概论［M］．北京：电子工业出版社，2014．

［61］陆伟，杨金庆．数智赋能的情报学学科发展趋势探析［J］．信息资源管理学报，2022，12（2）：4-12．

［62］吕斌，李国秋．新一代信息技术的发展对信息化测度的影响［J］．情报理论与实践，2016，39（4）：1-7．

［63］吕斌，李国秋．信息分析新论［M］．北京/西安：世界图书出版公司，2018．

［64］马费成．凝聚共识，推动信息资源管理一级学科建设［J］．信息资源管理学报，2023，13（1）：4-8．

［65］马海群，李敏．基于熵权TOPSIS法的知识产权保护政策评价研究［J］．数字图书馆论坛，2023，19（8）：60-67．

［66］马双双．我国档案学博士学位论文研究方法的应用分析［J］．档案学通讯，2017（6）：14-18．

［67］（美）邦妮·耶吉迪斯，罗伯特·温巴赫．社会工作研究方法［M］．黄晨熹，

唐咏，译．上海：华东理工大学出版社，2004.

［68］（美）弗朗西斯科·里奇．推荐系统：技术、评估及高效算法［M］．胡聪，译．北京：机械出版社，2015.

［69］（美）哈里斯·库珀．元分析研究方法［M］．李超平，张昱城，译．北京：中国人民大学出版社，2020.

［70］（美）马克·利普西，戴维·威尔逊．元分析（Meta-analysis）方法应用指导［M］．刘军，吴春莺，译．重庆：重庆大学出版社，2019.

［71］（美）迈克尔·波特．竞争战略［M］．陈小悦，译．北京：华夏出版社，2005.

［72］孟广均．本学科的一级学科名称应顺势易名［J］．图书馆论坛，2006（6）：1-2+30.

［73］缪其浩，徐刚．论科技情报分析研究工作的方法体系［J］．情报理论与实践，1988（2）：17-20+6.

［74］聂磊，王继民，易成岐．社会科学研究者使用非调查数据的影响因素研究——基于混合方法的实证［J］．情报理论与实践，2022，45（7）：65-73.

［75］潘澜作，林璧属．手指划开新世界旅游APP的用户采纳行为研究［M］．北京：旅游教育出版社，2020.

［76］彭斐章，邹瑾．网络环境下的信息存取与目录学创新［J］．中国图书馆学报，2007（1）：17-24+30.

［77］邱均平．科学计量学［M］．北京：科学出版社，2016.

［78］少宇．智能硬件产品从0到1的方法与实践［M］．北京：机械工业出版社，2021.

［79］水延凯．专题调查及实例评析［M］．北京：中国人民大学出版社，2003.

［80］司莉，陈金铭，马天怡，等．近五年我国图书情报学研究方法应用与演化的实证研究——基于5种期刊的统计分析［J］．图书馆，2019（6）：15-21+42.

［81］苏新宁．面向知识服务的知识组织理论与方法［M］．北京：科学出版社，2014.

［82］孙鸿飞，侯伟，周兰萍，等．近五年我国情报学研究方法应用的统计分析［J］．情报科学，2014，32（4）：77-84.

［83］孙建军，马亚雪．面向多元场景的数据治理：进展与思考［J］．图书与情报，2023（4）：1-11.

［84］唐聃．自然语言处理：理论与实战［M］．北京：电子工业出版社，2018.

［85］王崇德．图书情报方法论［M］．北京：科学技术文献出版社，1988.

［86］王东．O2O商业模式接受行为及决策博弈研究［M］．北京：九州出版社，2020.

［87］王军．数字图书馆的知识组织系统［M］．北京：北京大学出版社，2009.

［88］王其藩．系统动力学（修订版）［M］．上海：上海财经大学出版社，2009.

［89］王伟军．信息分析方法与应用（第2版）［M］．北京：北京交通大学出版社，2014.

［90］王余光．图书情报与档案管理学科中的文献学教育［J］．国家图书馆学刊，2012，21（2）：3-5.

［91］王曰芬，丁玉飞．基于知识进化视角的科学文献传播网络演变模型构建及仿真［J］．情报学报，2019，38（9）：966-973.

［92］王喆．深度学习推荐系统［M］．北京：电子工业出版社，2020．

［93］王宗水，张健作．文化品牌传播与价值评估［M］．北京：科学技术文献出版社，2021．

［94］文庭孝，杨思洛，刘莉．信息分析［M］．北京：机械工业出版社，2017．

［95］吴丹，樊舒，李秀园．中国情境下图书馆学研究方法的识别、分类及应用［J］．中国图书馆学报，2021，47（5）：33-47．

［96］吴慰慈．图书馆学基础理论研究的走向［J］．图书情报工作，2017，61（16）：6-7．

［97］夏立新，翟姗姗，叶光辉，等．信息分析理论、方法与应用［M］．北京：科学出版社，2022．

［98］项亮．推荐系统实战［M］．北京：人民邮电出版社，2012．

［99］徐迪．公民网络政治参与行为的社会网络分析［M］．北京：中国社会科学出版社，2020．

［100］徐孝娟，赵宇翔，史如菊，等．SOR 理论在国内图书情报学领域的采纳：溯源、应用及未来展望［J］．情报资料工作，2022，43（5）：98-105．

［101］阎海峰，关涛，杜伟宇．管理学研究方法［M］．上海：华东理工大学出版社，2008．

［102］杨杜．管理学研究方法［M］．大连：东北财经大学出版社，2009．

［103］杨建梁，刘越男．机器学习在档案管理中的应用：进展与挑战［J］．档案学通讯，2019（6）：48-56．

［104］杨轩．青年群体社交媒体倦怠情绪的产生机理与影响——基于 CAC 模型的实证研究［J］．情报资料工作，2020，41（6）：95-100．

［105］叶继元．学术"全评价"体系与中国特色哲学社会科学学术评价体系的构建与完善［J］．社会科学文摘，2021（7）：4-6．

［106］叶鹰．图书情报学的学术思想与技术方法及其开新［J］．中国图书馆学报，2019，45（2）：15-25．

［107］（英）凯西·卡麦兹．建构扎根理论：质性研究实践指南［M］．边国英，译．重庆：重庆大学出版社，2009．

［108］（英）威廉·贝弗里奇．科学研究的艺术［M］．北京：科学出版社，1979．

［109］由振伟，刘键，侯文军，等．设计科学研究方法［M］．北京：北京邮电大学出版社，2020．

［110］余波，温亮明，张妍妍．大数据环境下情报研究方法论体系研究［J］．情报科学，2016，34（9）：7-12．

［111］曾建勋．捍卫情报学的核心课程建设［J］．农业图书情报学报，2023，35（11）：98-99．

［112］张斌，杨文．建构中国自主的档案学知识体系［J］．中国图书馆学报，2023，49（2）：41-56．

［113］张久珍，崔沛．基于引文内容分析法的刘国钧《近代图书馆之性质及功用》影响研究［J］．图书情报工作，2022，66（20）：93-100．

［114］张奇，桂韬，黄萱菁．自然语言处理导论［M］．北京：电子工业出版社，2023.

［115］张文生．深入理解机器学习：从原理到算法［M］．北京：机器工业出版社，2016.

［116］张宪超．深度学习［M］．北京：科学出版社，2019.

［117］张晓林，梁娜．知识的智慧化、智慧的场景化、智能的泛在化——探索智慧知识服务的逻辑框架［J］．中国图书馆学报，2023，49（3）：4-18.

［118］张云中，韩继峰．社会化标注系统用户标注动机研究：基于扎根理论的视角［J］．情报科学，2020，38（7）：45-51.

［119］赵洪，王芳，柯平．图书情报学实验研究方法与应用方向探析［J］．情报科学，2018，36（11）：23-28.

［120］赵军．知识图谱［M］．北京：高等教育出版社，2018.

［121］赵卫东．机器学习［M］．北京：人民邮电出版社，2018.

［122］赵跃，乔健．改革开放40年来中国档案学研究的全景透视——基于研究主题的挖掘与演化分析［J］．档案学研究，2019（3）：44-54.

［123］赵致辰．现代推荐算法［M］．北京：电子工业出版社，2023.

［124］郑建明，孙红蕾．数字图书馆治理的理论建构及其要素解析［J］．大学图书馆学报，2017，35（5）：101-107.

［125］钟永光．系统动力学［M］．北京：科学出版社，2009.

［126］周德民．社会调查原理与方法［M］．湖南；中南大学出版社，2006.

［127］周志华．机器学习［M］．北京：清华大学出版社，2016.

［128］朱念．我国对东南亚地区投资的国家风险传染机理研究——以越菲马印四国为例［M］．北京：中国商务出版社，2022.

［129］朱庆华．信息分析基础、方法及应用［M］．北京：科学出版社，2004.

［130］朱泽，段尧清，何丹．面向政府数据治理的数据资产价值系统仿真评估［J］．图书馆论坛，2021，41（6）：100-105.

［131］宗庆成．统计自然语言处理（第二版）［M］．北京：清华大学出版社，2013.

［132］邹晓顺，王晓芬，邓珞华．图书情报应用数学——知识组织、发现和利用中的数学方法［M］．北京：国家图书馆出版社，2012.

［133］Glass G V，Mcgaw B，Smith M L. Meta-analysis in Social Research［M］. Los Angeles：Sage Publications，1981：21-56.

［134］Heoges L V. Estimation of Effect Size from a Series of Independent Experiments［J］. Psychological Bulletin，1982，92（2）：490-499.

［135］Hunter J E，Schmidt F L，Jackson G B. Meta-analysis：Cumulating Research Findings Across Studies［J］. Academy of Management Review，1984，9（1）：165-166.

［136］Porter M E. How Competitive Forces Shape Strategy［J］. Harvard business Review，1979（57）：137-145.

［137］Prescott J，Fleisher C. Scip：Who We Are，What We Do［J］. Competitive Intelligence Review，1991（11）：22-26.

后 记

在多年的授课与学生指导中，学生在科学研究中常常面临研究方法选择与应用不当的问题。一方面是由于学生欠缺研究方法的相关知识，另一方面也常常是更重要的，学生不熟悉学术问题与研究方法的关联关系，以及缺乏典型范例帮助其深入理解研究方法的应用规范与操作技巧。在此背景下，萌生了编写本教材的想法，并得到国家社科基金重大项目"数字政府建设成效测度与评价的理论、方法及应用研究（项目编号：23&ZD081）"和华中师范大学中央高校基本科研业务费人文社科高水平后期资助项目培育专项（项目编号：CCNU23HQ028）的资助。

鉴于信息资源管理学科的研究主题广泛、研究方法多样，教材编写难度较大，因此邀请了团队多名研究生参与相关工作。其中，段尧清负责全书的大纲拟定，并编写第一章至第九章以及全书的统稿、定稿及审校工作；林鑫编写第十章至第十七章，并参与了全书的审校工作。陈婷、李彦如博士生参与了第二章至第九章的资料收集，周皙硕士研究生参与了第十章至第十七章的资料收集；唐源婕硕士研究生参与了第二章和第六章的初稿撰写，索锐参与了第三章、第四章的初稿撰写，张喆参与了第五章和第十三章的初稿撰写，陈晶参与了第七章、第八章和第十四章的初稿撰写，柳芳参与了第六章和第九章的初稿撰写，杜莹参与了第十章至第十二章和第十六章的初稿编写，苏捷成参与了第十五章和第十七章的初稿撰写，在此一并表示感谢。

在编写教材中，我们引用、参考了一些学者编写的教材、专著和学术论文，在此谨向他们表示衷心感谢。

此外，经济管理出版社任爱清老师从学术和编辑角度对本书的统稿、定稿提供了多方面的帮助，在此特致谢意。

段尧清

2024 年 1 月